Johannes Seiffert

Die größten Lügen der Weltgeschichte

Fälschungen, Tricks und Propaganda

edition berolina

ISBN 978-3-95841-091-6
1. Auflage
© 2018 by BEBUG mbH / edition berolina, Berlin
Umschlaggestaltung: BEBUG mbH, Berlin
Umschlagabbildung: Aus dem Freskenzyklus an den Wänden der
Silvester-Kapelle der Basilika Santi Quattro Coronati in Rom:
Oratorium des Hl. Silvester. Quelle: Wikimedia Commons,
Peter1936F
Druck und Bindung: CPI Moravia Books s. r. o.

eb edition berolina

Alexanderstraße 1
10178 Berlin
Tel. 01805/30 99 99
FAX 01805/35 35 42
(0,14 €/Min., Mobil max. 0,42 €/Min.)

www.buchredaktion.de

Gewidmet
meinen Eltern
und
Dmitri Chworostowski
(1962–2017)

Inhalt

Vorwort

Zwei Jahre sind vergangen, seitdem der erste Band über bestimmte bis heute wirksame Täuschungsmanöver in der Weltgeschichte erschien. Die Welt ist in der Zwischenzeit nicht ärmer geworden an Lug und Trug. In den USA regiert ein Politclown nach Maßstäben, die mit dem Begriff »Staatsmann« nicht mehr viel zu tun haben. Er scheint völlig freizudrehen, verfolgt dabei aber neben seiner öffentlichkeitswirksamen Provokationsshow konsequent eine neoliberale Umverteilungsagenda von unten nach oben – macht also genau das, was die etwas staatsmännischer schauspielenden Staatsdarsteller auf dem POTUS-Thron vor ihm beziehungsweise deren KollegInnen in der westlichen Hemisphäre auch getan haben und tun. Außenpolitisch hat Trump das Feld bisher weitgehend Russland überlassen, das den USA in Syrien und anderswo erfolgreich Paroli bietet. Die psychologische Kriegsführung gegen Russland setzt sich dagegen auf vielen Gebieten fort, vom Sport (mit den angeblichen Dopingskandalen) über die angeblichen Einmischungsversuche in die US-Präsidentschaftswahlen (was vom US-Establishment für Winkelzüge gegen Trump benutzt wird) bis hin zur Fortsetzung der völlig ungerechtfertigten Wirtschaftssanktionen. Dabei werden aktuell großangelegte Täuschungsmanöver fortgesetzt beziehungsweise neu begonnen, so in der Ukraine seit 2014 (inszeniert von einer bisher aufgrund generell divergierender Interessen eher seltenen direkten Koalition von USA und EU), in Venezuela (mit dem Versuch, die halbwegs sozialistische

Maduro-Regierung wirtschaftlich in die Knie zu zwingen), auf dem Gebiet der Informationstechnologie (mit der aufrechterhaltenen Bedrohung des seit nunmehr fast sechs Jahren in der ecuadorianischen Botschaft in London ausharrenden Julian Assange) sowie im Mittleren Osten/ Nordafrika (MENA) (mit dem »Kampf gegen den Terror«, also der militärischen Durchsetzung geostrategischer US-Interessen) und vieles anderes mehr.

Höchste Zeit also, einen Blick auf weitere, lehrreiche Täuschungsmanöver zu werfen, in einem Zeitraum, der von der Antike bis in die Gegenwart reicht. Die Analyse dieser Täuschungsmanöver soll einen Ausweg aus der »selbstverschuldeten Unmündigkeit« (Immanuel Kant) bieten und die Fortsetzungen beziehungsweise Variationen dieser Täuschungsmanöver in unserer unmittelbaren Gegenwart sichtbar werden lassen.

Zimmerwald, Anfang 2018
Johannes Seiffert

Papsttum und Zölibat

Es ist einer der größten Treppenwitze der Weltgeschichte. Ausgerechnet die Institution, die sich Frömmigkeit, Ehrlichkeit, Barmherzigkeit, Solidarität, die zehn Gebote (darunter vor allem das neunte) und – last but not least – ihren Würdenträgern völlige sexuelle Enthaltsamkeit als Ideale auf die Fahnen geschrieben hat, beruht auf nichts anderem als Lug und Trug. Und das schon seit zweitausend Jahren. Oder, um genauer zu sein, seit rund anderthalb Jahrtausenden. Warum das so ist, dazu im Folgenden mehr. Es geht dabei um eine bis heute weltweit anerkannte, machtvolle und mit immensen Finanzmitteln ausgestattete Institution, die von sich behauptet, Vertreterin des Wahren, Guten und Schönen zu sein: das Papsttum – und die von diesem vertretene Sexualmoral. Es geht also um die oberste Führungsebene der Katholischen Amtskirche und ihre totalitäre Ideologie. Weder das Amt des Papstes noch der Vatikanstaat, noch der Führungsanspruch des Papstes in der Christenheit, noch die »christliche Sexuallehre« sind, wie von der Katholischen Kirche behauptet, unmittelbar nach dem Tod Jesu Christi beziehungsweise in dessen Auftrag geschaffen worden. Das geschah erst viele Jahrhunderte später, und ihre schiere Existenz widerspricht dem Willen Jesu diametral. Sie sind, um es kurzzufassen, das Ergebnis zahlloser zielgerichteter bis unverschämter Fälschungen, Täuschungen und Lügen, welche die römisch-katholische Kirche seit anderthalb Jahrtausenden verbreitet.

Gehen wir die einzelnen Elemente dieses Lügengebäudes einmal durch und überprüfen sie auf ihre Stichhaltigkeit beziehungsweise auf ihre Entstehungsgeschichte. Schon der erste Papst, also der Mann, der angeblich das »Papsttum« wenige Jahre nach dem Tod Jesu Christi begründete (jegliche Beweise dafür fehlen), ist eine frei erfundene, fiktive Figur namens Petrus oder Simon Petrus. Zwar gibt es unter den Jüngern Jesu eine Person gleichen Namens. Es gibt allerdings keinerlei belastbare Beweise dafür, dass diese Person tatsächlich jemals Palästina verließ, schon gar nicht, dass diese Person als erster Papst amtierte. Als Beinamen erhielt diese Person im Laufe der Ausschmückung dieser Zwecklegende den aramäischen Zusatz »Kephas« (Fels, Stein), aus dem im Griechischen »Petros«/»Petrus« (Fels, Stein) wurde; das entsprechende, angebliche Jesuswort vom »Fels, auf dem ich meine Kirche errichten werde«, ist ebenfalls frei erfunden. Ist also mit »Petrus« schon der angeblich erste »Papst« historisch nicht nachweisbar, so gilt dies auch für seinen Titel: Es gibt selbst Jahrhunderte nach Christi Geburt noch keine Institution dieses Namens und schon gar nicht in Rom. Der Titel »Papst« ist innerhalb der römisch-katholischen Kirche erst seit dem 5. Jahrhundert nachweisbar. Vorher wurden die Gemeindevorsteher – die zunächst den einfachen Gläubigen keineswegs übergeordnet waren, sondern Koordinationsaufgaben hatten – »Bischöfe« oder »Älteste« genannt. Der allererste Bischof, der sich überhaupt »Papst« nannte, amtierte Tausende von Kilometern von Rom entfernt. Es handelte sich um den östlichen katholischen Patriarchen im ägyptischen Alexandria, Heracleas, um die Mitte des 3. Jahrhunderts, einer von insgesamt fünf Patriarchen der frühen Kirchengeschichte. Zu diesem Zeitpunkt war der Bischof von Rom noch eine untergeordnete Charge innerhalb der Struktur der Katholischen Kirche. In Rom folgten einzelne Nennungen knapp ein Jahrhundert später, der erste römische Bischof, der die reguläre Dienstbezeichnung »Papst« für sich durchsetzte, war Leo I. im 5. Jahrhundert. Zu Petrus ist noch das Folgende zu sagen: Dieser ist der Legende nach verheiratet gewesen! Immerhin ein schönes Argument dafür, wie schwachsinnig die kirchliche Institution des Zölibats ist, die Behauptung also, Päpste beziehungsweise alle katholischen Priester hätten immer schon zölibatär, also sexuell enthaltsam, gelebt. Wie konnte aber der Legende zufolge dieser angeblich im fernen Morgenland geborene, als Jünger Jesu erwähnte, häufig als etwas tumb beziehungsweise jähzornig geschilderte, verheiratete Simon plötzlich auf den obersten Thron der Christenheit gelangen? Greift man auf der Suche nach Hinweisen innerhalb der Zwecklegende auf die bekanntlich über viele Jahrhunderte entstandenen, immer wieder redigierten und für den jeweiligen Verwendungszweck zurechtgebogenen Evangelien zurück, so wurde dort im Laufe der Zeit und innerhalb der vielen verschiedenen Fassungen aus dem Mitläufer Simon die Zentralfigur Petrus, der der *Primus inter Pares* der Apostel gewesen sein und Jesus schon immer am nächsten gestanden haben soll. Andererseits wird ein »Shimon« (dem vermutlich ein ganz anderes Schicksal beschieden war als das in der Bibel und anderswo behauptete) gleichzeitig in als halbwegs authentisch angesehenen Jesus-Worten in die Nähe des Satans gerückt beziehungsweise mit diesem gleichgesetzt. Was zumindest eine merkwürdige Voraussetzung dafür gewesen wäre, das oberste Amt der Institution Kirche anzustreben.

Und dann gibt es ja noch den bereits erwähnten, berühmten Ausspruch von dem Felsen, auf dem die Kirche gebaut werden soll. Er ist bis heute Leitmotiv der katholischen Herrschaftslehre und in riesigen, unübersehbaren goldenen Lettern in der Kuppel des Petersdoms zu Rom verewigt: *Tu es Petrus, et super hanc petram ædificabo Ecclesiam meam, et portæ inferi non prævalebunt adversus eam* (»Du bist Petrus, und auf diesen Felsen werde ich meine Kirche bauen, und die Mächte der Unterwelt werden sie nicht überwältigen«, Matthäus 16,18). Dieses scheinbar fundamentale Bekenntnis zu Petrus, zum römischen Bischofsamt und zur Katholischen Kirche ist aber – so der heutige Stand des Wissens – eine nachträgliche, Jahrhunderte später vorgenommene Einfügung in den Evangelientext (und kommt überhaupt nur in einem der vier Evangelien vor). Damit sollte offenbar retrospektiv die infame, unverschämte Verkehrung der urchristlichen Ideen in ihr amtskirchliches Gegenteil legitimiert werden. Ausgerechnet dieser »Fels« wäre es dann ja, der Jesus nicht weniger als dreimal in einer Nacht verleugnet. Seine neue, kirchengeschichtliche Rolle beginnt nach der Erscheinung des auferstandenen Christus. Und hier beginnt wohl historische Wahrheit, in freie Erfindung überzugehen. Denn nun plötzlich habe der tumbe Petrus – vom »Heiligen Geist« befeuert – eine erste Predigt gehalten. Und diese sei ein rauschender Erfolg gewesen, es habe massenhafte Bekehrungen von Umstehenden zur neuen Religionsgemeinschaft der »Christen« gegeben.

Wie geht die jeglicher Wahrscheinlichkeit Hohn sprechende Legende weiter? Durchaus phantasievoll: Als Apostel und Missionar sei Petrus auf verschiedenen Reisen kreuz und quer durchs Land getourt und habe für die Bekehrung der Massen in ganz Palästina gesorgt. Dabei soll er auch – wie könnte es anders gewesen sein – ein paar Wunder gewirkt haben, ganz in der Nachfolge seines am Kreuz gestorbenen und wiederauferstandenen Herrn. Schließlich und endlich soll er es sogar nach Rom geschafft haben – wofür aber wiederum jegliche historischen Belege fehlen. Erst viele Jahrhunderte später tauchen »plötzlich«

diese und andere Geschichten auf, Lügengeschichten, die *ex post* einer Legitimierung des römischen Bischofsamts und – noch schlimmer – dessen Primat dienen, dessen Vorherrschaft über die restliche Katholische Kirche. Die Geschichte wird dabei nach und nach immer phantasievoller ausgeschmückt, bis hin zum angeblichen Märtyrertod unter Nero, der die Juden und Christen nach dem von ihm verursachten Brand Roms als Sühnemaßnahme habe verfolgen und hinrichten lassen. Petrus habe dabei darauf bestanden, mit dem Kopf nach unten gekreuzigt zu werden, da er nicht würdig sei, in gleicher Art wie sein Herr zu sterben, also eine Art Kreuzigung hoch zehn, da dieser Kreuzestod auf diese Weise noch schmerzhafter und peinigender als der von Jesus Christus gewesen sein soll. Petrus habe in seinem Leiden Christus also noch übertroffen, eine einmalige Unverschämtheit.

Immer weiter wird die Geschichte in der Folge angereichert. Im 5. Jahrhundert wird Petrus dann schon konkret eine 25-jährige Amtszeit als Bischof angedichtet und ein gemeinsamer Tod als Märtyrer mit dem ebenfalls noch – der Legende zufolge – nach Rom gekommenen Paulus. Begraben worden sei Petrus auf dem Vatikanshügel. Dort ließ im 4. Jahrhundert Kaiser Konstantin ein erstes Kirchengebäude zu Ehren des angeblichen Märtyrers Petrus über dessen vermeintlicher Grabstätte errichten. An dessen Stelle steht heute die Peterskirche, zentrale Kultstätte des katholischen Christentums. In der Vierung der Kirche, zwischen Kirchenschiff und Chor, soll angeblich das Grab des Petrus im Boden vorhanden sein. Der Vatikan ließ – um den historischen Anspruch zu untermauern – nach dem Zweiten Weltkrieg dort archäologische Grabungen durch katholische Archäologen durchführen, die wunschgemäß bestätigten, dass dort unzweifelhaft das Grab des Apostels und Märtyrers Petrus nachzuweisen sei. Von der übrigen archäologischen Wissenschaft wird dieser Befund jedoch als zweifelhaft zurückgewiesen, ein sicherer Nachweis für das dortige Vorhandensein eines Grabes von Petrus als unmöglich angesehen.

Obwohl die historische Forschung mittlerweile zweifelsfrei ergeben hat, dass das »Bischofsamt« als »Führungsamt« erst in späteren Jahrhunderten entstanden und für Rom ohnehin erst ab dem 5. Jahrhundert sicher nachweisbar ist, beharrt die katholische Lehre jedoch bis heute auf einer (fiktiven) lückenlosen Reihe von Bischöfen, beginnend mit dem ersten Bischof von Rom, Petrus, unmittelbar nach dem Tode Jesu Christi. Ja, sie ist unbedingt auf eine solche Amtszeit des Petrus angewiesen, legitimiert sie doch den Führungsanspruch des »Papstes« über die katholische Glaubensgemeinschaft (und die Welt) durch die Sukzession, die lückenlose Abfolge römischer Bischöfe, von der auch die von Petrus begonnene und von diesem an alle seine Nachfolger weiterverliehene Vorrangstellung herrühre. Dieser habe also gleich einem weltlichen Kaiser seine Macht innerhalb einer Erbmonarchie vererbt. Pseudowissenschaftlicher Unsinn, wie heutzutage feststeht. Da es überhaupt keine Anhaltspunkte für römische Bischöfe vor dem 2. Jahrhundert gibt (und für ihre Vorrangstellung erst seit dem 5. Jahrhundert), sind die angeblichen, vom Vatikan verbreiteten lückenlosen Bischofslisten gerade für die ersten beiden Jahrhunderte reine Erfindung, um nicht zu sagen: Lüge.

Mit ihrer von Paulus begründeten Körper- und Sexualfeindschaft setzten sich gerade die römischen Christen (eine frühe, von Petrus und Paulus aber völlig unabhängige Gemeinde ist seit dem Jahr 50 n. Chr. nachgewiesen) von ihrem Zeitalter, ihrer unmittelbaren Umgebung in Rom ab. Sie setzten sich auch und gerade von den damals herrschenden Clans in Rom ab, die ein – gelinde gesagt – entspanntes Verhältnis zu Perversitäten aller Art aufwiesen. Hatte zur Zeit der Geburt von Jesus noch Kaiser Augustus geherrscht und das römische Weltreich sich auf dem Höhepunkt von Macht und Ausdehnung befunden, eine Ära langen Friedens geherrscht (das legendäre augusteische Zeitalter), eine Ära von Recht und Anstand (Augustus ließ unter anderem den Dichter Ovid wegen Verstoßes gegen diese Vorschriften ans Schwarze Meer verbannen), so begann mit dem Tod von Augustus im Jahre 14 unserer Zeit eine Ära des Niedergangs der Sitten und der Moral. Schon sein Nachfolger Tiberius geriet angesichts der Umtriebe in seinem Zweitpalast auf Capri in die »Schlagzeilen«. Der Kaiser soll sich dort eine ganze Kohorte von Lustknaben gehalten haben, die ihm im Warmwasserbad des Palastes unter Wasser per Fellatio (Oralsex) zu Diensten sein mussten und darob vom Kaiser seine »Fischlein« genannt wurden. Der zwischen 63 und 64 n. Chr. nach Rom gekommene, aus Spanien gebürtige Dichter Martial erwähnt in diesem Zusammenhang, dass die Variante der Irrumatio (»Kehlenfick«/»Deepthroating«) auch zur Bestrafung von Delinquenten angewendet wurde.

Nero wurde bekannt als angeblicher Brandstifter Roms, eine schwarze Legende, deren Wahrheitsgehalt heute gegen null eingeschätzt wird. Die Auswirkungen des Brandes hatten wiederum direkte Folgen für die christliche Gemeinde Roms und die jüdische Bevölkerung Palästinas. Um den Wiederaufbau Roms zu finanzieren, ließ Nero zum einen die Tempelschätze vieler nicht-römischer Gottheiten, so auch den großen jüdischen Tempel in Jerusalem, plündern, was zum dortigen Aufstand und zum Rachefeldzug des Titus führte, welcher die Vertreibung der Juden aus Palästina nach sich zog und damit den Beginn der jüdischen Diaspora markiert. Außerdem ließ Nero es zu, dass die Christen in Rom der Brandstiftung beschuldigt wurden. Einige von ihnen wurden gefangen genommen und im Circus den wilden Tieren zum Fraß vorgeworfen, teilweise nächtens in den Straßen verbrannt. Insgesamt fielen wohl zwischen zweihundert und dreihundert Christen diesen »Verfolgungen« zum Opfer, was ungefähr zehn Prozent der damaligen Gemeinde entsprach. Von Mordexzessen mit Tausenden von Opfern, einer Auslöschung der christlichen Gemeinde in Rom, wie von der Katholischen Kirche behauptet, kann allerdings keine Rede sein.

Hier kommt nun auch wieder Petrus ins Spiel. Der soll im Zuge dieser Christenverfolgung nach dem großen Brand in Rom gefangen genommen und auf dem Vatikanhügel, wo sich der von Nero erbaute neue Circus befand, gekreuzigt und begraben worden sein. Zuvor gab es der Sage nach noch eine Begegnung zwischen dem Apostel und seinem obersten Boss außerhalb der *Porta San Sebastiano* im Süden Roms, dabei habe Petrus den ihm erschienenen Jesus gefragt: »*Domine, quo vadis?*« (»Herr, wohin gehst du?«), und dieser habe geantwortet: »Nach Rom, um mich kreuzigen zu lassen.« Daraufhin sei der eigentlich zur Flucht entschlossene Petrus umgekehrt und habe sein Martyrium angetreten. Am Ort der angeblichen Begegnung steht seit dem 9. Jahrhundert die Kirche *Santa Maria in Palmis*, besser bekannt als *Domine Quo Vadis?* (in ihrer heutigen Gestalt von Francesco Barberini im 17. Jahrhundert neu errichtet). Diesem Zitat entnahm Henryk Sienkiewicz den Titel seines erfolgreichsten Romans *Quo Vadis?* (1895), eine Liebesgeschichte zwischen einem römischen General und einer Christin, innerhalb derer auch die Apostel Petrus und Paulus vorkommen. Sienkiewicz erhielt hierfür den Literaturnobelpreis, das Buch wurde gigantomanisch in Hollywood verfilmt.

Gleichzeitig mit Petrus soll auch der Apostel Shaulus (Paulus) in die Stadt gekommen und ebenfalls den Verfolgungen zum Opfer gefallen sein. Auffällig ist, dass Paulus in einem überlieferten Brief an die römische Christengemeinde (entstanden zwischen 56 und 60 unserer Zeit) die Gemeindemitglieder in der Anrede einzeln grüßt, Petrus aber überhaupt nicht erwähnt. Auch die biblische »Apostelgeschichte« erwähnt zwar die (ebenfalls erfundene, Jahrhunderte später hineinredigierte) Romreise des Shaulus (Paulus), erwähnt in diesem Zusammenhang aber ebenfalls Petrus mit keinem Wort. Die beiden in der Bibel enthaltenen Gemeindebriefe des Petrus beinhalten ebenfalls keine Hinweise auf eine Missionstätigkeit des »Kephas« in Rom. Erst im 2. Jahrhundert unserer Zeit tauchen Berichte von einem angeblichen Romaufenthalt von Shimon (und Sha'ul) auf. Wird Petrus zunächst einfach nur als Besucher erwähnt, so entsteht daraus im Lauf der Zeit die Behauptung, er sei nicht nur Besucher, sondern – wenn auch nur kurz – Bischof von Rom gewesen. Anfangs des 5. Jahrhunderts wird dann, wie erwähnt, daraus schon eine 25-jährige Herrschaft als Bischof. Dem »Kirchenvater« Hieronymus zufolge soll Paulus vom Jahr 40 bis zum Jahr 68 Bischof von Rom gewesen sein. Dagegen heißt es in der Bibel (hier war die spätere Anpassung der Texte unvollständig), Petrus sei bis zum Apostelkonzil von 48 Leiter der Gemeinde in Jerusalem gewesen (vgl. Apg 15,7 und Gal 2,11–14). Danach gibt es keine weiteren historisch belastbaren Hinweise auf das weitere Wirken von Petrus, schon gar nicht als Bischof in Rom. Allerdings sorgte der Erfolg der gern geglaubten Petrus-Legende dafür, dass alle großen Patriarchate – außer Rom auch noch Alexandria, Antiochia, Jerusalem und Konstantinopel – Petrus als ihren ersten Bischof beanspruchten, um auf diese Weise von der Ehrwürdigkeit einer solchen (fiktiven) Traditionslinie profitieren zu können. Nur in Rom wurde das allerdings über zweitausend Jahre so aggressiv vertreten, dass mittlerweile keine ernsthaften innerkirchlichen Gegenstimmen zum Primat von Rom mehr vorhanden sind. Im derzeit gültigen Kodex des Kanonischen Rechts (Fassung von 1983) heißt es daher normativ:

»Der Bischof der Kirche von Rom, in dem das vom Herrn einzig dem Petrus, dem Ersten der Apostel, übertragene und seinen Nachfolgern zu vermittelnde Amt fortdauert, ist Haupt des Bischofskollegiums, Stellvertreter Christi und Hirte der Gesamtkirche hier auf Erden, deshalb verfügt er kraft seines Amtes in der Kirche über höchste, volle, unmittelbare und universale ordentliche Gewalt, die er immer frei ausüben kann.«

Damit ist der gegenwärtige Zustand zementiert, der durch die weitgehend unwidersprochen hingenommene Vorrangstellung des »Papstes« innerhalb der Katholischen Kirche in der westlichen Welt geprägt ist.

Von Jesus selbst ist im Matthäus-Evangelium nur ein Satz überliefert, der allgemein beschreibt, dass es Menschen gebe, die in Ehelosigkeit lebten »um des Himmelreiches willen« – dabei handelt es sich aber keinesfalls um ein Gebot und schon gar nicht um ein Gebot der Ehe- und Sexlosigkeit für Kirchenvertreter.

Im selben, 1983 verabschiedeten und bis heute gültigen kirchlichen Rechtskodex (*Codex Iuris Canonici*) wird im eklatanten Gegensatz zur Sinnenfreude und Körperbetontheit des Urchristentums in Canon 277, Absatz 1 – wie gesehen völlig willkürlich – befunden:

»Die Kleriker sind gehalten, vollkommene und immerwährende Enthaltsamkeit um des Himmelreiches willen zu wahren; deshalb sind sie zum Zölibat verpflichtet, der eine besondere Gabe Gottes ist, durch welche die geistlichen Amtsträger leichter mit ungeteiltem Herzen Christus anhangen und sich freier dem Dienst an Gott und den Menschen widmen können.«

Das ist natürlich der blanke Hohn, das Leidens- und Terrorinstrument des »Zölibats« als »Gabe Gottes« zu bezeichnen! Damit steht die Kirche – nicht zum ersten und nicht zum letzten Mal – in diametralem Gegensatz zu dem, was von der mythisch-mystischen Figur Jesus, »dem Gesalbten« (Christus) an Äußerungen überliefert ist. Ob diese Verbindung von Katholischer Kirche und Zölibat beziehungsweise sexueller Enthaltsamkeit, sexueller Selbstkasteiung und allgemeiner Körper- und Sinnenfeindlichkeit damit zu tun hat, dass eben gerade auf dem Vatikanischen Hügel, etwa an der Stelle, wo heute der Petersdom steht, in römisch antiker Zeit eines der wichtigsten Heiligtümer des Kybele- und Attiskults lag, das sogenannte *Phrygianum*, wäre noch zu erforschen. Auffällig ist, dass es sich bei diesem Kult ausgerechnet um einen Kult der Selbstkasteiung und des freiwilligen Zölibats handelte, der in seinem kultischen Furor so weit ging, die Selbstentmannung, die Autokastration seiner Priester und Anhänger zu fördern und zu fordern. Teil des *Phrygianums* war das *Taurobolium*, ein großer Opferaltar, auf dem in regelmäßigen Abständen Ochsen geschlachtet wurden. Das Blut lief durch ein offenes Gitter hinunter und floss auf die unter dem Altar befindlichen Neophyten und Neuanhänger, die sich daraufhin, von der wirbelnden, ekstatischen Musik animiert, nun selbst zu kasteien und zu kastrieren begannen. Möglicherweise sind Geist und Gebot dieses Kultes als Teil des *Genius Loci* auf die Katholische Kirche und ihre obersten Vertreter übergegangen, mit Auswirkungen bis heute.

Man kann aber nicht über Petrus sprechen, ohne Paulus zu erwähnen. Betrachtet man die Sache nüchtern, müsste man die »Katholische Kirche« eigentlich »Paulinische Sekte« nennen. Niemand vorher oder nachher hat den ursprünglichen Gedanken der angeblichen Jesus-Figur, wie man sie mühsam aus den am wenigsten verfälschten, frühesten Schriften herausfiltern muss, stärker verändert, drastischer in ihr Gegenteil verkehrt als Paulus. Eben nach diesem als Sha'ul (latinisiert Saulus) getauften Menschen wird seit mehr als hundert Jahren eine eigene, die »paulinische Theologie« benannt. Paulus, von Beruf Zeltmacher, setzte einige der verheerendsten Verfälschungen des ursprünglichen Gedankens frei. Und das Erstaunliche ist, dass ihm dabei fast zweitausend Jahre lang so viele Menschen unkritisch folgten. Paulus machte aus einer lebensbejahenden, kosmopolitischen, frauenfreundlichen, körperfreundlichen Philosophie ein Theorem des Frauenhasses, der Feindseligkeit, des Chauvinismus, der Lebensverachtung und der Leibfeindlichkeit. Durch ihn gewann die Askese ihre völlig ahistorische, verheerende, nichtsdestoweniger jedoch überdominante Stellung in der Katholischen Kirche, durch ihn wurde die Frau in der Kirche zu einem Wesen zweiter (oder dritter) Klasse, durch ihn wird der entsetzliche Irrweg des Mönchtums in die Welt gesetzt. Diese Reihe ließe sich noch lange fortführen. Es dauerte jedenfalls nicht lange, und Frauen waren vom Priesteramt – das sie bis dahin häufig ausgeübt hatten – komplett ausgeschlossen (bis heute). Doch damit nicht genug. Bald wurden auch menstruierende oder schwangere Frauen als »unrein« vom Gottesdienst insgesamt ausgeschlossen, durften diesem also auch nicht mehr als einfache Gläubige beiwohnen.

Paulus verdrehte und verfälschte den ursprünglichen Sinn, die Zielsetzung des Christentums auf einzigartige Weise. Und hatte damit fast zweitausend Jahre lang Erfolg. Erst im 20. Jahrhundert setzte mit der Säkularisierung, mit der Erosion der Anhängerschaft, mit der zunehmenden »Entkirchlichung« der westlichen Industriegesellschaften eine Entwicklung ein, an deren Ende die Marginalisierung der Katholischen Kirche, ihre Reduktion zu einer von vielen Sekten auf der Welt stehen dürfte. Dass Paulus aber dennoch so erstaunlich langanhaltenden Erfolg mit seinen Sinnesfälschungen hatte, sollte man nicht auf die leichte Schulter nehmen. Auch andere verbrecherische Ideologeme weisen eine lange Erfolgsgeschichte auf. Damit lässt sich also keine historische Vormachtstellung, kein Anspruch auf Ehre und Ruhm begründen. Stattdessen muss er bei nüchterner Betrachtung als Initiator einer zweitausendjährigen Leidensgeschichte angesehen werden, die bis heute andauert: der Geschichte der Katholischen Kirche und der von ihr ausgehenden repressiven »Moralvorstellungen«, die zu Unterdrückung, Leiden, Folter, Mord und Völkermord führten.

Im Namen dieser paulinischen Kirche wurden »Ungläubige missioniert«, indem man sie umbrachte, so zum Beispiel in zahllosen »Kreuzzügen« zur »Befreiung« der damals längst regulär in arabischem Besitz befindlichen Stadt Jerusalem, wurden ganze Kontinente entvölkert (Nord- und Südamerika), wurden »Ungläubige« als »Ketzer« ins Gefängnis geworfen, degradiert oder gar verbrannt, wurden der Empfängnisverhütung kundige weise Frauen als »Hexen« verbrannt, wurde mit der Inquisition eine der verabscheuungswürdigsten Institutionen geschaffen, wurde die Geschichte zensiert (durch den von der Kirche zusammengestellten »Index der verbotenen Bücher«, der nur noch kirchenfreundliches Schrifttum für die Gläubigen zuließ, die in ewiger Unmündigkeit gehalten werden sollten). Im Namen dieser repressiven, moralinsauren Kirche wurden viele Generationen ihrer Anhänger im Glauben an die eigene Schlechtigkeit, die eigene Sündhaftigkeit gehalten. Es liegt nahe, die Frage zu stellen, warum Paulus so von der Leibfeindlichkeit, von der Misogynie (Frauenfeindlichkeit) und Verachtung des

Eros getrieben war. Geht man dem weiter nach, stößt man schnell auf ernstzunehmende, kirchengeschichtliche Forschungen, denen zufolge diese von Paulus in die Welt gesetzte Wahnvorstellung vermutlich auf dessen chronische Impotenz, auf seine Unfähigkeit zum Geschlechtsverkehr zurückzuführen ist. Diese Impotenz brachte ihn dazu, alles Weibliche, alles mit Sexualität Verbundene zu hassen und zu verdammen und seinen Anhängern rundheraus zu verbieten. So entstand aus einer privaten Zwangsneurose weltgeschichtlicher Horror. Damit steht Paulus keineswegs allein. Man denke nur daran, welche privaten Probleme Hitler dazu motivierten, zwangsneurotisch unendliches Leid über viele Völker zu bringen.

Im Falle von »Paulus« kooperierte die auf der Basis seiner neurotischen Ideologie geschaffene »Amtskirche« willig mit Diktaturen, förderte die Ausbeutung der Unterschichten in Staaten, in denen sie als Staatskirche das Sagen hatte, forderte ihre Anhänger wörtlich zu kritiklosem, unbedingtem Gehorsam auf und verbot zeitweise jegliche Freudenempfindung als »unchristlich«. Die von ihm begonnene Hierarchisierung der vorher basisdemokratischen Glaubensgemeinschaft führte zu der heute noch existierenden, diktatorisch geführten, totalitären »Amtskirche« samt ihrer inhärenten Verschwendung, dem aufgeblähten, überflüssigen Apparat an in Saus und Braus lebenden »Würdenträgern« (man denke nur an den Bischof »Bling Bling« in Limburg), dem maßlosen Anspruch, über Wohl und Wehe aller Menschen auf dieser Erde zu entscheiden. In seinem Namen entstand nicht zuletzt die »Verbrecherorganisation Papsttum« samt eigenem Staat. (Vgl.: Johannes Seiffert: *Der Vatikan. Sex, Lügen und Verbrechen.* Berlin 2014.)

Auch Paulus soll in Rom zum Märtyrer geworden sein, im Umfeld des großen Brandes und der anschließenden Christenverfolgung. Als römischer Bürger wurde er angeblich nicht gekreuzigt, sondern mit dem Schwert enthauptet. Sein Grab soll sich in der Kirche *San Paolo fuori le Mura* befinden, archäologisch gesicherte Spuren – Fehlanzeige. Anderen Überlieferungen zufolge kam Paulus nicht in Rom ums Leben, sondern reiste munter weiter bis nach Spanien.

Die weiteren »Päpste« nach Petrus waren ebenfalls pure Erfindung, nachträglich ausgedacht als Belege für die ununterbrochene Liste der »apostolischen Sukzession« in der Nachfolge des ersten »Papstes« Petrus. Der Gipfel der kirchlichen Lügenbeutelei wird dann mit der »Konstantinischen Schenkung« erreicht, also jener angeblichen Übertragung staatlicher, weltlicher und geographischer Macht von Kaiser Konstantin auf die Päpste, die – das sei an dieser Stelle vorweggenommen – niemals stattgefunden hat. Somit ist die gesamte Konstruktion des Vatikanstaats, der Machtzentrale der Katholischen Kirche, auf einem Lügengebäude ohnegleichen aufgebaut, mithin ohne rechtlichen Belang, also gegenstandslos. Recht besehen, könnte der italienische Staat diese ausländische »Exklave« auf seinem Staatsgebiet kurzum einkassieren, da sie keinen juristischen Bestand hat, außer der Tradition, also dem Gewohnheitsrecht, was aber in völkerrechtlicher Hinsicht nicht relevant ist.

Im Kern geht es um eine etwa im Jahr 800 gefälschte Urkunde. Diese wurde auf die Jahre 315/317 zurückdatiert und mit der gefälschten Unterschrift und dem gefälschten Siegel des römischen Kaisers Konstantin I. versehen. Darin wird »Papst Silvester I.« (»Pontifex« angeblich von 314–335) und seinen sämtlichen Nachfolgern die politische Oberherrschaft über Rom, Italien, die gesamte Westhälfte des Römischen Reiches, ja, letztlich des gesamten Erdenrunds mittels Schenkung übertragen. Die »Päpste«

nutzten ab dem 9. Jahrhundert diese Fälschung, um ihre Vormacht in der Christenheit, aber auch ihre territorialen Ansprüche in Italien und anderswo zu begründen. Bereits im 15. Jahrhundert wurde von findigen Humanisten nachgewiesen, dass diese Urkunde gefälscht sein muss – zu viele historische Fehler waren den Fälschern unterlaufen. Die Aufdeckung der Fälschung hatte aber keine größeren Weiterungen zur Folge. Die Kirche durfte behalten, was sie sich unrechtmäßig angeeignet hatte, *business as usual*. Erst Luthers (wie man seit 2017 mal betonen darf) durchaus eigennützige, die eigene Karriere befördernde »Reformation« brachte den Umstand dieser unverschämten Anmaßung erneut aufs Tapet.

Bis ins 19. Jahrhundert konzedierte die Katholische Kirche, die Urkunde sei zwar gefälscht, behauptete aber wider besseren Wissens, es habe die Schenkung dennoch gegeben. Im 20. Jahrhundert musste sich die Kirche auch von dieser liebgewonnenen Tradition trennen, da ihr kein Mensch mehr Glauben schenkte. Der Titel des Falsifikats lautet *Constitutum Constantini* (Anweisung Konstantins). Es besteht aus der *Confessio* (Glaubensbekenntnis) und der eigentlichen *Donatio* (Schenkung). Im *Confessio*-Teil wird berichtet, Kaiser Konstantin sei gegen Ende seines Lebens vom Aussatz befallen worden. Die heidnischen Priester hätten ihm geraten, im Blut unschuldiger Kinder zu baden, um die Krankheit loszuwerden. Die Kinder seien zusammengetrieben worden. Doch kurz vor ihrer geplanten Ermordung habe Konstantin die Wehklagen ihrer Mütter gehört und daraufhin Mütter und Kinder verschont. In einem Traum sei er von den Aposteln Petrus und Paulus an Papst Silvester verwiesen worden, der ihm bei der Heilung der Krankheit helfen könne. Silvester habe sich seinerzeit am Berg *Soracte* bei Rom vor der Christenverfolgung versteckt. Konstantin sei dann tatsächlich von dem herbeigeholten Silvester mittels Taufe geheilt worden (in Wirklichkeit wurde Konstantin erst auf dem Sterbebett von Bischof Eusebius von Nikomedia getauft). Nach der Heilung habe sich Konstantin zum christlichen Glauben bekannt.

Aus Dankbarkeit, so wird im *Donatio*-Teil weiter ausgeführt, habe Konstantin dem römischen »Bischof« weitreichende Zusagen gemacht. So habe Konstantin dem römischen Patriarchat (Bischofssitz) den Vorrang über die anderen vier Patriarchate, Konstantinopel, Antiochia, Alexandria und Jerusalem, verliehen. Außerdem habe der Kaiser dem römischen »Bischof« kaiserliche Insignien und Vorrechte verliehen (Diadem, Purpurmantel, Zepter und Prozessionsrecht). Schließlich sei dem »Bischof« die Herrschaft über Italien und den gesamten Westen überlassen worden. »On top« habe Konstantin dem »Bischof« sogar einen der prachtvollsten Kaiserpaläste Roms, den Lateranpalast, als Wohnsitz geschenkt und sich als Zeichen der Subordination als »Strator« betätigt, sprich: das päpstliche Pferd während einer Prozession zu Fuß am Zügel geführt (was eigentlich der Führer des stadtrömischen Adels zum Zeichen der Unterwerfung beim Kaiser machen musste). Nach Veröffentlichung und Durchsetzung der Fälschung mussten alle nachfolgenden mittelalterlichen Kaiser dem jeweiligen »Papst« den »Strator« machen, wenn sie von diesem gekrönt werden wollten, was für die Gültigkeit des Amtsantritts aufgrund der Fälschung unumgänglich geworden war: Der »Papst« hatte sich nämlich zwischenzeitlich auch noch das Krönungsrecht für die Kaiser, die obersten weltlichen Herrscher des Abendlandes, angemaßt und damit entscheidende Macht über die politische Elite des Okzidents erlangt: Wer Kaiser werden wollte, musste sich von nun an dem jeweiligen »Papst« unterwerfen, ihm »Geschenke« machen, meist weitreichende politische Zusagen, und natürlich Geldgeschenke nicht zu knapp.

Konstantin habe dann seinen Regierungssitz von Rom nach Konstantinopel im Ostteil des Reiches verlegt (was in der Realität völlig unabhängig von irgendwelchen Deals mit der Kirche geschah), während der römische »Bischof« die Herrschaft über den Westteil des Reiches übernommen habe. Mit der Fälschung begründete die Katholische Kirche seitdem ihren Anspruch auf Staatlichkeit und die Weisungsbefugnis über alle anderen Ortskirchen und nahm für ihren »Papst« einen Rang in Anspruch, der dem kaiserlichen übergeordnet war. Das führt bis heute dazu, dass der »Papst« sich allen weltlichen Mächten als übergeordnet ansieht und als Herrscher im »Vatikanstaat«, der bis heute von allen maßgebenden Ländern der Erde als unabhängiger Staat mit allen Rechten anerkannt ist, niemandem untertan ist. Selbst Hitler wagte nicht, den Vatikanstaat anzutasten nach der militärischen Besetzung Italiens ab Herbst 1943 (nach dem Sturz Mussolinis). Und dies nicht nur aus Pietät: Tatsächlich hatte der Vatikan Aufstieg und Machtübernahme von Faschismus und Nationalsozialismus, also von Mussolini und Hitler, entscheidend gefördert und als erster »Staat« und »moralische Autorität« – durch den Abschluss der jeweiligen Konkordate – die außenpolitische Isolation der beiden Diktatoren durchbrochen. Damit wurde die übrige Staatengemeinschaft ermutigt, ihrerseits normale Beziehungen zu beiden Diktatoren aufzunehmen. Natürlich waren die beiden Konkordate sehr vorteilhaft für den Vatikan. Beide Diktatoren waren überaus dankbar für den »höheren Segen« der obersten Moralinstitution der westlichen Welt. Der Vatikan sicherte sich mit den Konkordaten seine Machtbasis in Italien und Deutschland und erhielt auch sonst zahllose Vergünstigungen im Tausch gegen die politische Anerkennung.

Erstmals angewendet wurde die gefälschte Urkunde offenbar in den fünfziger Jahren des 8. Jahrhunderts unserer Zeit, als die Langobarden auf ihrem Vormarsch die römischen Besitztümer von »Papst« Stephan II. belagerten und dieser sich an Frankenkönig Pippin III. wandte, um von diesem politische und militärische Unterstützung zu erhalten. Der »Papst« verwies in seinem Bittschreiben auf die gemäß beiliegender Kopie vorhandene »Schenkung« Kaiser Konstantins, die von allen christlichen Königen verteidigt werden müsse. Der willfährige Frankenkönig stellte auf Grundlage der Fälschung dem »Papst« eine weitere, diesmal echte, Urkunde aus und bestätigte dem »Papst« durch die »Pippinische Schenkung« erneut seinen Herrschaftsanspruch über die von den Langobarden bewohnten Gebiete Mittelitaliens und erweiterte so die territoriale Ausdehnung des bis dato stadtrömischen Kirchenstaats. Doch es gab auch Widerstand gegen den »offensiven Einsatz« der Fälschung durch die Katholische Kirche. So bestritt Kaiser Otto III. im Jahr 1001 unserer Zeit die Rechtsgültigkeit der gefälschten Urkunde, was jedoch folgenlos blieb, da Otto schon im Januar 1002 starb – vermutlich als Opfer einer Vergiftung. Man muss nicht lange überlegen, wer als Anstifter dieser Vergiftung in Frage käme. Ein weiteres Mal setzte der »Vatikan« die gefälschte Urkunde im Streit mit dem byzantinischen Patriarchen Michael Kerullarios ein, als »Papst« Leo IX. um die Mitte des 11. Jahrhunderts zunächst in liturgischen Streitfragen mit dem Amtskollegen in Konstantinopel aneinandergeraten war. Der Streit verlagerte sich bald hin zur Frage, ob es unter den fünf christlichen Patriarchaten eines gebe, das den anderen übergeordnet sei, und ob dies ausgerechnet Rom sei. Auf der Basis der »Konstantinischen Schenkung« behauptete der »Vatikan« nun, erstes unter den Patriarchaten zu sein (Konstantinopel komme an letzter Stelle). Der Patriarch von Konstantinopel reagierte, indem er während der Verhandlungen mit dem »päpstlichen« Abgesandten die Kaiserinsignien anlegte und so für sich den Rang beanspruchte, den die römischen Bischöfe auf der Grundlage der Fälschung zu usurpieren versuchten. Tatsächlich war der Patriarch von Konstantinopel, dem letzten Regierungssitz des (ost-)römischen Reiches, noch am ehesten der Amtsnachfolger der Kaiser, da er ihre politische Machtposition in der letzten Reichshauptstadt Byzanz übernommen hatte. Der Streit endete angesichts der anmaßenden, unnachgiebigen, aggressiven Haltung des Vatikans schließlich mit der »Kirchenspaltung« von 1054. Die Ostkirche weigerte sich (zu Recht), sich der »römischen« Führung zu unterwerfen. Diese vom Vatikan provozierte Kirchenspaltung dauert bis heute an. Die Ostkirchen werden seitdem vom Vatikan abwertend als »orthodox« bezeichnet.

Seit dem Mittelalter ist die »Konstantinische Schenkung« fester Bestandteil des Kirchenrechts. Nach Otto III. haben Kirchengegner (die darob als »Häretiker« verfolgt und häufig ermordet wurden) sowie einzelne europäische Herrscher immer wieder die Gültigkeit der Fälschung bestritten, drangen damit aber nicht durch. Notgedrungen – da sie auf den »päpstlichen« Segen angewiesen waren – anerkannten die Prätendenten auf den Kaiserthron die »Anmaßung« und verstärkten somit die Stellung des römischen »Bischofs«. Friedrich Barbarossa wurde vom gegen den »Papst« und seinen römischen Herrschaftsanspruch opponierenden stadtrömischen Adel bei seiner Thronbesteigung 1152 über die Fälschung informiert. Die stadtrömische Freiheitsbewegung wollte damals die »Schenkungen« aufkündigen. Der einflussreiche Abt Bernhard von Clairvaux äußerte ebenfalls Zweifel an der »Konstantinischen Schenkung«, mit ihr sei das Gift von Prunk und Pomp in den Klerus gedrungen. Doch letztlich siegte die Anmaßung der römischen Popen, und die Kaiser und Mächtigen der Erde unterwarfen und unterwerfen sich dem römischen Potentaten. Es waren der deutsche Theologe und Philosoph Nikolaus von Kues und wenig später unabhängig von ihm der italienische Humanist Lorenzo Valla, die bereits im 15. Jahrhundert umfassend nachwiesen, dass die »Schenkung« gefälscht ist. Durch die Reformation wurde diese Erkenntnis weiter bekannt gemacht. Die Katholische Kirche quittierte das mit Achselzucken. Der Vatikan gab die Fälschung schließlich im 20. Jahrhundert zu, wies aber darauf hin, dass der berechtigte Anspruch des »Papstes« auf weltliche Macht keines Geschenkes römischer Kaiser bedürfe. Und so existiert das auf diesem Lügengebilde aufgebaute weltliche Kirchenmachtsystem samt »Vatikanstaat« bis heute.

Anfänge russischer Staatlichkeit – Waräger oder Russen

Die Anfänge staatlicher Strukturen auf dem Gebiet des heutigen Russlands sind seit über 150 Jahren Gegenstand einer wissenschaftlichen, politischen und medialen Auseinandersetzung. Dabei wird viel Aufwand getrieben, um einen eigentlich ganz einfachen Sachverhalt zumindest innerhalb der Westblock-Presse anders aussehen zu lassen, als er eigentlich war. Es wird also permanent, bis heute, an einem Lügengespinst gesponnen, um auch in diesem Detail die psychologische Kriegsführung gegen Russland fortzusetzen. Dabei geht es um die Frage, ob die Russen selbst im 9. Jahrhundert n. Chr. erste Anfänge einer staatlichen Regierungsform auf ihrem Siedlungsgebiet schufen oder ob das in den Händen von skandinavischen Einwanderern, skandinavischen »Herrenmenschen« – überspitzt ausgedrückt (Übertreibung dient der Verdeutlichung) – lag, die den tumben Russen mühsam beibringen mussten, wie man einen Staat organisiert.

Die westeuropäische Geschichtswissenschaft, sekundiert von den westlichen Medien, hat sich seit anderthalb Jahrhunderten, gestützt auf schwache Indizien in einer viele Hundert Jahre nach den angeblichen Ereignissen entstandenen ukrainischen Chronik darauf festgelegt, dass es skandinavische Einwanderer waren, die sogenannten »Waräger« (oder Ost-Schweden), die auf russischem Siedlungsgebiet erste staatliche Strukturen schufen, dass also die Anfänge russischer Staatlichkeit in ausländischer Hand lagen. Das passte natürlich in das allgemeine, seit dem 16. Jahrhundert von interessierten Kreisen (gerade auch in Schweden, das zeitweilig in regelmäßigen Abständen militärische Angriffe auf Russland unternahm) betriebene und finanzierte Russland-Bashing, das in Westeuropa – von einigen kürzeren Phasen einer neutralen bis wohlwollenden Beurteilung Russlands – vorherrschend war und bis heute ist. Verstärkt ist dies seit den Ereignissen in der Ukraine 2013/14 der Fall, als die EU mit freundlicher Hilfe der USA und ihrer geballten Geheimdienstmacht einen Staatsstreich in Kiew inszenierte, den gewählten Präsidenten aus dem Amt treiben ließ und eine prowestliche Regierung installierte, um das Kernland Osteuropas endgültig ins westliche Lager zu ziehen und somit die geostrategische Position Russlands im Zuge der NATO-Osterweiterung weiter zu schwächen.

Wie ging denn nun die Geschichte um die Anfänge russischer Staatlichkeit wirklich vor sich? Betrachten wir die Fakten. Die Besiedlung der unwegsamen Weiten Russlands begann spät, vor rund hunderttausend Jahren. Zum Vergleich: In Westeuropa lassen sich vor 1,2 Millionen Jahren, nördlich der Alpen vor 600.000 Jahren, erste Spuren menschlicher Zivilisation nachweisen. Die Siedlungstätigkeit in Russland verdichtete sich vor circa 40.000 Jahren. Schon früh erfolgte hier die Zähmung und Züchtung von Pferden als Transport- und Jagdhilfsmittel. Die Bevölkerung gliederte sich in Nomadenstämme, die auf festen Routen durch die Landschaften zogen. Im letzten vorchristlichen Jahrtausend begannen Skythen und andere östliche Reiternomaden, erste größere Reiche zu schaffen. Gleichzeitig drangen griechische Eroberer von Westen her im Süden des Landes vor und gelangten über die Krim bis zur Dnjepr-Mündung. Im Norden siedelten sich finno-ugrische und baltische Stämme an.

Slawische beziehungsweise »russische« Siedlungsgebiete lassen sich zunächst am mittleren Dnjepr, nördlich von Kiew, nachweisen, also auf dem Gebiet der heutigen Ukraine, die ja ebenso lautstark wie falsch ihre kulturelle Unabhängigkeit von Russland zu betonen nicht müde wird. Die slawischen Stämme verbreiteten sich in der Folge radial und drängten die anderen Stämme zurück, die finno-ugrischen nach Norden, die baltischen nach Westen. Den Lebensunterhalt erwirtschafteten die Slawen als Ackerbauern und Viehzüchter. Aufgrund der schwierigen klimatischen Verhältnisse war die Wald- und Holzwirtschaft bis ins 20. Jahrhundert einer der wichtigsten Erwerbszweige und Grundlage für Bautätigkeit und Energieversorgung (als Heizmaterial). Durch die Größe des Landes, die Distanzen und die schwierigen geographisch-meteorologischen Verhältnisse kam Gewässern schon früh die Bedeutung von Hauptverkehrsadern zu. Siedlungsplätze überregionaler Bedeutung lassen sich zunächst ausschließlich an großen Flüssen nachweisen, in Ortschaften wie Weliki Nowgorod, Staraja Ladoga und Kiew.

Die nun zu verzeichnenden Anfänge russischer Staatswerdung sind – wie eingangs schon beschrieben – umkämpftes Gebiet. Die Bedeutung dieser Frage kann man daran ermessen, dass der russische Präsident Wladimir Putin eigens dieses Thema aufgriff. Er bat nachdrücklich um eine ausgewogene Darstellung, nicht mehr, aber auch nicht weniger. Bislang gab es hauptsächlich zwei Deutungen, um die zwischen Historikern und Politikern unterschiedlicher Couleur erbittert gerungen wurde und wird. Es geht darum, welche Rolle die »Wikinger« beziehungsweise die »Waräger« bei der staatlichen Einigung der verschiedenen Kleinfürstentümer im Kernbereich des heutigen europäischen Teils Russlands hatten. »Wikinger« beziehungsweise »Waräger« stammten – zumindest darüber sind sich beide Lager einig – aus Skandinavien und waren im 9. Jahrhundert in die *Gardarike* (das Städtereich), also das Gebiet zwischen Ostsee und Nowgorod, gekommen, wo sie – teils regelmäßig plündernd, teils Handel treibend – wirtschaftliche Beziehungen aufbauten. Der Name »Waräger« wurde historisch denjenigen »Wikingern« zugeteilt, die sich im Osthandel engagierten beziehungsweise auf Kriegsfahrt nach Osteuropa zogen oder sich dort als Söldner verdingten. In neutralen Teilen der Wissenschaft wird das Ringen um die richtige Deutung der altrussischen Anfänge als weiterhin offen beschrieben.

Die Frage, welche Rolle die »Waräger« in Russland wirklich spielten, scheidet die Geister. Es geht im Kern darum, ob die skandinavischen Haudegen dienende oder herrschende Funktionen ausübten. Seit dem 18. Jahrhundert sind deutsche und skandinavische Forscher darum bemüht, unter Rückgriff auf »Chroniken«, die Jahrhunderte später entstanden, herauszustreichen, dass die »Wikinger«/»Waräger« von den einheimischen Slawen ins Land gerufen worden seien, um die Herrschaft über die zerstrittenen örtlichen Clans zu übernehmen – eine einigermaßen weltfremde, parteiische Sicht der Dinge, das sei vorweggenommen. Denn damit hätten die Einheimischen die Wikinger als eine Art »Herrenrasse« anerkannt, die der eigenen überlegen ist – die bedenklichen Konnotationen solcher Theoreme liegen auf der Hand. Denn es handelt sich bekanntlich bei dieser Vorstellung eines schwachen Russlands, das der Führung durch vom Westen entsandter Spezialisten bedarf, um den vielfach formulierten Wunschtraum vieler Mitteleuropäer und Spindoktoren am Potomac. Dieser Traum schien nach 1991/1993 zeitweise Wirklichkeit zu werden, als neoliberale Spinner, frisch den entsprechenden Kaderschmieden entfleucht, jede noch so idiotische Transformationsidee nicht etwa im Labor ausprobieren, sondern auf das größte Flächenland der Erde anwenden durften, so jene angeblich wundersam heilsame »Schocktherapie«, derer Russland bedürfe, um den Anschluss ans 21. Jahrhundert zu schaffen – fünf Jahre später war Russland pleite und sämtliche lukrativen Staatskonzerne in der Hand von mafiösen Oligarchen, die darob in kürzester Zeit zu Milliardären mutierten. Möglicherweise war das aber kein »Kollateralschaden«, sondern das eigentliche Ziel der Aktion.

Ähnliches geschah ab 1990 auf dem Gebiet der DDR, als westdeutsche Strategen – wie von langer Hand geplant, bekanntlich wurde das Vorhaben »Wiedervereinigung« beziehungsweise »Tag X« seit den fünfziger Jahren in verschiedenen BRD-Ministerien minutiös vorbereitet, inklusive der vorab geplanten, ebenso prioritären wie umgehenden Auflösung jeglichen Volkseigentums und Zerschlagung aller staatlich dominierten Wirtschaftsstrukturen – 17 Millionen Menschen in der gerade aufgelösten Deutschen Demokratischen Republik per Federstrich ihrer Arbeitsplätze beraubten und mir nichts, dir nichts 98 Prozent aller industriellen Arbeitsplätze »zu treuen Händen« vernichtet wurden. Mit Steuergeldern aus Westdeutschland wurden diese nun auf staatliche Sozialleistungen angewiesenen 17 Millionen neuen BRD-Bürger zu Konsumenten der BRD-Konzerne umprogrammiert, ein gigantisches Umverteilungsprogramm, das Gewinne in Milliardenhöhe (»Vereinigungssonderboom«) in die Kassen jener BRD-Konzerne spülte, denen die neue BRD-Regierung (»Schröder/Fischer«) 1998 dann auch noch so gut wie alle Steuerpflichten erließ. Die Höhe der deutschen Sozialleistungen verhindert bislang die Entstehung einer »kritischen« Masse von Unzufriedenheit. Dass ein Viertel der vereinigten deutschen Bevölkerung dauerhaft dazu verurteilt wurde, Kostgänger des Staates zu werden, bleibt historisches Unrecht und ökonomisch ein Unding.

Die Gegenthese zur russischen Staatswerdung sieht so aus, dass die örtlichen einheimischen Herrscherclans die »Wikinger«/»Waräger« – nachdem sie unfreiwillig erste Bekanntschaft mit deren »Kampfkraft« gemacht hatten – als Servicekräfte, als Militärdienstleister, sprich: als Söldner einkauften. Die »Nordmänner« (die unter anderem in der französischen Normandie, in England und in Sizilien eigene, »normannische«, beziehungsweise »Wikinger«-Staatsgebilde schufen) waren für zwei Dinge bekannt: für ihre weitgespannten Handelsbeziehungen (bis Grönland) und für ihre Kämpferqualitäten. Letztere waren das Ergebnis jahrzehntelangen, permanenten Kriegstrainings, einer »Wikinger«-Tradition. Im Rahmen der »Leidang« genannten Verpflichtung eines jeden Ortes, ein Kriegsschiff zu unterhalten und mit kampferprobten Männern zu bemannen, wurde jede neue Männergeneration einem harten Waffen- und Nahkampftraining unterzogen. Als Händler, Plünderer oder als Söldner gelangten die Wikinger auch nach Byzanz, wo sie beispielsweise über vier Jahrhunderte die Leibwache des Herrschers stellten. Gleich bei ihrem ersten Einsatz in byzantinischen Diensten 989 unserer Zeit notierten die Chronisten als Besonderheit dieser Truppe, dass sie nach gewonnener Schlacht sogar noch fliehenden Feindsoldaten nachsetzte, um sie mit ihren Äxten in Stücke zu hauen. Die Fürsten der Kiewer Rus leisteten sich – das ist historisch unstrittig – ebenfalls Wikinger-Leibwächter beziehungsweise Spezialeinheiten, *дружина* (*Druschina*) genannt. Ein später Wiedergänger dieses Begriffs waren die schon von Verzweiflung kündenden Versuche Himmlers, gegen Ende des absehbar verlorenen Zweiten Weltkriegs im Rahmen des SS-Sicherheitsdienstes russische Spezialeinheiten in deutschen Diensten unter dem Namen »Druschina-Verbände« zu schaffen. Diese standen unter dem Befehl des

SS-Hauptsturmführers Klaus von Lepel, der wiederum SS-Obersturmbannführer Dr. Rudolf Oebsger-Röder unterstellt war, dem Gründer und ersten Leiter des »Unternehmens Zeppelin«. Einige Kampf- beziehungsweise Terrorzellen des »Unternehmens Zeppelin« auf sowjetischem Staatsgebiet blieben bis in die 1950er Jahre hinein aktiv und wurden von westlichen Geheimdiensten alimentiert.

Die skandinavischen Söldner übernahmen in den frühen russischen Herrschaftsstrukturen auch Teile der Verwaltungstätigkeit, speziell, was die etwas heikleren Bereiche anging, etwa das Eintreiben von Steuern und Tributen. Generell waren die »Mörderbanden« der »Wikinger«/»Waräger« seit ihrem ersten Auftreten im Mitteleuropa des 8. Jahrhunderts für ihre Raubzüge berüchtigt, die den Beginn ihrer »Handelstätigkeit« darstellten. Alle europäischen Küstenstädte südlich und östlich Skandinaviens wurden damals in regelmäßigen Abständen von Horden plündernder, raubender, vergewaltigender Wikinger heimgesucht, die die Städte angriffen, niederbrannten, alles Wertvolle mitnahmen (dazu gehörten auch arbeitsfähige Kinder und Erwachsene, die in den jeweiligen Heimatorten der Wikinger dann als Sklaven ihr Leben fristen mussten oder in Drittländer verkauft wurden) und dann das Weite suchten, bevor die alarmierten Hilfstruppen anderer Fürsten sich ihnen entgegenstellen konnten. Mordlust und Zerstörungswut waren ihre hervorstechenden Merkmale. Die Wikinger fuhren dabei gern von der Küste des jeweiligen Opferlandes aus die großen Flüsse hinauf, so etwa in Frankreich die Seine, aber auch den »deutschen« Rhein, und kamen so 882 bis Bonn und Andernach, die Maas hinauf bis Lüttich, die Mosel hinauf bis Trier. Ähnlich hielten sie es im Baltikum und in Karelien, von wo aus sie den Wolchow hinauf- und dann die Wolga hinunterfuhren bis zum Schwarzen Meer beziehungsweise zum Kaspischen Meer. Besonders gefürchtet waren die Wikinger-Spezialeinheiten der Berserkir, welche sprichwörtlichen »Berserker« alle anderen Wikinger in ihrer Grausamkeit noch übertrafen. Ihre unmenschliche Folterfreude erinnert an die in russischen Medien kolportierten Verbrechen der ukrainischen Freikorps seit 2014 – nicht im Feld, im Kampf, sondern gegenüber wehrlosen Gefangenen und Zivilisten.

Im Laufe des 10. Jahrhunderts stellten die Wikinger ihre nunmehr auf immer mehr Abwehrmaßnahmen treffenden und daher »unwirtschaftlich« werdenden Raubzüge ein und verlegten sich auf die ethisch gebilligten Tätigkeiten als Händler und »christliche Streiter«, die beispielsweise in Süditalien als Söldner im Dienste der langobardischen Fürstentümer die byzantinischen Vorposten im Süden der italienischen Halbinsel angriffen, dort bald selbst die Herrschaft über Städte und Regionen übernahmen und schließlich sogar – nach der vom damaligen Papst bei ihnen in Auftrag gegebenen Eroberung des zu diesem Zeitpunkt noch arabischen Siziliens – ein eigenes Königreich begründeten. Bei den Kampfeinsätzen der Wikinger auf eigene oder fremde Rechnung kam es immer wieder auch zu Auseinandersetzungen untereinander, bei denen sich auf beiden Seiten der Front skandinavische Söldnerabordnungen gegenüberstanden: so etwa in Süditalien, als im Auftrag der dortigen byzantinischen Statthalter eine Eliteeinheit der »warägischen Garde« von Byzanz nach Italien verlegt wurde, um die Normannen (mittlerweile in Frankreich ansässige »Wikinger«) zu bekämpfen. Damit standen sich beispielsweise im Oktober 1018 am Fluss Ofanto zwei »Wikinger«-Heere gegenüber, die im Dienst und Sold unterschiedlicher Herren gegeneinander kämpften. Die Schlacht endete mit einem Sieg der byzantinisch besoldeten »Waräger« über die »Normannen«.

Günstiger war der Ausgang, was die Eroberung des arabischen Siziliens in päpstlichem Auftrag anging. Der damals amtierende Papst hatte Normannenclanchef Robert Guiskard schon vorab – als sich die Insel noch in arabischem Besitz befand – den Titel eines »Herzogs von Sizilien« verliehen, um die Normannen noch stärker zum Kampf gegen die vom Papst aus als »unerwünschte Araber auf christlichem Boden« bezeichneten regionalen Machthaber anzustacheln. Tatsächlich hatten die Araber auf Sizilien seit Jahrhunderten ein äußerst liberales Herrschertum etabliert, in dem die Angehörigen verschiedener Religionen (Christen, Juden, Muslime) und Volksgruppen friedlich nebeneinander lebten und jeder ungestört seinen Glauben ausüben konnte. Die Normannen brauchten insgesamt dreißig Jahre zur Eroberung der Insel (1061–1091) und beendeten im Auftrag des Papstes umgehend die zuvor von den Arabern ausgeübte Toleranz. Eben jene Araber (die zeitweise zwei Drittel der Inselbevölkerung stellten), aber auch die hier ansässigen Juden wurden von den Normannen größtenteils vertrieben, die nicht-christlichen Gebetsstätten zerstört oder zu christlichen Kirchen umgewidmet.

Warum sollten russische Adelsclans also im 9. Jahrhundert die als Händler und Söldner, als »Mörderbanden«, mithin als private Sicherheitsdienstleister im heutigen Sprachgebrauch bekannten Wikinger einladen, ohne weiteres die Herrschaft in ihrem Gebiet zu übernehmen? Dass das mit den eigentlichen geschichtlichen Abläufen wenig zu tun gehabt haben dürfte, sagt einem – unabhängig von den Quellen, die bei unvoreingenommener Betrachtungsweise ebenfalls in diese Richtung weisen – auch der gesunde Menschenverstand. Warum also wurde diese These überhaupt in die Welt gesetzt? Offenbar ging es den deutschen und skandinavischen Forschern zu diesem Zeitpunkt, als diese These erstmals publiziert wurde, also um die Mitte des 18. Jahrhunderts, darum, eigenständige Ursprünge russischer Staatswerdung zu leugnen und stattdessen eine Vorstellung zu propagieren, der zufolge die unselbständigen und zu eigener Herrschaftsorganisation nicht fähigen »tumben« russischen Vorfahren norwegisch-schwedische (beziehungsweise deutsche) Hilfe nötig gehabt hätten, um ihr Herrschaftsgebiet zu einigen und historisch wirksam werden zu lassen.

Bis in die Gegenwart wird mit dieser These unter anderem versucht, das russische Selbstbewusstsein zu unterminieren. Josef Stalin untersagte 1936 den weiteren Gebrauch und die Verbreitung dieser antirussischen These. Doch nach 1989 kam sie erneut zurück, wiederum von westlichen Historikern propagiert, mit Rückgriff auf die in Versionen aus dem 13. Jahrhundert erhaltene »Nestorchronik«, deren Informationsgehalt zur Frühzeit russischer Staatswerdung im 9. Jahrhundert ungefähr dem von Grimms Märchen für das deutsche Mittelalter entspricht. Dabei ist die Sache eigentlich ganz einfach. Es gab eigenständige »Wikinger«-Königreiche in der Normandie, in England und auf Sizilien, das ist unbestritten und vielfach dokumentarisch-historisch nachgewiesen. Für das Gebiet des russischen Lokaladels zwischen Nowgorod, Isborsk und Belosersk lässt sich kein Wikinger- beziehungsweise Waräger-Reich belegen. Jedenfalls gibt es von einem solchen keinen einzigen dokumentarischen Nachweis. Weiterer Beleg dafür, dass es kein Wikinger-Reich auf russischem Gebiet gab: Bis heute lässt sich kein einziger Orts-, Flur- oder Flussname skandinavischer Abkunft in diesem Gebiet finden.

Was passierte denn nun stattdessen? Wie sah höchstwahrscheinlich das tatsächliche historische Geschehen dort aus? Die These mit dem höchsten Grad an Wahrscheinlichkeit: Vom russischen Lokaladel geleitete Strukturen engagierten die »Waräger« im 9. Jahrhundert als Söldner und Steuereintreiber. Die Herrschaft blieb aber zu jedem Zeitpunkt in russischer Hand. Die russischen Kleinfürstentümer schlossen sich im Lauf der Zeit zu größeren Einheiten zusammen, die sich aber wiederum zu keinem Zeitpunkt als »Wikinger-« beziehungsweise »Waräger-Reiche« bezeichneten oder empfanden. Sonst müsste es ja eine Fülle historischer Dokumente geben, die das belegten. Angeblich gab es jedoch laut »Nestorchronik« zu dieser Zeit »Waräger«-Könige in Russland – leider werden diese aber ausschließlich in der ohnehin fragwürdigen »Nestorchronik« ein halbes Jahrtausend später erwähnt und in keinem einzigen Dokument aus der Zeit, zu der die angeblichen »Waräger«-Könige in Russland geherrscht haben sollen. Eben dieser Umstand, das Fehlen jeglicher Belege für ihre verquere These von den »Herrenmenschen«, die den tumben Russen zeigen mussten, wo's langgeht, stellt die »Normannisten« unter den Forschern vor arge Erklärungsprobleme. Das führt dann zu verqueren Theorien, wie jener einer »zumindest anfänglichen Abschottung der Ethnien mit geringen wechselseitigen Kontakten«: Dass also das russische »Dienervolk« und die »Waräger-Herrenmenschen« ohne jeglichen Austausch von Dokumenten nebeneinanderher lebten? Dass die »Waräger« auch im Austausch mit ihrer schwedisch-normannischen Heimat die Existenz eines eigenen Königreichs quasi geheim hielten? Absurder geht es kaum noch.

Wladimir Putin hatte 2014 bei seinem Besuch der russischen Historiker-Tagung – befragt nach seinem Eindruck von der Rurikiden-Ausstellung – darum gebeten, angesichts des nach wie vor offenen Streits zwischen »Pro-« und »Antinormannisten«, nicht nur einseitig den schon im 19. Jahrhundert vom »Nestor« der russischen

Historiographie, Nikolai Michailowitsch Karamsin, propagierten »pronormannischen« Standpunkt zu vertreten, darzustellen und zu tradieren. Putin ging es darum, auch eine alternative These, die antinormannische, autochthon »russische«, zu Wort kommen zu lassen, damit beide objektiv verglichen und abgewogen werden können. Für diese Gegenthese, dass die Waräger letztlich nur als Sicherheitsdienstleister eingekauft wurden, spricht meines Erachtens auch die Tatsache, dass es sich bei den »R(j)urikiden«, also den drei Warägerbrüdern, die angeblich die Macht über die altrussischen Adelsclans übernahmen und aus ihnen den Beginn russischer Staatlichkeit formten, um ein geschichtliches Klischee handelt, das einem in »Volksgeschichten« häufig begegnet: die Geschichte von drei Brüdern, die in die Ferne ziehen und sich dort als Staatengründer betätigen.

Bereits in der ersten Übersetzung des von Putin zitierten pronormannischen russischen Geschichtswerks von Karamsin wird 1828 vom deutschen Bearbeiter, August Tappe, in den Anmerkungen darauf hingewiesen. Karamsin selbst bezeichnet diese widersinnige Form der angeblichen Staatsgründung im 15. Kapitel des ersten Bandes seiner Russland-Chronik selbst als »höchst merkwürdiges« und »absonderliches« Ereignis und räumt ein, dass er Schwierigkeiten habe, dafür eine nachvollziehbare Erklärung zu finden. Er müht sich dann damit ab, eine »vorbildlich gerechte« Herrschaftsausübung der schwedischen Waräger in den baltischen Küstenregionen anzunehmen, mit geradezu humanistischen Idealen, »ohne Unterdrückung und Gewalttaten«, welche Menschlichkeit ihnen dann den »Ruf« auf den inländischen russischen Thron verschafft habe – eine einigermaßen abstruse These, wenn man die reichlich vorhandenen Schriftquellen zur grausamen Herrschaftsausübung der Waräger zurate zieht.

Auch Karamsin weist explizit darauf hin, dass es sich bei der angeblichen Stiftung der »rurikidischen« Dynastie durch »Rjurik« nicht um eine glaubwürdige historische Quelle, sondern um eine Sage handelt. Diese Sage wird von der pronormannischen Historiker-Fraktion jedoch bis heute als »unumstrittene, stichhaltige Primärquelle« verkauft und ihr Inhalt uneingeschränkt als geschichtliche Wahrheit propagiert. Wie verbreitet der ahistorische Mythos von den »drei Brüdern« war, auch in anderen Weltregionen, zeigt die Sagenlandschaft Irlands, wo die ersten größeren Städte von drei skandinavischen (Wikinger-) Brüdern, »Amlav, Sytarak und Pvor«, erbaut worden sein sollen. In der ukrainischen »Nestorchronik« wird der Topos sogar noch ein zweites Mal benutzt. Angeblich seien die Waräger-Brüder Askold und Dir den Dnjepr hinuntergezogen, hätten die Stadt Kiew entdeckt und sich erkundigt, wer diese gegründet habe. Man habe ihnen entgegnet: »Drei Brüder, Kij, Schtschek und Choriw.« Askold und Dir haben der Sage nach natürlich nichts Besseres zu tun gehabt, als alle drei samt deren Schwester rundweg zu erschlagen und sich in den Besitz der kleinen Siedlung Kiew zu bringen. Der »Nestorsaga« zufolge wurden Askold und Dir dann wiederum Opfer von Rjuriks Verwandtem Oleg, der diesem auf den Thron in Nowgorod nachfolgte und sich binnen kurzer Zeit auch in den Besitz von Kiew bringen wollte. Er schlich sich unter einem Vorwand mit kleinem Gefolge in die Stadt, traf sich mit Askold und Dir und ließ beide dann von seiner Leibgarde niedermetzeln.

Im Kern geht dieser Zeiten und Distanzen überdauernde Topos natürlich auf ein biblisches Vorbild aus dem Alten Testament zurück, auf die Legende von den Söhnen Noahs: Sem, Ham, und Japhet, die nach dem Ablaufen der Sintflut in die Welt hinauszogen und Städte beziehungsweise Staaten gründeten (wobei diese biblische Erzählung wiederum auf ältere Urbilder zurückgreifen dürfte). Diese Erzählung steht denn auch am Beginn der »Nestorchronik«; Japhet wird darin explizit als Stammvater unter anderem der Rus und ihr Wiederbesiedler nach der Sintflut genannt. In der ukrainischen »Chronik« stehen noch weitere Absonderlichkeiten: So werden die Gebräuche in den russischen Saunen (*Banjas*) – heizen, mit Reisig peitschen, Aufguss machen, kalt baden – erstaunlicherweise als »absonderlich« beschrieben, was darauf hindeutet, dass der Verfasser möglicherweise überhaupt nicht mit Sitten und Gebräuchen beziehungsweise mit dem Land, über das er schrieb, vertraut war. Für Britannien werden in der »Chronik« gar (beidgeschlechtliche) Gangbangs beschrieben: »Dort schlafen viele Männer mit einer Frau, ebenso treiben auch viele Frauen Wollust mit einem Mann, und sie tun das Gesetzlose als ein von den Vätern übernommenes Gesetz ungeneidet und ungehindert.« Bezeichnenderweise hat diese These aus der ukrainischen »Chronik« bisher keinen Eingang als Primärquelle zur Frühzeit der britischen Inseln in die Geschichtswissenschaft gefunden. Denn für westliche Staaten gelten ja andere Geschichtsschreibungsregeln als für Osteuropa im Allgemeinen und Russland im Speziellen.

Eine interessante Frage wird leider in den bisherigen Veröffentlichungen zum Thema zu wenig gestellt. Warum war es denn für die »Chronisten« beziehungsweise Geschichtsfälscher im 13. Jahrhundert überhaupt so wichtig, die Frühphase russischer Staatsbildung mit den »Warägern« in Verbindung zu bringen, sie dabei rundheraus zu den Stammvätern der russischen Monarchie zu erklären? Die Antwort auf diese Frage liegt nahe. Denn diese – etwas merkwürdige – Haltung der »Chronisten« hängt ganz offensichtlich mit der geopolitischen Situation des 13. Jahrhunderts zusammen. Damals wurde das russische

Reich häufig von Mongolen angegriffen und schließlich überrannt, eine von vielen traumatischen Erfahrungen der russischen Geschichte. Möglicherweise sollten damals Hilfstruppen und -gelder in Skandinavien eingeworben und zu diesem Zweck eine der Phantasie entsprungene »warägische« Geburtshilfe bei der Staatswerdung Russlands ins Spiel gebracht werden, um eine »emotionale« Verbindung zwischen Skandinavien und dem notleidenden russischen Altreich herzustellen. Auf diese Weise sollten die Chancen für ein prorussisches Engagement in Skandinavien verbessert werden.

Letztlich bleibt festzuhalten, dass all die angeblichen skandinavischen Gründungsgestalten der russischen Geschichte, Rjurik (Roerik/Roderich), Sineus, Truwor, Askold und Dir (die beiden Letzteren waren vermutlich nur eine einzige Person) ausschließlich in Sagen erwähnt werden, in mehrere Jahrhunderte später entstandenen, märchenhaften Schilderungen der angeblichen Frühzeit aus der zweiten Hälfte des 9. Jahrhunderts, für die es ansonsten keine Schriftquellen gibt und auch keine sonstigen verifizierbaren Quellen, mit denen man ihre historische Existenz belegen könnte. Im Kern muss man also konstatieren, dass die gesamte »warägische« Gründersaga des Russischen Reiches auf tönernen Füßen steht, mithin eine eklatante Form von Geschichtsklitterung beziehungsweise Geschichtsfälschung darstellt (ähnlich der Frühgeschichte der Katholischen Kirche mit ihren langen Abfolgen frei erfundener Heiligen- und Päpste-Viten – siehe oben).

Der Gipfel der Historiker-Unverschämtheit ist dann die These, dass sogar der Name Russlands den Skandinaviern geschuldet sei. Diese hätten sich selbst als »Rus« bezeichnet und dann ihrem neuen Herrschaftsgebiet in Altrussland ihren Namen aufgedrückt. Allerdings wird diese These mittlerweile mit gutem Grund bestritten.

Weitaus wahrscheinlicher ist die Herkunft des Namens von einheimischen Völkern wie den Rus (Teil der Polanen), die südlich von Kiew am Fluss Ros (*Росъ*, Nebenfluss des Dnjepr) ansässig waren. Das Wort »Rus« war im Altslawischen generell ein Wortstamm für »Wasser«, der sich in vielen Worten nachweisen lässt, die bis heute zum russischen Vokabular gehören. Russen wären demnach im ursprünglichen Sinne einfach Menschen, die an einem Fluss wohnen, was für Altrussland speziell Sinn macht, wo Flüsse in den dichtbewaldeten, unwegsamen Siedlungsgebieten häufig die einzigen überregionalen Verkehrswege waren. Die Heimsuchung des Baltikums, Kurlands und des russischen Altreichs durch plündernde und raubende, aber auch Handel treibende Skandinavier (»Wikinger«/»Waräger«) erfolgte nach heutigem Stand des Wissens – ausgehend von Heimathäfen wie Birka/Mälaren – über die baltische Küste landeinwärts beziehungsweise ostwärts, etwa aus skandinavisch angelegten Siedlungen wie Grobina (bei Liepaja in Lettland), Truso (bei Elbling), Rusnė im Memeldelta und Staraja Ladoga ab dem 7. Jahrhundert. Die »Waräger« machten sich einen Namen als mordlüsterne Kampftruppe und wurden daher auch in Russland als Dienstleister beschäftigt. Im 9. Jahrhundert zogen die »Russen« mit ihren mittlerweile angeheuerten »warägischen« Hilfstruppen dann erstmals über das Schwarze Meer bis nach Byzanz, wo sich der furchtbare Ruf dieser grausamen Kriegerkaste schnell verbreitete, ein weiteres Mal (falsch) unter dem Obernamen »die Russen«. Vermutlich der Beginn der in westlichen Kreisen bis heute so gern verbreiteten Geschichte von den »bösen Russen«.

Friedrich II. von Hohenstaufen – Teufel oder Lichtgestalt

Ein prominentes Opfer historischer Fälscherwerkstätten ist der wohl bekannteste mittelalterliche Kaiser, Friedrich II. von Hohenstaufen (1194–1250). Er war seit 1198 (im Alter von vier Jahren) König von Sizilien, ab 1212 (mit 18 Jahren) römisch-deutscher König und von 1220 (26 Jahre) bis zu seinem Tod Kaiser des römisch-deutschen Reiches. Zum Opfer wurde er, weil er eine vom »Papsttum« unabhängige Politik betrieb und damit zur Zielscheibe der »päpstlichen« Verleumdungsmaschinerie wurde, jener Spezialtruppe der psychologischen Kriegsführung, die so erfolgreich in ihrem Tun war, dass Friedrich bis heute überwiegend negativ gesehen wird – wie von den »päpstlichen« Chronisten beabsichtigt. Ein großer Erfolg für die vatikanischen Lügenschreiber – und ein Trauerspiel, was die Geschichtswissenschaft anlangt.

Mit seiner Geburt 1194 wurde der aus schwäbischer Adelsfamilie stammende Friedrich – in der Nähe des württembergischen Göppingen erhebt sich der Berg Hohenstaufen mit gleichnamiger Burgruine, Stammsitz der Familie – zum Stammhalter und Thronprätendenten auf die höchste Regierungsposition im Abendland, das Kaisertum. Seit zwei Generationen, angefangen mit Friedrich I. »Barbarossa«, gefolgt von seinem Sohn Heinrich VI., war die schwäbische Dynastie der Hohenstaufen im »Heiligen Römischen Reich Deutscher Nation« an der Macht und wollte diese im Erbgang natürlich an die nächste Generation weitergeben. Unter Heinrich VI. war durch

Heirat das Königreich Sizilien zum Machtbereich der deutschen Herrscher gekommen, dort hielt sich Heinrich auch samt Frau und Kind zum Zeitpunkt seines Todes auf. Mächtigen Gruppierungen in Europa war diese Machtfülle, dieses Deutschland und Süditalien umfassende Herrschaftsgebiet ein Dorn im Auge. Dass Friedrich überhaupt zu Lebzeiten auf den Kaiserthron gelangte, war eine erstaunliche Wendung der Dinge, die zu Beginn seines Lebens, in seiner frühesten Jugend nahezu ausgeschlossen schien. Denn seine Eltern starben – vermutlich von gegnerischer Seite vergiftet – auf Sizilien, als er noch keine drei Jahre alt war. Dort gewissermaßen gestrandet, wuchs das Waisenkind Friedrich buchstäblich in der Gosse der sizilianischen Hafenstadt Palermo auf, weil sich niemand mehr um ihn kümmerte.

Schon seine Geburt am 26. Dezember 1194 war – wie damals häufig – ein öffentliches Ereignis gewesen. Um die rechtmäßige Abstammung, die leibliche Geburt, gegen andere, missgünstige Behauptungen nachzuweisen, ließ sein Vater die Bevölkerung bei der Geburt zuschauen. Als bei Friedrichs Mutter während einer Reise durch die italienischen Herrschaftsgebiete die Wehen einsetzten, ließ Heinrich auf dem Marktplatz der mittelitalienischen Stadt Jesi ein Zelt aufstellen, worin die Kaiserin auf einem Katafalk lag und die Honoratioren der Stadt der Geburt beiwohnen konnten. Diese bestätigten denn auch wunschgemäß, dass alles seine Ordnung habe, dass das Kind wirklich von seiner Mutter entbunden worden sei. Es hatte zuvor Zweifel gegeben, da Konstanze zum Zeitpunkt der Geburt bereits vierzig Jahre alt und in acht Ehejahren bis dato kinderlos geblieben war.

Schon sein Großvater Friedrich »Barbarossa« hatte langwierige Auseinandersetzungen mit dem »Papsttum« und den vom »Papsttum« aufgehetzten, aufstrebenden, wohlhabenden und wehrfähigen oberitalienischen Handelsstädten wie Mailand zu überstehen. Solche Auseinandersetzungen hatten auch das Leben seines Vaters Heinrich VI. geprägt und sollten noch sein eigenes Leben prägen. Der Konflikt hatte mit »Barbarossa« begonnen, da dieser die deutschen und oberitalienischen Herrschaftsgebiete, die zu diesem Zeitpunkt zum »deutschen« Imperium gehörten, entscheidend erweitern konnte – durch die Hochzeit seines Sohnes Heinrich mit der Normannenprinzessin Konstanze, die als Mitgift das sizilianische Königreich der Normannen in die Ehe brachte und so das deutsche beziehungsweise staufische Herrschaftsgebiet um eine entscheidende, geostrategisch äußerst wertvolle Komponente bereicherte. Dies war auch der eigentliche Grund für die Auseinandersetzung mit dem »Papsttum« (nicht die vorgeschobenen, religiös-politischen Gründe): Das »Papsttum« beziehungsweise die Kurie, die Machtzentrale im Hintergrund, wollte keine »Einkreisung« des Vatikanstaats durch die deutschen Herrscher hinnehmen, wollte diesen keine entscheidende Machtposition im unmittelbaren Vorfeld der »Zentrale« der Katholischen Kirche einräumen, die naturgemäß auch zu mehr Einfluss im »Vatikan« geführt hätte – und aus deutscher Sicht führen sollte (schließlich hatten die »Päpste« zu diesem Zeitpunkt, dank der gefälschten »Konstantinischen Schenkung« unrechtmäßig eine entscheidende, dem Kaisertum übergeordnete Machtposition im Abendland usurpiert).

Bereits im Alter von drei Monaten wurde das Baby von seinen Eltern getrennt und aus Sicherheitsgründen in die Obhut einer engen Vertrauten von Kaiser und Kaiserin gegeben: Die deutschstämmige Herzogin von Spoleto nahm den kleinen Friedrich auf. Mit zwei Jahren wurde er in Abwesenheit auf Betreiben seines Vaters von den deutschen Fürsten zum deutschen König gekrönt (um die

staufische Erbfolge auf dem deutschen Thron zu sichern).
Sein Vater Heinrich plante zu diesem Zeitpunkt, für eine
lange und ungewisse Zeit zu einem Kreuzzug Richtung
Palästina aufzubrechen, um die »Heiligen Stätten« aus
arabischer Hand zu »befreien«. Als sein Vater vor dem
Aufbruch 1197 starb, ging seine Mutter Konstanze mit
dem Kind zurück ins heimatliche Palermo, wo er jetzt
aufwachsen sollte, und ließ ihn zum König von Sizilien
krönen. Auf Drängen des Papstes verzichtete Konstanze
darauf, Friedrich den deutschen Königstitel zu sichern.
Doch ein Jahr später starb auch seine Mutter, worauf der
amtierende Papst die Vormundschaft übernahm.

In den nun ausbrechenden Wirren in Süditalien sicherten sich die deutschen Heerführer vor Ort den Kna-
ben, der als präsumtiver Thronprätendent ein wertvolles
Pfand darstellte. Allerdings ohne sich allzusehr um seine
Bildung und Ausbildung zu kümmern. Als Friedrich 14
Jahre alt wurde, endete 1208 offiziell die Vormundschaft
des Papstes, der zuvor noch die Hochzeit des jungen Staufers mit der Erbin des Königreichs Aragon vermittelt hatte
(um den jungen Staufer von einer deutschen Karriere
abzubringen, und einmal mehr das drohende Gespenst
einer deutschen Umzingelung des Vatikanstaats für immer zu bannen). In Deutschland kämpften seit Heinrichs
Tod 1197 verschiedene Fraktionen gegeneinander um die
Macht. Auf der einen Seite die deutschen Familienange-
hörigen der Staufer, die sich das einträgliche Königsamt
sichern wollten, auf der anderen Seite als Hauptgegner
die von den Päpsten geförderten Welfen, deren Kandidat Otto IV. mit Hilfe päpstlicher Bestechungsgelder von
den korrupten deutschen Kurfürsten zum König gewählt
wurde, während die Staufer und ihre Verbündeten einen
der ihren, Philipp von Schwaben, zum König ausriefen.
Philipp wurde 1208 ermordet, wodurch Otto IV. seinen

Herrschaftsanspruch reichsweit durchsetzen konnte. Otto hatte dem Papst versprochen, keinen Anspruch auf die sizilischen Erblande der Staufer zu erheben und somit keinen Umzingelungskurs zu fahren.

Doch entgegen der Absprache mit dem Papst und der Kurie reiste Otto nach seiner Kaiserkrönung in Rom 1209 keineswegs wie geplant nach Deutschland zurück, sondern brach nach Süden auf, um auch das seit der Stauferhochzeit quasi traditionsrechtlich zu Deutschland gehörende, mit Reichtümern aller Art lockende Königreich Sizilien in Besitz zu nehmen. Der Papst und der Vatikan nahmen dem Welfen seinen Wortbruch übel und bekämpften ihn von nun an mit allen Mitteln. Dazu schmiedeten sie ein Unterstützernetzwerk für Ottos Hauptgegner, den staufischen Thronprätendenten Friedrich, der aus seiner »ruhigen Existenz« in der Gosse von Palermo plötzlich zum Mittelpunkt der abendländischen Machtpolitik avancierte. Gleichzeitig wurde der militärisch immer weiter Richtung Palermo vorrückende Otto vom Papst exkommuniziert. Zudem organisierte der Papst in Deutschland eine neue Königswahl, bei der – dank üppiger vatikanischer Bestechungsgelder – nun der staufische Kandidat, der »Sizilianer« Friedrich, das 15-jährige Kind, zum »Gegenkönig« und »Gegenkaiser« gewählt wurde. Als Otto dies erfuhr, brach er seinen süditalienischen Feldzug ab und marschierte so schnell wie möglich zurück nach Deutschland, um die heimische Machtbasis zu sichern.

Gleichzeitig machte der in päpstlichem Auftrag von den mächtigen Erzbischöfen Deutschlands gekürte Friedrich sich von Palermo ebenfalls auf nach Deutschland, um sein Amt anzutreten. Zuvor hatte er seinen einjährigen Sohn als Sicherungsmaßnahme vom Papst zum König von Sizilien krönen lassen. Mailand, das für Otto votiert hatte, versuchte, Friedrich auf seinem Zug nach Norden abzufangen und einzukerkern, doch er entkam dem geplanten Hinterhalt in letzter Minute und konnte seine Reise nach Deutschland fortsetzen. Nur wenige Stunden vor Otto erreichte Friedrich die erste größere Stadt Deutschlands auf seinem Weg, Konstanz, und wurde dort festlich empfangen. Da Konstanz einen starken Mauerring und mächtige Verteidigungswerke aufwies, verzichtete der wenig später eintreffende Otto auf einen Angriff auf die Stadt und marschierte mit seinem Heer weiter ins heimatliche Welfenland (um Braunschweig).

Mit päpstlicher Unterstützung und mit ausreichenden Geldvorräten für die notwendigen Bestechungen versehen, konnte Friedrich in den folgenden Monaten eine immer größere Anzahl deutscher Fürsten auf seine Seite ziehen. Der Papst vermittelte auch ein Bündnis des jungen Staufers mit der mächtigsten Militärmacht Europas, Frankreich (während der Welfe traditionell mit dem Frankreich feindlich gegenüberstehenden England verbunden war). Der französische König, wohlhabender Herr einer funktionierenden Zentralmonarchie rund um die Metropole Paris, stellte ihm auf päpstliche Anweisung (und um seinen englischen Gegnern zu schaden beziehungsweise deren deutschen Kandidaten Otto aus dem Feld zu schlagen) weitere 20.000 Silbermark an Barmitteln für Bestechungen und zur Bezahlung einer Söldnertruppe zur Verfügung. Im Dezember 1212 wurde Friedrich dann von einer Mehrheit der deutschen Fürsten erneut zum König gewählt beziehungsweise im Amt bestätigt und vom zuständigen Erzbischof von Mainz gekrönt. Friedrich versprach hoch und heilig, auf die ihm erblich zustehenden Ländereien Spoleto und Ancona zu verzichten (um dem Papst entgegenzukommen, der so seinen Vatikanstaat erweitern konnte), gestand der Kirche weitere Autonomie bei der Besetzung der Bischofsstühle zu (und begab sich damit eines wesentlichen Machtinstruments) und verzichtete schließlich auch zugunsten seines minderjährigen Sohnes auf das Königreich Sizilien. Somit schien aus päpstlicher Sicht alles getan, um die Einkreisungsversuche von deutscher Seite ein für alle Mal zu bannen. Doch nichts ist bekanntlich für die Ewigkeit.

Friedrich wurde 1215 im alten deutschen Kaiserort Aachen zum König gekrönt und verpflichtete sich am selben Tag, in einem Kreuzzug – wie vom Papst gewünscht – die heiligen Stätten »aus arabischer Hand zu befreien«. Dem Papst lag so viel an dem Kreuzzug, da das natürlich ein probates Mittel war, um die auf allerlei dumme Gedanken kommenden Fürsten von einer möglichen Aktion gegen päpstlichen Willen (Usurpierung weiterer italienischer Lande oder Ähnliches) abzuhalten. Doch zunächst blieb Friedrich in Deutschland, um die dortigen Angelegenheiten in staufischem Sinne zu regeln und die staufische Herrschaft in Deutschland zukunftssicher zu machen. Entgegen der Absprache mit dem Papst, seinen minderjährigen Sohn auf dem Thron in Palermo zu belassen, holte er ihn nach Deutschland und ließ ihn zum Herzog von Schwaben krönen – ein Affront gegen den Papst, der ihn bisher gegen so viele Gegner unterstützt hatte (aus nicht uneigennützigen Gründen), der daraufhin seine deutliche Verärgerung zum Ausdruck brachte, barg diese Wahl doch erneut die Gefahr, dass ein deutscher Fürst (der minderjährige Sohn irgendwann in der Zukunft) ein deutsch-italienisches Reich begründen könnte, das den Vatikanstaat nördlich und südlich bedrängte und in Gefahr bringen könnte, in Abhängigkeit von eben einem solchen binationalen Herrscher zu geraten (statt die Fürsten dank der Konstantinischen Fälschung aufgrund haltloser Tatsachen gegeneinander ausspielen und beherrschen zu können).

Um die Beziehung zum – dank Konstantinischer Fälschung – im Abendland übermächtigen Papst nicht zu gefährden, verzichtete Friedrich pro forma für seinen Sohn auf den sizilischen Königstitel und ließ den jungen Heinrich stattdessen vor dem Aufbruch zum Kreuzzug – wie traditionell üblich – zu seinem Amtsnachfolger als deutscher König krönen, um für den Fall seines Todes auf dem Kreuzzug die staufische Nachfolge zu regeln. Um Heinrich wählen zu lassen, musste Friedrich erneut auf eine große Zahl von eigentlich königlich-kaiserlichen Privilegien zugunsten der wählenden Fürsten verzichten, der Anfang vom Ende der kaiserlichen Zentralgewalt, die sich mittlerweile – zur Amtssicherung – der meisten ihrer Privilegien entledigt hatte und somit nur noch eine Hülle ohne Inhalt war. Die Vormundschaft über Heinrich sollten während des Kreuzzugs die Bischöfe von Köln und Speyer sowie der bayerische Herzog ausüben.

Der Papst krönte Friedrich 1220 auch endlich offiziell zum Kaiser des Abendlandes – durch den Anspruch des Papstes, nur die Krönung in Rom durch den Papst verleihe dem Amt auch tatsächliche Wirksamkeit, hatte sich der Vatikan tatsächlich eine der weltlichen Macht übergeordnete Stellung erobert. Friedrich versprach erneut, »zeitnah« zum Kreuzzug aufzubrechen. Doch zunächst zog Friedrich nach der Krönung nach Sizilien, um die dortigen Angelegenheiten erneut zu ordnen, und erließ eine Reihe von Gesetzen und Vorschriften, begann gleichzeitig auch mit dem Bau mächtiger Verteidigungsbollwerke in den Häfen seines Königreichs als den Haupteinfallstoren für mögliche feindliche Angriffe. Dazu ließ er zahlreiche illegale, von lokalen Adligen ohne seine Genehmigung errichtete Burgen abreißen (um den Adligen die Fähigkeit zum Widerstand zu nehmen). Zentraler Bestandteil des neuen Gesetzeswerkes, der *Assisen von Capua*, war ein absolutes Fehdeverbot, eigenmächtige Rache (Blutrache) wurde verboten und unter schwerste Strafen gestellt. Eine neue Einheitswährung (die Denare) ermöglichte die Einbeziehung Siziliens in den europäischen Wirtschaftsraum. Zusätzlich gründete Friedrich die Universität von Neapel, um leistungsfähigen Verwaltungsnachwuchs vor Ort ausbilden zu können. Die Reste der dezimierten muslimischen Bevölkerung Siziliens hatten sich gegen die immer weiter voranschreitende Ausbreitung christlicher Siedlungen in die unwegsamen Berggebiete zurückgezogen und leisteten dort den königlichen Amtsverwaltern Widerstand. Friedrich entschloss sich, vor dem Kreuzzug erst noch diese »Frage zu klären«, und organisierte einen Feldzug gegen die Muslime auf der Insel. Festgenommene Muslime ließ er sofort von der Insel schaffen und im Herzen seiner Festlandsherrschaft, bei Lucera, 500 Kilometer von Sizilien entfernt, internieren. Dort wurde eine eigene muslimische Exklave geschaffen, innerhalb derer die Deportierten weiterhin ihren Glauben ausüben konnten. Aus den Reihen dieser Deportierten rekrutierte Friedrich später sogar seine Leibgarde. Nach Friedrichs Tod wurde die Exklave im Auftrag des Papstes zerstört und alle Einwohner getötet.

Auf Betreiben des Papstes schlossen sich – als Rückversicherung, falls der Staufer aus dem Ruder laufen sollte – die mächtigen, wohlhabenden oberitalienischen Handelsstädte wie Mailand, Bologna, Mantua, Padua und Verona zu einem Bund zusammen. Den Aufbruch zum Kreuzzug verschob Friedrich zum Ärger des Papstes mehrfach, zumal nach der vernichtenden Niederlage des Kreuzzugs von Damiette 1221. Schließlich verpflichtete sich Friedrich verbindlich, 1225 zum Kreuzzug aufzubrechen. Außerdem ehelichte er Isabella von Brienne, die Erbin des Königsreichs Jerusalem (seine erste Frau war mittlerweile verstorben). Erneut wurde der Beginn des Kreuzzugs verschoben, diesmal auf 1227. Als er in diesem Jahr tatsächlich aufbrechen wollte, brach im versammelten Kreuzfahrer-Söldnerheer vor der Einschiffung eine Seuche aus, so dass die Abfahrt erneut auf unbestimmte Zeit verschoben wurde. Dem Vatikan reichte es, Friedrich wurde als Strafe für das nichteingehaltene Kreuzzugsversprechen exkommuniziert. Um den Stress mit dem Papst zu beenden, brach Friedrich schließlich im Sommer 1228 mit einem großen Heer und einer umfangreichen Flotte zum Kreuzzug auf. Der amtierende Sultan war nicht auf Krieg aus und suchte den Verhandlungsweg. Zudem hatte der Papst angedroht, dem exkommunizierten Friedrich mit einem päpstlichen Söldnerheer sein Königreich Sizilien abspenstig zu machen. Friedrich war also unter Zugzwang und zum schnellen Erfolg verdammt. Er verhandelte mit dem Sultan (der wiederum von seinen Brüdern militärisch bedroht wurde). Am Ende wurde ein zehnjähriger Waffenstillstand geschlossen und den Christen der uneingeschränkte Zugang zu den »heiligen Stätten« zugesagt (was vorher auch schon der Fall gewesen war). Friedrich wurde nominell zum Herrn über Jerusalem und einige angrenzende Orte. Nur die al-Aqsa-Moschee und der Felsendom blieben in muslimischer Hand. Am Tag des Vertragsschlusses verschickte Friedrich ein offizielles Schreiben an den Papst und die Könige von England und Frankreich, in dem er über den Friedensschluss informierte. Den Papst rührte das nicht, die Exkommunikation blieb bestehen.

Zusätzlich hatte der Papst weite Teile des Königreichs Sizilien von einem Söldnerheer besetzen lassen. Friedrich segelte, so schnell er konnte, mit seinem Heer zurück nach Süditalien und landete 1229 wieder in Brindisi, griff die päpstlichen Truppen direkt an und konnte sie nach kurzem Kampf in die Flucht schlagen. Er erließ ein neues

Heimatschutzgesetz, genannt *Konstitutionen von Melfi*, eine verschärfte Ausgabe des älteren Gesetzbuchs. Wenig später begannen Friedensverhandlungen mit dem nach wie vor feindlich gesonnenen Papst. Erst 1233 gelang per Kompromiss die Aussöhnung. Ein in der Lombardei, der Hochburg der antikaiserlichen Handelsstädte Oberitaliens, geplanter Hoftag Friedrichs, sprich: eine Versammlung aller maßgeblichen Adligen samt einem starken Heeresaufgebot, rief die unbotmäßigen Kommunen auf den Plan, die nun die Phase offenen Widerstands einleiteten. Wie schon bei der ersten Konfrontation sperrten die Städte die Alpenpässe und verhinderten so den Durchmarsch der von Friedrich alarmierten deutschen Fürsten (jedenfalls der mit ihm verbündeten Teilgruppe der deutschen Fürsten) mit ihren Truppen. Sein mittlerweile erwachsener Sohn Heinrich betrieb in Deutschland eine eigenständige Politik, was den Vater erzürnte. Friedrich lud seinen Sohn zu einem Hoftag nach Cividale del Friuli ein, bestätigte dort die von Heinrich teilweise einkassierten Privilegien der deutschen Fürsten und erniedrigte somit seinen Sohn. Ein Jahr später erklärte Friedrich sogar sämtliche Erlässe seines Sohnes für unwirksam, eine größere Demütigung ist kaum vorstellbar. Als Reaktion verbündete sich der Sohn mit den kaiserfeindlichen Kommunen Oberitaliens – vom Vater als Hochverrat interpretiert. Friedrich zog nunmehr mit großem Tross nach Norden, nach Deutschland, um die dortigen Angelegenheiten ein für alle Mal zu klären. Der Papst zeigte sich in diesem Konflikt als Verbündeter Friedrichs und ließ den Sohn exkommunizieren. Schließlich gab der Sohn auf und kam, wie befohlen, zur Kaiserpfalz in Wimpfen (bei Heilbronn), um sich seinem Vater öffentlich und offiziell zu unterwerfen. Doch Friedrich empfing ihn dort nicht, sondern forderte ihn auf, nach Worms zu kommen, einer seit längerer Zeit Heinrich gegenüber feindselig eingestellten Stadt. Doch statt eines väterlichen Gnadenerweises nach vollzogener Unterwerfung enthob ihn Friedrich anschließend aller Ämter und ließ ihn in einem süditalienischen Kerker elend verrecken.

Zur Feier der Opferung seines Sohnes veranstaltete Friedrich 1235 einen prachtvollen, extrem teuren Hoftag in Mainz, zu dem er alle Adligen des Reiches einlud, um sie auf seine Kosten zu bewirten. Gleichzeitig beauftragte er den Deutschen Orden, einen aggressiven Ritterorden, per kaiserlicher Urkunde mit der »Missionierung«, sprich: der blutigen Eroberung, einer Region auf dem Gebiet des heutigen Polens und Weißrusslands. Dieser Auftrag, diese Urkunde, markiert den Beginn der deutschen »Ostkolonisation«, die in vielen westdeutschen Handbüchern noch immer als »positiver Akt der Kultivierung« wilder, verwilderter Landstriche und Völker interpretiert wird, statt als das, was er tatsächlich war: als blutiger Eroberungs- und Ausbeutungsfeldzug. Im Sommer 1237, nachdem die deutschen Angelegenheiten geklärt beziehungsweise die letzten kaiserlichen Privilegien zur Ruhigstellung beziehungsweise Bestechung der deutschen Fürsten verschleudert worden waren, zog Friedrich mit einem großen Heer nach Italien, um endlich mit vereinigter deutscher Heereskraft die unbotmäßigen oberitalienischen Städte zu disziplinieren – oder gleich ganz zu zerstören. Er ließ seinen zweiten Sohn, den neunjährigen Konrad, in Deutschland zurück, ohne ihn zum König krönen zu lassen, weil Friedrich von jetzt an bis zu seinem Tod die gesamte Macht im Raum innehaben wollte. Im November 1237 gelang ein militärischer Sieg gegen die führende, wohlhabendste, unbotmäßigste Kommune Mailand. Allerdings weigerte sich die Stadt trotz der kompletten militärischen Niederlage erfolgreich gegen eine offizielle Unterwerfung unter den Kaiser. Der hatte zwar in der Feldschlacht gesiegt, allerdings waren die

Verteidigungsanlagen, die hohen und mächtigen Mauern Mailands, zu stark, um es durch eine Belagerung und gar Eroberung zu bezähmen. So musste Friedrich gedemütigt und unverrichteter Dinge wieder nach Süditalien abziehen.

Zentrale Schaltstelle der kaiserlichen Herrschaft Friedrichs und seiner publizistischen Auseinandersetzung mit dem Papsttum im Rahmen der psychologischen Kriegsführung, wie sie von beiden Seiten angewendet wurde (allerdings von der »päpstlichen« erfolgreicher als von der kaiserlichen), war die Kanzlei des Kaisers, seine »Schreibstube«, in der Realität eine Gruppe gebildeter Männer, »Schreiber«, die gleichzeitig auch die Berater des Kaisers waren. Fast dreitausend Urkunden stellte die Kanzlei Friedrichs im Laufe seiner vier Jahrzehnte währenden Herrschaft aus. Unter den Schreibern waren Juden, Christen und Araber, die Kanzlei wie der Hof Friedrichs insgesamt wurde daher als Kulturtransferstation bezeichnet. Dichter, Mathematiker, Philosophen, Historiker und Juristen erhielten hochdotierte Aufträge zur Abfassung wegweisender Werke. Zur Erbauung der Bevölkerung unterhielt der Kaiser auch eine umfangreiche, ihres Gleichen suchende Menagerie, einen Stall voller wilder Tiere aus aller Herren Länder. Friedrich war ein *Homme à Femmes*, ein Mann, den die Frauen liebten. Mit dreizehn Frauen (soweit die offiziell bekannte Zahl seiner Geliebten) hatte er zwanzig oder mehr Kinder. Das war natürlich ein gefundenes Fressen für die päpstliche Kanzlei, die während drei der vier Regierungsjahrzehnte Friedrichs hauptsächlich damit beschäftigt war, den verschiedentlich mit dem Papst aneinandergeratenen Kaiser nach Kräften schlechtzumachen. So wurden die Affären des Kaisers weidlich ausgenutzt, um ihn als unchristlichen Lebemann und Wüstling darzustellen. Speziell die dritte Ehe des mittlerweile vierzigjährigen Friedrichs mit der einundzwanzigjährigen Isabella Plantagenet wurde von den päpstlichen Schmutzfinken dazu benutzt, ihn so schlecht wie möglich dastehen zu lassen. Ursprünglich als Ehefrau für seinen entthronten und enterbten Sohn Heinrich vorgesehen (der in einem süditalienischen Kerker seinem Lebensende entgegendämmerte), nahm Friedrich sie nach dem endgültigen Bruch mit seinem Stammhalter 1235 einfach selbst zur Frau. Als Schwester König Heinrichs III. von England und Tochter des verstorbenen Königs Johann Ohneland stammte sie aus dem europäischen Hochadel und stärkte so politisch die Situation des Kaisers, war aber zusätzlich auch finanziell eine interessante Partie, da sie eine unermessliche Mitgift, die unter anderem nicht weniger als sieben Tonnen Silber umfasste, mit in die Ehe brachte. Die Karawane, die ihre gesamte Mitgift nach Süditalien, in die tresorähnlich gesicherten Räume von Castel del Monte und anderen Kastellen brachte, umfasste der Legende nach mehrere Hundert Maultiere. Nach der Hochzeit verschwand Isabella komplett aus der Öffentlichkeit. Propäpstliche »Chronisten« (Propagandisten) behaupteten, Friedrich habe sie entweder umbringen oder in eine Zwangsunterbringung bei »maurischen Eunuchen oder ähnlichen alten Ungetümen« gesteckt.

Speziell nach 1238 verschärfte sich der Konflikt mit dem »Papsttum«, also jener im Gegensatz zum Kaisertum nur auf Fälschung und Hochstapelei beruhenden Institution, nochmals deutlich. Friedrichs Sohn Enzio hatte 1238 Adelasia, die Erbin Sardiniens, geheiratet und war von seinem Vater Friedrich mit jenem Kleinkönigreich belehnt worden. Enzio nannte sich daher – *de jure* völlig zu Recht – »König von Sardinien«. Der Vatikan sah dadurch seine Herrschaftsrechte auf der Insel beeinträchtigt, die mit der – bekanntlich gefälschten – »Konstantinischen Schenkung« begründet wurden. Das Papsttum verbündete sich Ende 1238 offiziell mit den führenden Städten der antikaiserlichen Liga in

Oberitalien sowie mit Genua und Venedig. Offizielles Ziel des Bündnisses war es, den Staufer aus dem Königreich Sizilien beziehungsweise aus Italien zu vertreiben. Das »Papsttum« nutzte hierzu die ganze Bandbreite der ihm zur Verfügung stehenden Mittel, als erstes natürlich die erneute Exkommunikation, die im März 1239 erfolgte. Dazu Bestechung, schwarze Propaganda und antikaiserliche Predigten in allen Kirchen des Reiches. Die antikaiserliche Propaganda wurde nochmals verschärft, Friedrich nunmehr geradezu verteufelt und als Antichrist bezeichnet. Entsprechende Schreiben gingen an alle Könige, Fürsten und Bischöfe der Christenheit hinaus. Der Erfolg war zunächst gering, nur zwei der Fürsten des Reiches schlugen sich auf die Seite des Papstes, Herzog Otto von Bayern und König Wenzel von Böhmen. Friedrich wies seine Kanzlei nun an, ebenfalls die Gangart zu verschärfen. Sie pries den Kaiser von Stund an als Retter der Menschheit und rückte ihn immer öfter und immer offener in die Nähe von Christus selbst. Im August 1239 wurde seine Geburtsstadt Jesi daher mit Bethlehem, der Geburtsstadt Christi, gleichgesetzt, die Familie des Kaisers als Endzeitkaisergeschlecht dargestellt, Friedrich selbst als »neuer David« bezeichnet, als »messianischer Kaiser«. Im Gegensatz dazu wurden dem »Papsttum« (aber nicht der Kirche an sich) Verweltlichung, Prunken und Protzen, Geldverschwendung der Amtsinhaber und ihrer obersten Angestellten (der Kurie) vorgeworfen, wurden ihre unzulässigen Einmischungen in weltliche Angelegenheiten angeprangert, wurde der Papst als »Antichrist« bezeichnet.

Angesichts der heraufziehenden Mongolengefahr hätte es nahegelegen, den Streit beizulegen und die Kräfte zu bündeln, um den äußeren Feind abzuwehren. Denn im Frühjahr 1241 hatte Batu, Enkel Dschingis Khans, bei Liegnitz (westlich von Breslau) ein christliches Ritterheer, das sich ihm in den Weg gestellt hatte, vernichtend geschlagen. Es drohte die Besetzung ganz Mitteleuropas durch die Reiterkrieger aus Asien. Eine allgemeine Endzeitstimmung setzte ein. Friedrich bot seine Hilfe an, machte diese jedoch von einem Einlenken des »Papsttums« abhängig (was natürlich abgelehnt wurde). Zum Glück für die einheimische Bevölkerung löste sich die Gefahr jedoch über Nacht in Luft auf, als das riesige Reiterheer ebenso plötzlich verschwand, wie es über Osteuropa hereingebrochen war, da Batu dringende Erbschaftsangelegenheiten in der Mongolei zu regeln hatte und samt seinem Heer wieder Tausende von Kilometern nach Osten abrückte. Der Konflikt zwischen Papst und Kaiser hatte sich zu diesem Zeitpunkt erneut verschärft. Der Vatikan hatte für Ostern 1241 ein »Konzil«, eine kirchliche Ratsversammlung, nach Rom einberufen. Einziger Tagesordnungspunkt: die Absetzung des Kaisers. Friedrich wandte nun die bisher von den oberitalienischen Kommunen gegen ihn verwendete Taktik gegen den Papst an. Dieser hatte die Handelsmetropole Genua damit beauftragt, die Anreise der Konzilsteilnehmer zu organisieren. Friedrich verbündete sich daher mit dem Konkurrenten Genuas, der Handelsmetropole Pisa, und ließ so die pisanische Flotte die Anreise der Konzilsteilnehmer mittels Seeblockade verhindern. Eine Seeschlacht zwischen den Flotten von Genua und Pisa ging für Pisa siegreich aus, Genua wurde vernichtend geschlagen. Viele »Prälaten« (Konzilsteilnehmer) wurden gefangen genommen und eingekerkert. Die »päpstliche Propaganda« drehte nun nochmals höher und verlegte sich auf die konsequente Verteufelung des Kaisers.

Der Tod des aktuellen Papstes in Rom weckte Hoffnung beim kaiserlichen Lager, ein neuer Mann auf dem Peterssessel würde die Lage vielleicht zum Besseren wenden, hoher Aufwand wurde betrieben, erstaunliche Bestechungssummen eingesetzt, um die nächste »Papstwahl« in kaiserlichem Sinne zu beeinflussen. Doch vergeblich. Nach einigem Hin und Her kam erneut ein erbitterter Gegner des Kaisers in Amt und Würden, der die Politik seiner Vorgänger nahtlos fortsetzte. Schon die erste Amtsmaßnahme machte klar, wohin die Reise gehen würde. Der neue Papst hatte nichts Besseres zu tun, als umgehend ein erneutes Konzil einzuberufen, das die Absetzung des Kaisers beschließen sollte. Tagungsort sollte diesmal sicherheitshalber die französische Metropole Lyon sein. Dieses Konzil konnte Friedrich nicht verhindern, wunschgemäß erklärte es gemäß päpstlichem Wunsch den Kaiser für abgesetzt. Allerdings setzte sich das Konzil weitgehend aus Bischöfen von Spanien, Frankreich und England zusammen. Die deutsche Geistlichkeit hatte mehrheitlich eine Teilnahme abgelehnt beziehungsweise war von Friedrich daran gehindert worden. Die Absetzungsurkunde listete ein weiteres Mal alle aus päpstlicher Sicht verwerflichen Anklagepunkte gegen Friedrich auf und wurde umgehend an alle Adelsherrscher und geistliche Würdenträger in Europa verschickt. Darin wurde zum Kreuzzug gegen Friedrich aufgerufen, weil dieser ein »Sohn und Schüler Satans«, »Herold des Teufels« und Vorläufer des Antichristen sei. Erneut wurde die Überordnung des Papstes über sämtliche weltlichen Herrscher, inklusive Kaiser, proklamiert.

Vermittlungsversuche des französischen Königs blieben vergeblich. »Papsttreue« geistliche Fürsten aus Deutschland wählten gemäß päpstlichem Wunsch 1246 den Kleinadligen Heinrich Raspe zum Gegenkönig in Deutschland. Dank päpstlicher Unterstützung auch finanzieller Art konnte Raspe im Sommer 1246 ein großes Heer finanzieren und mit diesem das Aufgebot des Kaisersohns Konrad bei Frankfurt am Main schlagen. Eine plötzliche Erkrankung (Giftanschläge waren ein probates Mittel der Auseinandersetzung im Mittelalter, aber auch heute noch) des Gegenkönigs verhinderte weitere militärische Erfolge, Raspe zog sich ins heimatliche Thüringen zurück, wo er Anfang 1247 starb. Neuer Gegenkönig wurde im Herbst 1247 Wilhelm von Holland. Die meisten deutschen Fürsten hielten jedoch zu Friedrich, so dass sich Wilhelm bald nach Holland verzog. Auch der Kaiser wurde Ziel von Giftanschlägen. So Anfang 1246, was Friedrich zum Anlass nahm, anschließend eine umfassende Säuberung der Führungspositionen in seiner Umgebung durchzuführen und künftig weitgehend auf enge Familienmitglieder zu setzen. Päpstliche Abgesandte organisierten 1247 in Parma die Machtübernahme einer antikaiserlichen Fraktion, was Friedrich mit einer Belagerung der Stadt beantwortete. Friedrich scheute keine Mühen und Kosten und ließ eine riesige Belagerungssiedlung mit dem programmatischen Namen *Victoria* (Sieg) errichten. Bei einem überraschenden Ausfall der päpstlichen Truppen samt Überfall auf das kaiserliche Lager wurden das Lager komplett zerstört, der dort versammelte kaiserliche Besitz, wertvolle Handschriften, eine Krone, seine Siegel, Teile seiner Bibliothek und unermessliche Geldmittel, erbeutet. Der Kaiser befand sich zu diesem Zeitpunkt auf der Falkenjagd.

Diese bislang schwerste militärische Niederlage gegen eine oberitalienische Kommune sorgte für eine Zeitenwende. Zahlreiche weitere Kommunen traten ins päpstliche Lager über. Auch im engsten Umfeld des Kaisers gelang den päpstlichen Geheimdienstleuten ein Coup, als sie den Leiter seiner Kanzlei auf ihre Seite brachten. Allerdings wurde dieser Verrat wenig später entdeckt und der Übeltäter vom Kaiser grausam bestraft. Der plötzliche Tod des sich eigentlich bei guter Gesundheit befindlichen Kaisers Ende 1250 (im Alter von 56 Jahren, wie andere Gestalten der Geschichte, so Caesar und Hitler) war – das wird heute weitgehend übereinstimmend angenommen – auf einen Giftanschlag der »päpstlichen Seite« zurückzuführen. Noch sein Tod war bei den »päpstlichen Propagandisten«

Anlass für Häme und Spott. Friedrich hatte ihnen zufolge einen typischen Ketzertod gefunden: Schwere Durchfälle, Schaum vor dem Mund, so habe der Kaiser seine letzten Stunden vollgekotzt und eingekotet durchlebt, bevor er seine Seele aushauchte. Seine Leiche habe so sehr gestunken, dass sie nicht nach Palermo überführt werden konnte. Für romhörige Christen war damit klar, dass es sich bei Friedrich um einen Abgesandten des Teufels, einen durch und durch gottlosen Menschen gehandelt haben musste, denn der Leichnam heiligmäßiger Menschen duftete der Tradition nach immer überaus angenehm. Die folgenden Päpste setzten alles daran, die staufische Familie bis ins letzte Glied auszurotten, was ihnen auch gelang. Nach und nach konnten alle verbliebenen männlichen Thronprätendenten entweder vergiftet, ermordet oder hingerichtet werden, zuletzt Konradin, der letzte Staufer, der nach seiner Gefangennahme durch französische Söldnertruppen 1268 geköpft wurde. Erst ein Vierteljahrhundert nach Friedrichs Tod konnten sich die deutschen Fürsten auf einen neuen Kaiser einigen, so tief war der Graben zwischen den Fraktionen, die »provatikanische« auf der einen, die »antivatikanische« auf der anderen Seite. Doch auch das »Papsttum« hatte mit diesem Sieg seinen Zenit überschritten. Gewarnt durch das Beispiel des Staufers, emanzipierten sich die weltlichen Herrscher des späteren Mittelalters von den geistlichen Mächten. Nie mehr war es einem Papst möglich, so einen umfassenden Einfluss auf weltliche Dinge zu nehmen. Erst im 20. Jahrhundert gelang dies wieder einer der »Sprechpuppen« auf dem »päpstlichen Thron«, in diesem Fall Karol Wojtyla alias »Johannes Paul II.«, der in Zusammenarbeit mit der CIA beziehungsweise den Vereinigten Staaten von Amerika das Ende der Sowjetunion und des »Ostblocks«, und damit eines der mächtigsten politischen Bündnisse der Erdgeschichte, herbeiführte.

Noch Jahre und Jahrzehnte nach dem Tod Friedrichs II. von Hohenstaufen setzten die »päpstlichen Propagandisten« ihre Diffamierungsarbeit gegen Friedrich fort, der weiterhin als Antichrist, Ketzer, Gotteslästerer, Tyrann und Kirchenverfolger geschmäht wurde. Sein Andenken sollte, wenn schon nicht ausgelöscht, so doch nachhaltig geschwärzt werden. Was ihnen auch gelang. Die Gegenarbeit der kaiserlichen Fraktion, ebenso unermüdlich, war weniger erfolgreich, bis heute dominiert in der Geschichtsschreibung das von der »päpstlichen Propaganda« vorgegebene negative Bild des Kaisers, wie es selbst ein großer Dichter wie Dante noch in seiner *Göttlichen Komödie* zeichnete. Auch in Deutschland überwiegt bis heute ein eher negatives Bild des Kaisers, wie es deutschnationale Kreise im Gefolge der »päpstlichen Propaganda«, jedoch mit anderer Begründung zeichneten. Aus dieser Perspektive war Friedrich ein schlechter Kaiser, weil er durch seine überwiegende Beschäftigung mit »italienischen Angelegenheiten« die deutschen Belange vernachlässigt und so den Niedergang des Kaisertums in Deutschland beziehungsweise Mitteleuropa beschleunigt habe. Erst in der Neuzeit kamen vereinzelt wieder positive Urteile zum Tragen, so bei Jacob Burckhardt, der 1860 formulierte, Friedrich sei der »erste moderne Mensch auf dem Thron« gewesen – allerdings war dieses scheinbar positive Urteil nicht so gemeint. Betrachtet man das Zitat in seinem Kontext, so stellt sich heraus, dass Burckhardt das von Friedrich im Süden geschaffene »moderne« Staatswesen als absolutistischen Machtstaat orientalischer Prägung ansah und verdammte.

»Holodomor« – Völkermord oder Zwecklegende

Es gibt eine staunenswerte Geschichte, welche den verbrecherischen Charakter der »Stalin-Diktatur« angeblich wie im Brennglas konzentriert sichtbar macht: die Begebenheit, wie Stalin die große osteuropäische Hungersnot von 1932/33 nutzte, um die Ukraine »auszuhungern«, die Bevölkerung gezielt zu dezimieren (Völkermord/Genozid) und den Widerstand gegen die Sowjetisierung der Ukraine endgültig zu brechen. Nach 1945 wurde dieses Geschehen von rechtsextremen ukrainischen Exilantenkreisen vor allem in Kanada (wo die Zentrale des Exil-Ukrainismus saß und sitzt) und den USA (als Hauptgegenmacht zur Sowjetunion beziehungsweise zu Russland) nach Kräften verbreitet. Mit Hilfe verbündeter westlicher Journalisten (und gefördert von den Abteilungen für psychologische Kriegsführung in vielen westlichen Staaten) wurde so der in einer ukrainischen Wortneuschöpfung »Holodomor« genannte Vorgang – nicht zufällig »Holocaust« insinuierend – von der willigen Westblock-Presse als eines der größten Verbrechen unter Hammer und Sichel im »Schwarzbuch des Kommunismus« international massiv bekannt gemacht, alle Gegenargumente als stalinistische Propaganda verhöhnt. Wahrheit oder Täuschung? Das soll im Folgenden untersucht werden.

Unbestritten ist, dass auf dem Gebiet der Sowjetunion Anfang der 1930er Jahre eine verheerende Hungersnot wütete. Für den Teil, der die Ukraine betraf, wurde von interessierter Seite der Begriff »Holodomor« (*Голодомор*, wörtliche Übersetzung: »Tötung durch Hunger«) eingeführt. Das Wort setzt sich aus den zwei ukrainischen Wörtern »Holod« und »Mor« zusammen. »Holod« (голод) heißt »Hunger«, »Mor« bedeutet »Tod«, »Seuche«, »Massensterben«. Mit dem Wort »Holocaust« besteht kein sprachgeschichtlicher, wohl aber ein gern genutzter klanglicher Zusammenhang. Diesem Holodomor seien 1932 und 1933 mehrere Millionen Menschen zum Opfer gefallen. Die historische Bewertung der Ereignisse ist umstritten. Dabei geht es um die Frage, ob die Hungersnot durch den sowjetischen Staatschef Stalin bewusst herbeigeführt beziehungsweise verstärkt wurde, um den Widerstand der Ukrainer gegen die Sowjetisierung ihres Landes zu brechen, oder ob die Ursachen für die unbestrittene Hungersnot (eine von vielen auf russischem Gebiet in den letzten Jahrhunderten) in erster Linie auf wetterbedingte Missernten und die Zwangskollektivierung zurückzuführen sind, wie in anderen Sowjetrepubliken zu jener Zeit. Mit anderen Worten geht es darum, ein historisches Geschehen für eine bestimmte Interpretation der Ereignisse zu nutzen beziehungsweise die Öffentlichkeit gezielt mit einer bestimmten Interpretation der Geschehnisse zu konfrontieren.

Für weite Teile der ukrainischen Publizistik ist die Sache klar. Nach Berechnungen der Ukrainischen Akademie der Wissenschaften von 2008 betrug die Opferzahl in der Ukraine etwa 3,5 Millionen Menschen. Andere Schätzungen beziffern diese auf bis zu 7,5 Millionen Hungertote. Bisheriger Spitzenreiter ist der britische Science-Fiction-Autor, Geheimdienstmann und Spezialist für antirussische Propaganda, Robert Conquest, der nicht weniger als 14 Millionen Opfer ausgemacht haben will. Dazu rechnet er neben den Hungertoten auch die Opfer der Kollektivierung und Entkulakisierung und den Geburtenverlust ein, stützt sich dabei aber hauptsächlich auf Quellen aus dem Umfeld der ukrainischen Rechtsextremen. Die Ukraine bemüht sich seit der Unabhängigkeit im Jahr 1991 um eine internationale Anerkennung des Holodomors als Völkermord. Die Regierung Russlands lehnt dies ab. Doch was spielte sich tatsächlich in diesen furchtbaren Monaten um die Jahreswende 1931/32 ab? Die Hungersnot – das ist unumstritten – begann mit einer schweren Dürre im Winter und Frühjahr und dauerte insgesamt über ein Jahr, bis Juli 1933. Das spiegelte sich auch in den Getreideproduktionsziffern. Während im Jahr 1931 noch über sieben Millionen Tonnen Getreide in der Ukraine requiriert werden konnten, sank dieser Wert auf etwas mehr als vier Millionen Tonnen im Jahr 1932.

Im Zuge der landwirtschaftlichen Kollektivierung war es seit der Oktoberrevolution 1917 mehrfach zu schweren Hungersnöten in der Sowjetunion gekommen. Generell gehören Dürreperioden verbunden mit Hungersnöten zu den Konstanten in der russischen Geschichte. In diesem Fall habe die sowjetische Regierung aber zu Beginn der Hungersnot 1932 zusätzlich angeblich die ukrainischen Grenzen für die Ausreise geschlossen, was eine Flucht aus den Hungergebieten verhinderte. Bolschewistische Greiftrupps hätten in den Dörfern nach versteckten Lebensmitteln gesucht, es sei geplündert worden. Viele Bauern hätten ihren gesamten Besitz verloren und seien zu Bettlern in den Städten verkommen, Kannibalismus habe sich in den Notgebieten ausgebreitet. Stalin habe seinerzeit die verheerenden Auswirkungen der Hungersnot noch gezielt verschärft, indem er massenweise Getreide requirieren ließ und somit die Bevölkerung in den betroffenen Gebieten schlicht zum Hungertod verurteilte. Sein Ziel sei es gewesen, den anhaltenden ukrainischen Widerstand gegen die Sowjetisierung des

Landes zu schwächen und die sowjetische Herrschaft in der Ukraine zu festigen. Im Sinne einer »Russifizierung« sollte die ukrainische Kultur ausgemerzt werden, so dass nur noch eine sowjetische Kultur übrig bliebe. Im Jahr 1932 habe Stanislaw Redens, seit Juli 1931 Leiter der ukrainischen GPU und Schwager von Stalins Ehefrau, zusammen mit dem Ersten Sekretär der Kommunistischen Partei der Ukraine (KPU), Stanislaw Kossior, die Aufgabe erhalten, als Bestandteil der Kollektivierung einen Plan zu entwickeln, um die »Kulaken und die petljuraschen Konterrevolutionäre« zu liquidieren. Zweitausend Kolchosvorsitzende seien daraufhin verhaftet worden. Als im Januar 1933 das Getreidesoll nicht erreicht war, sei Redens seiner Ämter enthoben worden.

Am 28. November 1932 habe das Politbüro der Ukraine unter dem späteren sowjetischen Außenminister Molotow zusätzlich die Verhängung von »Naturalienstrafen« und die Einführung von »Schwarzen Listen« gegen opponierende Bauern beschlossen. Der Anteil ukrainischstämmiger Bürger auf dem Gebiet der Ukrainischen Sowjetrepublik sei durch Umsiedlung und Hunger von 1920 bis 1939 von 80 Prozent auf 63 Prozent gesunken. Beim 12. Kongress der KPU in Charkow habe der russische Abgesandte Postyschew verkündet, das Jahr 1933 sei das Jahr des Sieges gegen die ukrainische Konterrevolution. Stalin habe anschließend zwischen 1938 und 1940 die wichtigsten Mitwisser (Postyschew, Redens und Kossior) im Zuge der stalinistischen Säuberungen vor Gericht stellen und hinrichten lassen. In den internationalen Medien wurde über die »Hungerkatastrophe in der Ukraine« zunächst relativ wenig berichtet. Zwei »regierungsnahe«, konservative US-Journalisten, Jones und Muggeridge, veröffentlichten erstmals im Frühjahr 1933 dazu einige Artikel. Neutrale Beobachter, wie der Russland-Experte Walter Duranty von der *New York Times,* stellten die Lage jedoch weniger dramatisch dar. Gleichzeitig wurden die Geschehnisse in der Sowjetunion von der »Machtergreifung« Hitlers in Deutschland überlagert.

Die Vorwürfe lauten weiter, die sowjetische Regierung habe versucht, das Geschehen vor der Weltöffentlichkeit zu verbergen. Eine Gruppe englischer Sozialisten, darunter George Bernard Shaw, bereiste zu jener Zeit die Sowjetunion und berichtete von vollen Restaurants und großzügigen Menüs. Das sei natürlich stalinistische Propaganda gewesen. Der antikommunistische Schriftsteller Arthur Koestler notierte später über seine Beobachtungen in Charkow, dass er unter seinem Hotelfenster jeden Tag Leichenbegängnisse gesehen habe, in den örtlichen Zeitungen aber kein Wort über die Hungersnot zu lesen gewesen sei. Nach dem Zusammenbruch der Sowjetunion nutzten interessierte Kreise in der Ukraine die Erinnerung an den Holodomor für politische Zwecke und versuchten, dem Thema international Beachtung zu verschaffen. In der Ukraine wurde eigens ein Institut zu diesem Zweck geschaffen, das Zentrum zur Erforschung des Genozids an der Ukrainischen Akademie der Wissenschaften. Dort ist man naturgemäß der Auffassung, dass eine direkte Verantwortung Stalins sowie seiner Vertrauten, Kaganowitsch und Molotow, erwiesen sei. Demgegenüber argumentieren russische Historiker, dass die Hungersnot in erster Linie die Folge einer schlechten Ernte gewesen sei, die durch die Kollektivierung der Landwirtschaft und den damit verbundenen Widerstand der ukrainischen Bauern verschlimmert worden sei. Der Begriff »Holodomor« werde verwendet, um die tragischen Folgen der über die Ukraine hinausgehenden Kollektivierung politisch zu instrumentalisieren. Ausgeblendet werde auch, dass die Hungersnot dieser Zeit nicht allein die Ukraine, sondern auch andere Gebiete der Sowjetunion betraf, sie also nicht gezielt gegen die Bevölkerung der Ukraine organisiert gewesen sei.

Wie nicht anders zu erwarten, schlossen sich auch Vertreter der BRD-»Bundesakademie für Sicherheit« (Berlin Pankow, Schlossgarten von Niederschönhausen, im Gebäude des ehemaligen »Runden Tisches« der DDR untergebracht – ausgerechnet!) sowie des *NATO Defense College* in Rom der ukrainischen Argumentation an und betätigten sich als Multiplikatoren und »Influencer« im deutschsprachigen und anglophonen Raum. Sie bezeichneten das Geschehen als Mischung aus »Politizid« und »Genozid«, wurden dafür aber als »böswillige Antikommunisten« gescholten. Unter Präsident Viktor Juschtschenko bemühte sich die ukrainische Regierung Anfang des 21. Jahrhunderts darum, den »Holodomor« weltweit als Genozid anerkennen zu lassen. Inzwischen haben die USA und der Vatikan sowie in ihrem Gefolge die Westblock-Satellitenstaaten Argentinien, Australien, Aserbaidschan, Belgien, Brasilien, Ecuador, Estland, Georgien, Italien, Kanada, Kolumbien, Lettland, Litauen, Moldawien, Paraguay, Peru, Polen, Spanien, Tschechien und Ungarn den »Holodomor« offiziell als Völkermord anerkannt. Die Parlamentarische Versammlung des Europarates (PACE) lehnte im April 2010 die von der ukrainischen Opposition gewünschte Bezeichnung »Genozid« in ihrer Resolution über die Hungerkatastrophe der 1930er Jahre in der UdSSR ab. Zuvor war der damalige ukrainische Präsident Viktor Janukowitsch vor der Versammlung aufgetreten und hatte sich ebenfalls gegen die Definition als Genozid ausgesprochen. Am 23. Oktober 2008 erkannte das Europäische Parlament wiederum in einer Resolution den »Holodomor« als Verbrechen gegen die Menschlichkeit an.

Gegen die ukrainische Haltung seit 1990, die zuvor schon in rechtsextremen ukrainischen Emigrantenkreisen entsprechend formuliert worden war, setzte sich schon die Sowjetunion – und in ihrer Nachfolge Russland – zur Wehr. Die ukrainische Exilorganisation in Kanada nutzte die 50-jährige Wiederkehr der Katastrophe zu einer intensiven Medienkampagne gegen die Sowjetunion. In den USA wurde im Kongress 1986 eine eigene Kommission zur Erforschung der Ereignisse gegründet, und in der Folge wurden zahlreiche Denkmäler für die Toten des ukrainischen »Holodomors« (aber nicht für die übrigen Toten der Hungerkatastrophe in der Sowjetunion) aufgestellt. Das britische Außenministerium hatte schon 1934 festgestellt, dass es keine Belege für Unterstellungen gegen die Sowjetregierung gebe bezüglich der Hungersnot in der Ukraine. Diese für »Holodomor«-Anhänger kritische Stellungnahme basierte auf Erkenntnissen des Ernährungsexperten Sir John Maynard, der die Ukraine im Sommer 1933 ausführlich bereist hatte und die »Märchen von einer angeblichen völkermordenden Hungersnot, wie sie von ukrainischen Nationalisten vorgetragen« werden würden, ins Reich der Phantasie verwies. Der erklärtermaßen antikommunistische Autor George Orwell dagegen schrieb, Millionen von Menschen seien nachweislich umgekommen, blieb aber den Beweis für seine Behauptung schuldig. 2006 verfehlte eine erste Gesetzesvorlage zur rechtlichen Verfolgung jeglicher »Leugnung« des »Holodomors« die einfache Mehrheit im ukrainischen Parlament.

Heute ist klar, dass sich die Hungerkatastrophe von 1932/33 in der Sowjetunion weit über die Grenzen der Ukraine hinaus nach Osten erstreckte, bis tief nach Kasachstan beziehungsweise in den Vorkaukasus hinein, über den Südural bis nach Westsibirien. Es macht also keinen Sinn, das Geschehen in der Ukraine von den anderen Hungergebieten abzusetzen oder diesem gar einen eigenen (Kunst-)Namen (»Holodomor«) zu geben. Neben einer schweren Dürre trugen auch die Kollektivierung der Landwirtschaft und die beginnende forcierte Industrialisierung der Sowjetunion zur Katastrophe bei. Die letzte große Hungerperiode in der Sowjetunion wurde nach der Dürre von 1946 in den Jahren um 1947 verzeichnet. Danach trug die Industrialisierung der Landwirtschaft ihre Früchte, ebenso wie die Bereitschaft der Regierung, notfalls Weizen im Ausland zuzukaufen. Die bisher letzte schwere Dürre suchte Russland im Jahr 2010 heim. Bereits Nobelpreisträger Alexander Solschenizyn bezeichnete die These von einem geplanten Genozid als »Märchen« und »teuflische Verdrehung«. Ukrainische Wissenschaftler, die an der offiziellen Version zweifeln, werden in ihrem Heimatland als »Vaterlandsverräter« beschimpft. Und es ist verständlich, dass ukrainische Exilantenkreise großes Interesse daran hatten und haben, über die Geschichte vom »Genozid« Aufmerksamkeit für ihre sonstigen Positionen und eine günstige Ausgangslage für ein allgemeines Russen- beziehungsweise Sowjet-Bashing zu gewinnen. Die Ukraine sollte so als Hauptopfer des Stalinismus etabliert werden. Während der »Orangen Revolution« 2004 wurde das »Holodomor«-Denkmal in Kiew Treffpunkt der Demonstranten. In der Ukraine fehlte allerdings – im Unterschied zu Polen – eine starke Bürgerrechtsbewegung gegen den Staatssozialismus als identitätsstiftendes Moment. Daher wurde alternativ betont, die Ukraine habe durch den »Holodomor« ein kollektives Trauma erlitten. Beweise dafür, dass Stalin die Ukraine als »Volk« absichtlich treffen wollte, wurden in den Archiven nicht gefunden. Auch die These, dass mehr Ukrainer während des »Holodomors« gestorben seien als unter deutscher Besatzung, konnte mittlerweile als Zwecklegende enttarnt werden.

Albert Speer – »Der gute Nazi«

Das »Dritte Reich« ist bis heute von vielen Geheimnissen und Legenden umgeben. Aber auch von handfesten Lügen und Täuschungen, zumeist von der NS-Propaganda in die Welt gesetzt. Hitler hat die Arbeitslosigkeit abgeschafft? Quatsch mit Soße. Schon die letzte bürgerliche Regierung unter Brüning hatte 1932 Arbeitsbeschaffungsmaßnahmen eingeleitet, die von Hitler einfach übernommen wurden (Arbeitsdienst, Autobahnbau etc.). Hitler & Co. haben dann einfach die Sache verschärft, indem sie die Staatsverschuldung ins Irrwitzige trieben (der Krieg sollte es dann wieder richten, samt der erwarteten »unermesslichen Beute« in der Sowjetunion, die für die Haushaltssanierung fest eingeplant war) und damit die monströse Aufrüstung finanzierten, die dann auch noch den letzten Arbeitslosen von der Straße holte, um Kanonen und Granaten herzustellen, so dass 1935 schon wieder Arbeitskräftemangel herrschte. Hitler wollte gar keinen Krieg? Du liebe Zeit! Er hat ihn seit 1924 unermüdlich propagiert, als Mittel, Deutschland wieder zu »alter Größe« zu bringen. Hitler wusste nichts von den Verbrechen des Nationalsozialismus? Sonst noch was? Er war Dreh- und Angelpunkt des gesamten Staatsgebäudes, alle Verbrechen waren ausnahmslos von ihm direkt in Auftrag gegeben (Kriegsverbrechen in der Sowjetunion etc.) oder gebilligt worden (Holocaust, Ermordung von Millionen sowjetischer Kriegsgefangenen in deutschen Lagern). Hitler ließ seine Neue Reichskanzlei im Stadtzentrum Berlins 1939 in der Rekordzeit von nur neun Monaten errichten? Erstunken und erlogen. Die Arbeiten begannen bereits 1935 und liefen weiter bis 1943, ohne dass der gesamte Bau jemals wirklich fertiggestellt wurde.

Aber genau diese letzte Lüge führt uns ins Zentrum dessen, was ich Ihnen im Folgenden erläutern möchte. Es geht dabei um einen nach Kräften von der NS-Propaganda aufgehübschten Protagonisten des »Dritten Reiches«. Generell war es wirklich eine denkwürdige Truppe von »Protagonisten«, die sich hier rund um Hitler zusammenfand. Vom stotternden Alkoholiker Ley über den fress-, raff- und drogensüchtigen Göring, den hinkenden, sexsüchtigen »Vorzeige-Arier« Goebbels, den verkniffenen Kleinbürger-Sadisten Himmler bis hin zum zeitlebens geistig verwirrten Hess. Eine Bande »depperter Subalterner«, dem Bodensatz der Bevölkerung entsprungen beziehungsweise dem Geflecht aus Bierkutschern und Gescheiterten, der »Chauffeureska« rund um den verhinderten Kunstmaler und Lautsprecher Hitler, der von seinem Volk jedes Opfer, von seiner Armee Todesverachtung forderte, selbst aber an der Front im Ersten Weltkrieg hauptsächlich durch Gefahrvermeidung im Hinterland und psychotische Anfälle auffiel. Doch es gab und gibt eine bemerkenswerte Ausnahme innerhalb der Riege verkrachter, pathologischer Existenzen, die unter dem »Führer« in höchste Staats- und Parteiämter aufstiegen. Unter diesen Kretins tummelte sich ein »weißer Ritter«, ein »Parsifal«, also ein – gemäß der von Hitler über die Maßen geschätzten Dichtung Richard Wagners – »durch Mitleid wissender« reiner Tor, ein Ritter der Heiligen Lanze beziehungsweise des »Speers« (!). Also – um im Wagnerschen Duktus zu bleiben – ein »Lohengrin«, die »rühmliche Ausnahme«, eine Person, die innerhalb von Verbrechen, Intrigen und blühender Korruption an der Spitze des Hakenkreuzreiches von all dem unberührt agierte und Mensch blieb, ein – wie ein Porträt über ihn zumindest mit Fragezeichen formulierte – »guter Nazi?«

Sie fragen sich jetzt, wer das gewesen sein soll? Ganz einfach: ein sympathischer, wohlerzogener junger Mann, der unter der Ägide des »Führers« eine wundersame Karriere machte, vom arbeitslosen Architekten zum zweitmächtigsten Mann im »Dritten Reich«: kein anderer als Albert Speer (1905–1981). Warum zählt seine Vita zu den »größten Fälschungen der Geschichte«? Ganz einfach, weil Speer faktisch einer der größten Verbrecher im »Dritten Reich« war. Gleichzeitig jedoch zeitlebens, vor und nach 1945, es vermochte, die Öffentlichkeit über das tatsächliche Ausmaß seiner Verwicklung in die schlimmsten Verbrechen des Nationalsozialismus zu täuschen. Er führte dabei nach 1945 geradlinig fort, was vor dem Untergang des Hakenkreuzreiches von der NS-Lügenschmiede Marke Goebbels begonnen worden war. Unter Hitler als das »bescheidene, junge Genie« gefeiert, setzte er seine Selbststilisierung als »bescheidener, demütiger, kultivierter Reumütiger« nach 1945 fort. Sein bußfertiger Auftritt bei den Nürnberger Prozessen, wo er als einziger Nazi einen Teil der Gesamtverantwortung übernahm (bei scharfer Zurückweisung jeglicher persönlichen Schuld), wurde mit einer vergleichsweise milden Strafe von 20 Jahren Haft belohnt. Angemessener wäre ein Todesurteil gewesen, wie wir heute wissen. Während der Haft im Alliierten Kriegsverbrechergefängnis in Spandau (1946–1966) steuerte er über geheime Kommunikationskanäle eine jahrzehntelange Kampagne zur Pflege des eigenen Images wie auch der Versuche, vorzeitig begnadigt zu werden. Dabei spielte auch ein gewisser Willy Brandt eine Rolle. Mit professioneller Hilfe aus dem Hause Axel Springer konnte Speer dann ab 1966, nach seiner Freilassung, in zwei dickleibigen, autobiographischen Büchern mit

Millionen-Auflagen weiter an diesem perfiden Gespinst aus Lügen, frei erfundenen »Taten« und Bemäntelungen stricken und Millionen verdienen.

Kurzgefasst lässt sich das Lügengebäude so skizzieren: Speer, in jungen Jahren aus der badischen Provinz zum Studium in die Reichshauptstadt Berlin gekommen und von der reinen, unschuldigen Liebe zur Architektur bewegt, gerät – nach dem Examen arbeitslos – 1932 durch Zufall an die NS-Bonzen, erst an Goebbels, dann sehr schnell an Hitler, der ihn binnen kurzer Zeit mit immer größeren Bauprojekten betraut und ihn dann 1937 (Speer ist zu diesem Zeitpunkt gerade mal 32 Jahre alt) schon zum obersten Bauverwalter in der Zentrale des Hakenkreuzreiches macht, zum »Generalbauinspektor für die Reichshauptstadt« (GBI) mit einem nach Milliarden zählenden Bau-Etat. Speers Auftrag: Berlin komplett umzugestalten, es durch unzählige Neubauten architektonisch zur Metropole des Hitler-Reiches zu machen. Dass dabei nahezu die gesamte historische Innenstadt dem Erdboden gleichgemacht werden soll, zudem Hunderttausende umgesiedelt werden müssen, weil an Stelle von Wohnbauten jetzt riesige Verwaltungsgebäude errichtet werden, ist Speer gleichgültig (wie er später »schuldbewusst« zugibt). Gleichzeitig übernimmt Speer auch die Bauleitung über das zweite gigantomanische Bauprojekt des Hakenkreuzreiches, das »Reichsparteitagsgelände« in Nürnberg. Was Hitler und Speer verbindet, ist neben der psychologisch aufschlussreichen ungezügelten Gigantomanie auch die Vorliebe für einen blassen, in Anklängen »neoklassizistischen« Baustil, der seine Inhaltsleere durch die Vergrößerung ins Gigantische zu übertönen versucht.

Abgerundet wird das Lügengebäude, das Speer um sich herum aufrichtet, durch die ständige Betonung der Tatsache, dass Speer trotz seines weiteren Aufstiegs – 1942 wird er allmächtiger Rüstungsminister des »Dritten Reiches« und damit zweiter Mann im Staat nach Hitler – nie und zu keinem Zeitpunkt auch nur ein Gran persönlicher Schuld auf sich geladen habe. Dass er von den entsetzlichen Verbrechen des Nationalsozialismus überhaupt nichts wusste. Er räumt plakativ und auf Wirkung berechnet an vielen Stellen »schuldbewusst« ein, dass er von den Verbrechen hätte wissen können, wenn er es gewollt hätte. Zerknirscht »gesteht« er, dass er sich lange vom »Führer« habe täuschen lassen. Er macht dann Hitler & Co. an vielen Stellen in seinen Büchern nach Kräften lächerlich, speziell seine Rivalen um die Gunst Hitlers. Goebbels beispielsweise, bei dem sich Speer angeblich als Eheretter betätigte, als Magda Goebbels sich von ihrem Mann trennen wollte, der hemmungslos in der Schauspielerinnenriege der von ihm geleiteten deutschen Filmproduktion herumvögelte. Sie wurde daraufhin erst mal von Speer zu einer Lustreise nach Griechenland eingeladen, an der auch Eva Braun teilnahm. Göring wird – ausgerechnet von Speer – nach Kräften und lustvoll für seine Raffgier geschmäht. Hitlers Nachfolger Dönitz wird als geistig so minderbemittelt dargestellt, dass Speer ihm in der letzten Reichshauptstadt Flensburg noch die Rede schreiben muss, in welcher der »Großadmiral« am 1. Mai 1945 der deutschen Bevölkerung über die letzten verbliebenen Radiosender den Tod des »Führers« verkündet und gleichzeitig eine Fortsetzung des Kampfes bis in den Tod proklamiert. In seinem zweiten Buch über seine Haft in Spandau macht er sich dann über Ticks und Idiotismen seiner Mitgefangenen lustig, vom ehemaligen Wirtschaftsminister (und Speer-Kumpel) Funk über Dönitz, Schirach, Neurath und Raeder bis hin zu Rudolf Hess, den er als völlig abgedreht darstellt.

Aber was verbirgt sich denn nun hinter der Geschichte vom »reinen Tor«, der da so unschuldig durchs »Dritte

Reich« stolperte, nur um dann nach 1945 auch noch die Schuld für das Ganze zu übernehmen? Wer steckte hinter der öffentlichen Figur des »selbstlosen Genies«, das quasi immer wider Willen die Karriereleiter unterm Hakenkreuz hinauffiel? Das soll im Folgenden beantwortet werden. Beginnen wir mit dem ausschlaggebenden Charakteristikum Speers: seinem Weitblick. Er hatte bei seinem Tun und Treiben zeitlebens immer auch die nähere und fernere Zukunft im Blick, lebte nie nur für den Moment. Ein Beispiel gefällig? Speer begann bereits Anfang 1944 damit, seine Nachkriegskarriere konkret vorzubereiten. Das passierte in zwei Schritten. Einmal ließ er, als die näherrückende, krachende, vernichtende Niederlage des Nazi-Reiches unübersehbar wurde, die Akten der von ihm geleiteten Behörden (»Rüstungsministerium« und »GBI«) säubern. Eliminiert wurden alle Spuren, alle Indizien, alle Beweise, die seine Mitwirkung an den schlimmsten Verbrechen des »Dritten Reiches« belegten. Von dem so geschönten Aktenbestand führte er bei seinen weiteren Unternehmungen in der Endphase des »Dritten Reiches« immer eine Kopie mit sich. Warum, fragen Sie sich? Ganz einfach: für den Fall, dass er gefangen genommen werden sollte. Dann wollte er diesen Aktenbestand zu seiner Entlastung einem möglichen alliierten Kriegsverbrechergericht präsentieren. Zum anderen ließ er in mehreren westdeutschen Großstädten Räumlichkeiten anmieten (über Strohmänner, also über enge Vertraute aus seinem Bau- und Rüstungsstab). Denn er wollte nach 1945 wieder als Architekt praktizieren und sich am milliardenschweren, lukrativen Wiederaufbau der von ihm mitangerichteten Kriegsschäden beteiligen. Vielleicht fragen Sie sich jetzt, warum er nur in westdeutschen Städten Räumlichkeiten anmieten ließ. Die Antwort ist auch hier einfach: Seit 1943 war die geplante Alliierten-Aufteilung der Besatzungszonen in Deutschland bekannt. Und Kapitalist Speer hatte nicht vor, in der künftigen Sowjetischen Besatzungszone sein Glück zu versuchen. Dass man ihm da auf die Schliche kommen würde, war ihm klar. In den Westzonen dagegen rechnete er sich gute Chancen aus, bald wieder Millionen zu verdienen.

Diesen geschönten, zensierten Aktenbestand ließ er dann nach Kriegsende, als er sich wie gewünscht in US-Gewahrsam befand, »generös« den ermittelnden US-Militärjuristen zukommen. Diese waren über die »milde Gabe« sehr erfreut, ersparte es ihnen doch die in anderen Fällen notwendigen aufwendigen Recherchen in den verstreuten Archivbeständen des untergegangenen Hakenkreuzreiches beziehungsweise den Zwang zur Zusammenarbeit mit den sowjetischen Anklägern, in deren Hoheitsgebiet ein Großteil der Staats- und Wirtschaftsakten verblieben war. Besonders unschöne Details, wie Speers Millionenprofite bis 1945, seine führende Rolle bei der bereits 1937 begonnenen »Entjudung« der Reichshauptstadt, bei der Räumung der jüdischen Wohnungen, bei Speers Holocaust-Profiten mobiler und immobiler Art, bei der Standortauswahl und dem Bau von Konzentrationslagern, speziell beim Ausbau von Auschwitz zum »Industrie-KZ«, seine Verwicklung in die Verbrechen der SS in der Sowjetunion, seine Durchhalteparolen aus der letzten Kriegsphase, wurden dabei selbstverständlich eliminiert. Ebenso aus den Unterlagen, die Speer 1966 einmal mehr »generös« dem BRD-Bundesarchiv überließ, wo die Fälschung beziehungsweise drastische Kürzung der Dokumente nicht bemerkt wurde beziehungsweise keinerlei Versuche unternommen wurden, deren Vollständigkeit kritisch zu überprüfen. Zu sehr war man auch hier geblendet vom glänzenden Vor- und Nachkriegsimage Speers.

Doch Speer hatte es überzogen. Sein raffgieriger Egomanismus hatte ihn dazu geführt, sich mit engen Mitarbeitern und Weggefährten aus der Hakenkreuz-Zeit am Ende seines Lebens zu überwerfen. Was diese besonders erboste, war die Tatsache, dass sie genau wussten, dass Speer zu den größten Profiteuren des »Dritten Reiches« gezählt hatte. Speer verlor jetzt aber kein Wort über die gigantischen Gewinne, die er materiell und immateriell zwischen 1933 und 1945 gemacht hatte. Nicht zuletzt hatte Speer in seinen Büchern die entscheidende Rolle seiner Helfer in guten wie in schlechten Zeiten – ganz bewusst – komplett ausgeblendet, da man hierüber schnell auf weniger schöne Biographie-Details Speers gestoßen wäre. Während der gesamten Haftzeit Speers hatten Helfer das geheime Kommunikations- und Finanznetzwerk Speers betreut, mit dem dieser ungehindert mit der Außenwelt kommunizierte beziehungsweise sich von seinen ehemaligen Untergebenen, die jetzt in der BRD-Industrie und Verwaltung führende Stellen einnahmen, finanzieren ließ (obwohl er die Millionenprofite aus der NS-Zeit ebenfalls vorausschauend an Orten gebunkert hatte, wo er sie nach 1945 problemlos wieder in seinen Besitz bringen konnte). Speers 1969 erschienene *Erinnerungen* und die sechs Jahre später nachgereichten *Spandauer Tagebücher* sorgten für Millionenumsätze des Propyläen-Verlags und Honorareinnahmen Speers in sechsstelliger Höhe. Zusammen haben beide Schmonzetten, deren historischer Faktengehalt gegen null geht, die aber nichtsdestotrotz von der BRD-Geschichtswissenschaft viele Jahrzehnte als valide Quelle herangezogen wurden, fast anderthalb tausend Seiten. Ein monumentales, heldensagenartiges, massives, gewichtiges, scheinbar höchst authentisches und geschichtstreues, weil vermeintlich »NS-kritisches« Werk. Oder, wie wir heute sagen müssen, eine in ihrer Dreistigkeit einmalige Fälschung. Es ist ein »Gesamtkunstwerk«, das selbst Speers Kindheit und Jugend mit einem künstlichen Heldenglanz umgibt. Ganz zu schweigen von seinen beruflichen Anfängen als Architekt, seiner Zeit unter dem Hakenkreuz, die Phase als Angeklagter vor dem Nürnberger Gerichtshof, seine Haft im Alliierten Spandauer Militärgefängnis wie auch sein Luxusleben nach der Entlassung. Abgesehen von der »verständlichen« Ausblendung aller Verbrechen, die Speer beging oder deren Zeuge er wurde: Wie armselig muss es um die Psyche eines Menschen bestellt sein, der es für nötig befindet, selbst seine Kindheit dramatisch aufzuhübschen?

Speer hatte keine der beiden genannten Publikationen selbst verfasst. Hierfür hatte der Verlag ihm zwei Helfershelfer zur Seite gestellt: einen »Ghostwriter« beziehungsweise »Hilfsschreiberling« sowie einen erfahrenen Lektor – Joachim Fest und Wolf Jobst Siedler. Der eine machte später als Edelfeder der *Frankfurter Allgemeinen Zeitung* Karriere, der andere als Verleger. Fest und Siedler brachten das angeblich 20.000 engbeschriebene Seiten umfassende Manuskript, das allzu geschwätzig-nichtssagend-selbstgefällig daherkam, mühsam kürzend in Form. Sie waren es, die Speers Texten jene schlicht-elegante Fassung verliehen, die von Kritikern so gelobt wurde. Das Ausmaß ihrer (nicht nur) stilistischen Eingriffe wurde in den weiteren Publikationen Speers sichtbar (wie dem *Sklavenstaat*), die er ohne seine Ghostwriter meinte publizieren zu können und die in einem deutlich primitiveren, hölzernen Bürokratenstil gehalten sind. Festzuhalten gilt es an Speers Kindheit, dass bereits sein Großvater als Architekt in Dortmund ein Vermögen gemacht und sich davon einen erklecklichen Berg *Dortmunder Union*-Aktien gekauft hatte, die bis weit nach 1945 zu Speers üppigem Portfolio gehörten. Speers Vater hatte das familiäre Architekturbüro nach Mannheim verlegt, in die aufstrebende Metropole der Chemiekonzerne, reich geheiratet (die Tochter des größten deutschen Werkzeugmaschinenhändlers Hommel), noch mehr Geld gemacht und diesmal hauptsächlich in Immobilien angelegt. Die Mannheimer Villa: natürlich eine der größten am Ort mit ihren vierzehn Zimmern. Die Autos: natürlich schon vor dem Ersten Weltkrieg sogar zwei. Die Dienstboten: eine lange, hübsch ausstaffierte Reihe vom prächtigen Gartenportal bis zur mächtigen Eingangstür, Hausmädchen, Köche, Reinigungspersonal, Chauffeure und andere. Die Reisen: kreuz und quer durch die ganze Welt.

Mannheim befand sich damals wie heute dicht neben der europäischen Giftküchenhochburg, dem Ludwigshafener Chemiedreieck. Dass dabei die gesamte Umgebung verseucht wurde – unwichtig. Das Geld, der Profit stimmte. Das war wichtig. Die Familie verfügte nicht nur über einen Wohnsitz. Bis heute im Familienbesitz befindet sich die prachtvolle Villa oberhalb Heidelbergs (Schloss Wolfsbrunnen-Weg 55) mit nicht weniger als vierzehn Zimmern, die Speer nach 1966 bewohnte, gleich neben dem Schloss, mit einem fast grenzenlosen Blick über das Neckartal und die Rheinebene. Daneben gab es einen in seinen Autobiographien nicht erwähnten Landsitz im Allgäu, von seinen Kindern ob der Architektur und Inneneinrichtung als »Kleine Reichskanzlei« bezeichnet. Zum Aktiendepot des Vaters gehörte natürlich auch die *Heidelberger Cement AG*, ein genialer Schachzug des Vaters – je mehr er baute (und Zement war damals wie heute einer der wichtigsten Baustoffe), umso besser ging es der *Cement AG*, umso höher stieg der Aktienkurs, umso kräftiger sprudelte die Dividende. Reich sein genügte schon damals nicht, man muss das Geld auch intelligent anlegen. Damit es nicht nur erhalten bleibt, sondern sich sogar noch vermehrt.

Statussymbole waren Speer in jeder Lebensphase wichtig (nach der Haftentlassung 1966 kaufte er sich als Erstes einen »Porsche«). Als solche betrachtete er auch Frau und Kinder, in seinem Fall gleich sechs (schließlich kamen diese während des »Dritten Reiches« zur Welt, wo größtmögliche Kinderzahl erwünscht war und materiell, aber auch propagandistisch belohnt wurde). Geprägt wurde er angeblich von seinem Vater. Dieser hatte ihm drei Grundsätze vermittelt: Geld ist das Wichtigste im Leben, Frauen haben repräsentativ zu sein, und das schlimmste Übel sind die Bolschewisten. Alles Dinge, die Speer zeitlebens beherzigte. Den Namen Hitler hörte Speer angeblich zum ersten Mal im November 1923, anlässlich des Putschversuchs in München. Seinen Vater störten die »sozialistischen« Thesen im Parteiprogramm, doch beunruhigten sie ihn nicht allzusehr. Ihm war bekannt, dass große Banken, Versicherungen und Industriekonzerne in Berlin gleich nach dem Krieg einen »Antibolschewistischen Fonds« aufgelegt und 500 Millionen Reichsmark einbezahlt hatten. In seinen *Erinnerungen* gibt Speer sich – seinem ab 1944 vorbereiteten Nachkriegsimage als »unpolitischer Macher« geschuldet – trotz der väterlichen rechtskonservativen politischen Vorgaben als »völlig unpolitischer Mensch«.

»Ich empfand sogar spontane Sympathie für die äußerste Linke – ohne dass diese Neigung jemals greifbare Formen angenommen hätte.« Aus solchen Sätzen lässt sich die durchgängige Taktik in beiden Büchern herauslesen. Wohlfeile Anbiederung und die Relativierung dieser Anbiederung im selben Satz. Um in diesem Fall seine politische Naivität zu unterstreichen. Eigentlich wäre er also – unter anderen Umständen – Kommunist geworden, spontan, dann aber doch wieder nicht. Die Ghostwriter betonen damit einmal mehr, dass er ja gar kein Nazi war, sondern eigentlich ein Kommunist, der nur durch die unergründlichen Wendungen des Schicksals bis an die Spitze des »Dritten Reiches« geriet – also irgendwie passiv, ohne sein Zutun. Dass genau das Gegenteil der Fall war, dass der Rechtskonservative Speer sich bei den Rechtsextremen Nazis von Anfang an sehr wohl fühlte und gezielt an seinem Aufstieg arbeitete, auch unter Einsatz dubioser bis verbrecherischer Mittel, werden wir noch sehen. Das Lügengebäude betrifft aber auch noch andere Aspekte seiner Jugend. So wird auch die überaus komfortable finanzielle Situation des Speerschen Millionärshaushalts immer wieder relativiert und camoufliert. Etwa anlässlich der für viele Millionen Menschen – aber nicht für seine Familie – verheerenden Inflation 1923, mittels derer die deutsche Finanzwirtschaft und die mit ihr verbündeten politischen Kreise die Kriegsschulden von 1914/1918 mit einem Federstrich löschten. Sein Vater gehörte zu den eingeweihten Kreisen, die von der Inflation profitierten (Geldanlage in ausländischen, »harten« Währungen, märchenhafte Gewinne, billigstmögliche Schuldentilgung, Immobilienkäufe zu Dumpingpreisen etc.). Mittlerweile hatte Speer 1923 das Abitur hinter sich gebracht, vor ihm lag das freie, sorglose Leben als Student. Das Studium begann er zunächst im nahe gelegenen Karlsruhe, mit der Möglichkeit, bequem zu Hause wohnen bleiben zu können (im »Hotel Mama« beziehungsweise »Papa«) und nur zu den Vorlesungen und Seminaren zur TH zu fahren.

»Meine Familie sah sich durch diese finanzielle Katastrophe [Inflation 1923] schließlich gezwungen, das Handelshaus und die Fabrik meines verstorbenen Großvaters an einen Konzern zu verkaufen.« Weit gefehlt. Sein Vater verfolgte schon lange den Plan, sich mit 60 zur Ruhe zu setzen. Und Großvater Hommel war zur passenden Zeit gestorben, um Speers Mutter einen Großteil des riesigen Vermögens zu vermachen. Speers cleverer Vater verkaufte die seiner Frau zugefallenen Pretiosen natürlich nicht einfach so, losgeschlagen gegen das erste Gebot, sondern brachte auch sie auf raffinierte Weise an den Mann – »mit einem Bruchteil des Wertes, aber gegen ›Dollarschatzanweisungen‹. Wie in den *Erinnerungen* immerhin zugegeben wird. Das mit dem »Bruchteil« kann man getrost vergessen, das mit den Dollarbriefen nicht. Mitten in der Höchstinflation hatte er so große Geldmittel in Form einer goldgedeckten, granitharten ausländischen Währung zur Verfügung. Der Verkauf warf so viel Geld ab, dass sein Vater umgehend sein florierendes Architekturbüro schloss und sich nur noch der Verwaltung des Besitzes und dem Lebengenießen hingab.

In diesem Zusammenhang positionierten seine Chefbiographen auch Hitler ein erstes Mal auf bezeichnende Weise. »Nach Beendigung der Inflation wechselte ich im Frühjahr 1924 zur Technischen Hochschule München. Obwohl ich dort bis zum Sommer 1925 blieb, und Hitler, nach Entlassung aus der Festungshaft, im Frühjahr 1925 wieder von sich reden machte, nahm ich nichts davon wahr.« Und wer wollte ihm das Gegenteil beweisen? Die meisten Zeitzeugen, die ihn aus dem einen Jahr München kannten, waren 1966 tot oder mit anderen Dingen beschäftigt. Im Übrigen war Speer von Kind an ein Einzelgänger ohne größere Sozialkontakte, auch während des Studiums, wie aus Bemerkungen von Studienkollegen hervorgeht. Speer blieb glühender Nationalist, dem Deutschland über alles ging, und blieb an dem gescheiterten Revolutionär Hitler interessiert, verfolgte seine kurze Haft in Landsberg, besorgte sich eines der ersten ausgelieferten Exemplare von *Mein Kampf* und war permanent über ihn und die weitere Entwicklung seiner »Bewegung« im Bilde.

Im Studium galt er Professoren und Kommilitonen zufolge als Faulpelz, der die ungeliebten Hand- und Hausarbeiten, die Zeichenaufgaben, gegen ein geringes Entgelt an bedürftige Kommilitonen delegierte, die ihm diese Aufgaben gern ab-, und seine »Honorare« gern annahmen. Statt in schlecht belüfteten Seminarräumen zu hocken, fuhr er von München aus lieber regelmäßig in die nahen Berge. »In den Ferien zogen meine spätere« – in diesem und den anderen Büchern durchweg namenlose – »Frau und Ich oft mit einigen Studenten in den österreichischen Alpen von Hütte zu Hütte.« Bemerkenswerterweise unterliefen seinen professionellen Ghostwritern Fest & Siedler einige solcher Patzer. So auch bei den europaweiten Reisen im Auto seines Vaters, was aber zum Glück keiner der zahlreichen Rezensenten oder wissenschaftlichen Bearbeiter bemerkte. Speer sollte nach abgeschlossenem Studium das seit 1923 geschlossene Architekturbüro seines Vaters wiedereröffnen. Doch zunächst gab es einen weiteren Ortswechsel. »Im Herbst 1925 ging Ich mit einer Gruppe Münchner Architekturstudenten an die Technische Hochschule Berlin-Charlottenburg.« Die elitäre, eine Spitzenposition in der damaligen Universitätslandschaft einnehmende TH Charlottenburg, nach heutigen Maßstäben ein Exzellenz-Cluster par excellence, galt als Kaderschmiede für führende Nachwuchs-Architekten. Hier machte man die Kontakte, die späteren Erfolg sicherten, hier konnte man in die Gefolgschaft namhafter, deutschlandweit führender Architekten-Dozenten wie Poelzig oder Tessenow eintreten.

Doch die Speersche Karriereplanung erhielt einen unvorhergesehenen Knick. Stararchitekt Poelzig, bei dem Speer sich die Sporen für eine eigene Starkarriere abholen wollte, lehnte ihn »aufgrund mangelnder zeichnerischer Fähigkeiten« ab. Doch davon ließ sich Jung-Speer nicht lange beeindrucken und ging zum nächsten Star-Dozenten, Tessenow, bei dem er in der Folge studierte und im Februar 1928 sein

Studium mit Diplom abschloss. »Im darauffolgenden Frühjahr wurde ich mit dreiundzwanzig Jahren einer der jüngsten Assistenten der Hochschule.« Auch diese »Erfolgsmel-
dung« – erstunken und erlogen. Tatsächlich war er schon
24, als er im April 1929 Hochschulassistent von Tessenow
wurde. Zuvor hatte er sich ein Jahr bei seinem Dozenten
im Privatatelier als Arbeitssklave verdingen müssen. »Diese
Assistentenstelle ermöglichte die Heirat.« Wirklich? Die
Assistentenstelle hatte für Millionärssprössling Speer finanziell keinerlei Bedeutung. Er sorgte jetzt mit finanzieller
Unterstützung seiner Eltern für einen großbürgerlichen, ar-
rivierten Wohnstand und zog mit seiner frischangetrauten
Ehefrau in eine herrschaftliche Wannsee-Wohnung.

Im Seminar hatte er wöchentlich nur drei Tage zu arbeiten; außerdem gab es fünf Monate Hochschulferien. Also
eine schöne, bequeme Stelle, um die weitere Karriereplanung voranzutreiben. Was er nun konkret vorhatte.
Bauaufträge freilich, die er in seiner reichlich bemessenen
freien Zeit zu erledigen hoffte, blieben weitgehend aus.
Abgesehen von Aufträgen aus dem familiären Umfeld. Ein
Zweifamilienhaus für seine Schwiegereltern und einen
kleinen Umbauauftrag immerhin für das Auswärtige Amt.
Für zwei Häuser von Nachbarn im Nobel-Wohngebiet Ni-
kolassee lieferte er Entwürfe für Wintergärten, Terrassen
und Gartenanlagen. Möbel, Lampen und gewerbliche
Arbeiten verschiedenster Art runden das Portfolio seiner
Tätigkeiten in dieser Zeit ab. Aber viel Vorzeigbares war
nicht dabei. Jedenfalls gemessen an Speers Vorstellungen.
Auch seinen »Bürochef« und einzigen Angestellten Rudi
Wolters, »der treue Rudolf«, der ihm später in seiner Haftzeit zur Seite stand, konnte er so nicht auslasten, wollte
ihn auf der anderen Seite auch nicht durchfüttern und
entließ ihn kurzerhand.

Rund um Tessenow tummelten sich die Studenten vom

rechten Spektrum. Tessenow propagierte einen »Volks- und Heimatstil«. Das war Speer zwar – mit seiner neo- klassizistischen Erblast, dem vom Vater vorgegebenen »idealen« Stil, den er ja dann nachher auch, wenn auch in pseudoneoklassizistischer Form, unter Hitler beibe- hielt und großflächig realisierte – etwas zu piefig, aber die antimodernistische Grundrichtung teilte er. Speer selbst förderte gezielt nationalsozialistische Studenten – die an der TH schon Ende der zwanziger Jahre siebzig Prozent der Stimmen bei den Asta-Wahlen errangen, also zumin- dest innerhalb der Alma Mater schon zu einer mächtigen Bewegung geworden waren. NS-Studenten bekamen Sonderberatungen von Speer, konnten die Seminarräume mit Speers Einverständnis für politische Veranstaltungen benutzen, ihre Pamphlete auf den Institutsmaschinen ver- vielfältigen und was nicht alles sonst noch. Und das hatte einen guten Grund.

Das ehemalige Netzwerk seines Vaters, aus dem dieser seine Aufträge generiert hatte, trug nicht mehr. Viele der ihm geneigten Honoratioren waren mittlerweile im Ru- hestand, und zu den Nachfolgern hatte sein Vater, da er nicht mehr aktiv war, keine Kontakte dergestalt, wie sie für gedeihliche, profitable Auftragszuteilungen nötig wa- ren. Also war es schiere Notwendigkeit für Speer, ein eige- nes, neues Netzwerk aufzubauen. Auf dem üblichen Weg der gesellschaftlichen Begegnungen war das langwierig und mühsam. Die von Speer als Karrieremobil ins Auge gefasste NSDAP dümpelte jedoch seit geraumer Zeit vor sich hin. Der neue Berliner Gauleiter Goebbels hatte es zunächst nicht geschafft, trotz brachialer Methoden mit Knüppeleinsätzen gegen die »Roten«, die Stimmen für die Nazis deutlich zu erhöhen. Nach dem Tiefpunkt von 1928, als die Partei nur noch knapp zweieinhalb Prozent auf sich vereinigen konnte, ging es aber wieder aufwärts.

Die Wirtschaftskrise spielte den Nazis in die Hände. Die Leute suchten in der Krise nach jemandem, der ihnen eine bessere Zukunft versprach und der ihnen gleichzeitig einen Sündenbock präsentierte. Beides tat Hitler mit perfider Meisterschaft. Er propagierte ein selbstbewusstes Deutschland, und schuld an all dem gegenwärtigen Elend waren natürlich die Juden. Und die Linken.

»1930 fuhren wir mit unseren zwei Faltbooten von Donaueschingen die Donau bis Wien hinab. Als wir zurückkamen, hatte, am 14. September, eine Wahl zum Reichstag stattgefunden, die mir nur deshalb in Erinnerung blieb, weil das Ergebnis meinen Vater außergewöhnlich erregte.« Das einschneidendste Ereignis seiner Studienzeit und vielleicht der entscheidende Wendepunkt in seinem Leben wird von seinen Ghostwritern auffällig beiläufig behandelt. Und natürlich so, als sei er gänzlich unbeteiligt gewesen. Ihn ließ auch das Ergebnis kalt, das nur seinen Vater angeblich erregt hatte. Es galt ja, das Bild des an Politik gänzlich uninteressierten Menschen zu konservieren. Tatsächlich hatte die NSDAP bei dieser Wahl ihren Stimmenanteil von 2,6 Prozent auf 18,3 Prozent versechsfacht, und die Zahl ihrer Reichstagsabgeordneten stieg von vorher 12 nun auf 107 Abgeordnete! Die NSDAP war damit nach der SPD, die statt auf 30 nur noch auf 24 Prozent kam, zweitstärkste Reichstagsfraktion, vor der KPD mit 13 Prozent. Etwas ausführlicher schildern die Ghostwriter die angeblich erste von Speer besuchte Hitlerrede am 4. Dezember 1930 in der »Neuen Welt«, Berlin-Hasenheide. Ebenfalls gelogen. Tatsächlich hatte er ihn in München schon einige Male gehört. Aber nun, im Dezember 1930, lag die Partei in Umfragen bereits bei über 25 Prozent der Stimmen reichsweit, und damit war nun endgültig der Punkt erreicht, ihr beizutreten und auf dieser ihm zusagenden, äußersten rechten Seite des Parteienspektrums die für seine künftige Karriereplanung entscheidende, konkrete Netzwerkarbeit zu beginnen.

NS-Studentenführer v. Bünau verkündete vorab auf der Bühne, dass gerade wieder zwei SA-Kameraden der roten Mordbestie zum Opfer gefallen seien. Entsprechend aufgeladen war die Stimmung gleich von Anfang an. Doch zurück zu Hitler. »Seine Ironie war durch einen selbstbewussten Humor gemildert, sein süddeutscher Charme heimelte mich an; undenkbar, dass ein kühler Preuße mich eingefangen hätte.« Schon hier wird die von Speer im Weiteren weidlich ausgewalzte, angeblich latente homoerotische Spannung zwischen Hitler und ihm stark hervorgehoben, die später als »unglückliche Liebe« tituliert wird, was natürlich immer etwas Romantisches hat, was die Leserschaft noch weiter für Speer einnehmen soll. Und darum ging es ja schließlich. Speers Erinnerungsschriften waren ja nichts anderes als der großangelegte Versuch, seine von der NS-Propaganda aufgebaute Popularität im »Dritten Reich« nun auch *sub specie* BRD fortzuführen. Er wollte wieder angehimmelt werden, er wollte wieder der Held sein. Für beides sorgten seine Ghostwriter Fest & Siedler.

Die Juden werden von Hitler in seiner Rede einmal mehr gleichzeitig als Ausbeuter und Großkapitalisten und Wall Street Haie dargestellt. Letztlich waren sie in den Augen der Nazis (und auch offenbar Speers) Teil einer angeblichen »jüdisch-bolschewistischen Weltverschwörung«. Die mussten also ganz klar und natürlich weg, die Juden, die Linken, das ganze Geschmeiß. Aber auf welchem Weg? »Unser Volk muss sich mit seinem ganzen Krafteinsatz den Völkern gegenüberstellen.« Und wie jetzt genau? »Das Schwert hat zuletzt noch immer entschieden.« Also Krieg. Der Vater aller Dinge. Und der Weg in eine glänzende Zukunft Deutschlands. Schon 1930. Soll keiner sagen, er habe Hitler gewählt und nicht gewusst, dass das ganz klar die Option, die Volksabstimmung für Krieg mit den Siegermächten von 1918, aber auch mit allen neuen und alten Staaten im Osten sein würde, wo ja bekanntlich unser »Lebensraum der Zukunft« lag. »Deutscher Sieg« soll am Ende aller Tage die Bilanz sein, das war Hitlers Versprechen.

Nach der Rede bei Speer angeblich innerer Aufruhr, Verwirrung. »Ich hatte das Bedürfnis, allein zu sein. Aufgewühlt fuhr ich in meinem (natürlich, J. S.) kleinen Wagen durch die Nacht (tatsächlich hatte er eine Vorliebe für BMW, schon damals eine teure Angelegenheit, J. S.), hielt in einem Kiefernforst der Havellandschaft und wanderte lange.« Denn schließlich hatte ihn ja gerade der große Magier Hitler mit seinem Zauberstab berührt und ihn geradezu mühelos für sich gewonnen, Speer somit angeblich innerhalb von Sekunden in einen getreuen NS-Gefolgsmann verwandelt. Speer tritt am 1. März 1931 (und nicht im Januar, wie in den *Erinnerungen* vermerkt) als Mitglied Nr. 474 481 der *Nationalsozialistischen Deutschen Arbeiterpartei* bei. Um es ein für alle Mal klarzustellen, schicken seine Ghostwriter noch hinterdrein: »Es war ein gänzlich undramatischer Entschluss. Auch empfand ich mich jetzt und für immer weniger als Mitglied einer politischen Partei: Ich wählte nicht die NSDAP, sondern trat zu Hitler.« Es ist also eine Sache von Männerfreundschaft, was in Deutschland immer gut ankommt, ein Freundschaftsdienst, und nicht – wie in der Realität – der zynische Plan, durch den Beitritt zu einer menschenverachtenden totalitären Partei die eigene berufliche Karriere zu befördern, ungeachtet all der humanistischen Schulbildungsbestandteile, die bald in dem neuen, von ihm herbeigesehnten »nationalen Deutschland« als »Humanitätsduselei« abqualifiziert werden sollten.

Egomane Speer ist seit seiner Jugend von der Idee besessen, einer der führenden Architekten Deutschlands, wenn nicht Europas und der Welt zu werden. Koste es, was es wolle. Und damit vor allem auch seinen Vater zu übertreffen, offenbar ein genetisch angelegter Ehrgeiz: auch Speers Sohn Albert junior etabliert sich –mit kräftiger Hilfe seines gut vernetzten Vaters (viele von dessen ehemaligen Angestellten in der GBI nahmen nach 1945 führende Positionen in der BRD-Bauverwaltung und -Industrie ein) – in der BRD als Großarchitekt und baute in seinem späteren Leben beispielsweise in China Megaprojekte, die – wie er peinlicherweise stolz vermerkte – die gebaute Quadratmeterzahl seines Vaters bei weitem übertrafen. Speers Verbindungen zur Hakenkreuzpartei reichen real deutlich weiter zurück, was seine Ghostwriter verschweigen. Schon Anfang 1930 war er der Partei-Untergliederung »Nationalsozialistisches Autofahrer-Korps« (NSAK) beigetreten (später in NSKK – »Nationalsozialistisches Kraftfahrerkorps« umbenannt). Die für ihn zuständige Partei-Außenstelle ist die »Kreisleitung West (Wannsee)«. Chef der Geschäftsstelle in der Steglitzer Beymestraße 15/17 ist der zwei Jahre ältere Karl Hanke, später als verhinderter Liebhaber von Magda Goebbels und »Durchhalte«-Gauleiter von Breslau zu zweifelhaftem Ruhm gekommen.

Hanke meldet sich wenig später bei Speer. Der Parteifunktionär sucht jemanden, der die kurz zuvor für die »Kreisleitung-West« angemietete, in altertümlichen Stil eingerichtete Villa von innen auf Vordermann, auf den Stil der neuen Zeit, der künftigen NS-Staatspartei brachte. Wie kommt man auf Speer? Die Annahme liegt nahe, dass einige der vielen Nazi-Studenten, die Speer nach Kräften während ihres Studiums als Assistent betüderte, »in dankbarer Erinnerung« jetzt seinen Namen vorbringen. Stilistisch sind sich Hanke und Speer schnell einig – der alte Plunder raus, und dafür neue Sachlichkeit rein. Dass er für seine Entwürfe und die Bauleitung kein Honorar bekommt, ist Speer egal. Immerhin kommt er so an die Möglichkeit, sich für künftige größere Aufträge zu empfehlen. Auf das Geld angewiesen ist er ohnehin nicht. Die Arbeiten für Hanke sind gleichzeitig eine seiner vorerst letzten Amtshandlungen in Berlin. Denn es gibt keine Anschlussaufträge, und die »Machtergreifung« Hitlers liegt zu diesem Zeitpunkt noch in weiter Ferne. Speer beschließt daher, gemeinsam mit seiner Frau vulgo »Lebensgefährtin«, die ihr sorgloses Leben als Ehe- und Hausfrau eines reichen Erben genießt, den gemeinsamen Lebensmittelpunkt wieder nach Mannheim zurück zu verlagern. In der Hoffnung, dort über Partei und Freunde seines Vaters an Aufträge zu kommen. Im Übrigen will er sich der Verwaltung des elterlichen Immobilienbesitzes widmen, und so den immer noch monatlich von den Eltern bezogenen, großzügigen Scheck wenigstens teilweise rechtfertigen. Als »Bürochef« und de facto einzigen Angestellten nimmt er seinen darbenden Kommilitonen Willi Schelkes mit, der das Angebot dankbar akzeptiert, angesichts von Weltwirtschaftskrise und Massenarbeitslosigkeit. Später wird Schelkes ihm in Berlin noch ungemein hilfreich sein.

Angeblich erst während eines Besuchs der NSDAP-Ortsgruppe Mannheim fällt Speer auf, »welche geringe persönliche und geistige Substanz in der Partei versammelt war. ›Mit solchen Leuten kann ein Staat nicht regiert werden‹, ging es mir durch den Kopf.« Ein weiterer Versuch der Ghostwriter, Speers angebliche Distanz zur Hakenkreuzpartei zu verdeutlichen. »Die Sorge war überflüssig. Der alte Beamtenapparat führte auch unter Hitler reibungslos die Geschäfte weiter.« Über diese von seinen Ghostwritern eingefügte, beinahe geniale Wende wird quasi im Nebensatz die Hauptschuld für die Hitlerei und für die lange Dauer ihrer Herrschaft angesichts der versammelten Dumpfbacken unter ihren Mitgliedern dem deutschen Beamtenapparat in die Schuhe geschoben. Natürlich waren von denen die meisten Monarchisten und einem absolutistischen Staat sehr zugeneigt. Aber ohne die Millionen fanatischer PGs wie Speer innerhalb der insgesamt über zehn Millionen NSDAP-Mitglieder und die vielen nur an ihrem Fortkommen und möglichst großen Profiten interessierten Karrieristen wäre Hitler schon nach wenigen Jahren am Ende gewesen.

Zurück in Mannheim nimmt er in der prachtvollen elterlichen Villa Wohnsitz, Prinz Wilhelm Straße 19 (heute Stresemannstraße), wo er den Seitentrakt zur Verfügung gestellt bekommt. Als Fingerübung und gleichzeitig als Vorzeigeobjekt gestaltet er diesen nach eigenem Gusto um. Die elterliche Villa liegt im Mannheimer Promi-Viertel, um die Ecke von Rosengarten und Wasserturm, eine Querstraße von der Christuskirche. Speer geht jetzt Klinken putzen und versucht Aufträge an Land zu ziehen. Im April 1932 beantragt er die Mitgliedschaft im *Bund deutscher Architekten* (BdA), um endlich das Namensschild seines Vaters übernehmen zu können: »Architekt Albert Speer«. Wenig später kommt die Aufnahmeurkunde, und er kann nun mit Fug und Recht seinen Titel führen. Doch Aufträge kommen dadurch nicht zustande. Nach ein paar Wochen Nichtstun fällt ihm im provinziellen Mannheim die Decke auf den Kopf. Speer nutzt die erstbeste Gelegenheit, der provinziellen Enge wenigstens für ein paar Wochen zu entfliehen. Im Vorfeld der das weitere Schicksal Deutschlands entscheidenden Reichstagswahl vom Juli 1932 fährt er samt Eheweib nach Berlin, um beim NSDAP-Wahlkampf zu helfen. Er will seinen Teil zu Hitlers Wahlsieg beitragen, Präsenz zeigen, weitere Kontakte zur obersten Führungsebene der Partei knüpfen. Seinen

Wahlkampfbeitrag leistet er als Auto-Kurier. Auch Gretel hilft in der Kreisleitung mit. Ihre politischen Präferenzen liegen ebenfalls bei der NSDAP und Hitler. Lange nach 1945 spricht sie immer noch vom »Führer«, wenn sie Hitler meinte. Die Wahl wird ein fulminanter Erfolg für die NSDAP, die ihren Stimmenanteil erneut verdoppelt und bei 37 Prozent der Stimmen landet. Sage und schreibe 230 NS-Abgeordneten ziehen in den Reichstag ein. Auch für Speer fällt etwas ab vom neuen, gigantischen Kuchen ab. Er soll das frisch erworbene, künftige Berliner NSDAP-Gauhaus in der Voßstraße 11, mitten im Regierungsviertel, innenarchitektonisch aufrüsten. Diesmal sogar gegen Geld. Denn es gibt erstmals so etwas wie ein Budget für diese Arbeiten (weil die Industrie gut gespendet hatte). Doch der Höhenflug dauert nicht lange. Schon die nächste Wahl, am 6. November 1932, bringt einen herben Stimmenverlust, die NSDAP erringt diesmal »nur« 33 Prozent der Stimmen und stellt 196 Abgeordnete.

Speer fuhr samt Gemahlin wieder zurück nach Mannheim, behielt aber das angekaufte Berliner Haus, wer weiß, wozu es noch gut sein konnte. Den Jahreswechsel verbrachten sie im schweizerischen Sankt Moritz bei Skifahren und Wandern. »Am 30. Januar 1933 las ich von der Ernennung Hitlers zum Reichskanzler, aber auch das blieb für mich zunächst ohne Bedeutung.« Als ob. Diese Formulierung der Ghostwriter ist völlig unglaubwürdig. Denn tatsächlich ließ Speer alles stehen & liegen, und fuhr so schnell er konnte zurück nach Berlin. Er musste schließlich vor Ort sein, wenn die jetzt zugänglichen, fast unerschöpflichen staatlichen Fleischtöpfe durch die Nazis neu verteilt wurden. Auf den Tag genau zwei Jahre nach seinem Parteieintritt eröffnete Speer am 1. März 1933 zum zweiten Mal in seinem Leben ein Architekturbüro in Berlin. Am 13. März 1933 teilte Hitler seinem beim

Postengeschacher nach der »Machtergreifung« zunächst zu kurz gekommenen Schreihals Goebbels das Amt des »Reichsministers für Volksaufklärung und Propaganda« zu, wie die Agitprop-Bude jetzt hochtrabend hieß. Aus dem bisherigen Presseamt der Reichsregierung am Wilhelmplatz, von einem Staatssekretär geleitet, war über Nacht ein eigenes Ministerium geworden. Am selben Tag erreichte Speer ein Anruf seines Kumpels Hanke, der ebenfalls mitbefördert und nunmehr zum persönlichen Referenten des frischgebackenen Ministers aufgestiegen war. Das Ministeriumsgebäude solle innenarchitektonisch auf Vordermann gebracht werden. Geld spielte keine Rolle. Das traditionsreiche, dem 18. Jahrhundert entstammende Johanniter-Palais am Wilhelmplatz, gegenüber der Reichskanzlei, also quasi in Rufweite Hitlers, wurde jetzt von Speer in seinem historischen Bestand ruiniert. Das Gebäude wurden komplett entkernt und im geschmacklosen Speerstil, dem Pseudo-Modernitätsanspruch des Regimes genügend, »modernisiert«. Nur die Fassade blieb stehen, man wahrte den Schein, innen ging man schon mit der neuen, unmenschlichen Rücksichtslosigkeit vor, die den neuen Hakenkreuzstaat von Anfang bis Ende prägen sollte.

Goebbels gefiel die neue, kleinbürgerliche Innenarchitektur seines Ministeriums, stolz führte er sie Hitler vor, nannte auch den Namen des Architekten. Speer war jetzt gesetzt, es ging von Stund an Schlag auf Schlag. Ob Festplatz-Dekoration für die erste »nationale Weihefeier« am ehemaligen Gewerkschaftsfeiertag, dem 1. Mai 1933, auf dem »Flugfeld« in Tempelhof, ob die bisher immer recht jämmerlich daherkommenden »Reichsparteitage« der NSDAP in Nürnberg, Speer war der Mann des Tages. Ihm oblag es jetzt, das äußere Gepräge der Partei zu professionalisieren. Die Veranstaltungen sollten im Jahr eins des neuen, des »Tausendjährigen Reiches« bombastisch aufgepimpt und mit einer martialisch-dominanten ephemeren Festarchitektur versehen werden. Jeder von Speer in Hitlers Sinne ausgeführte Auftrag verbesserte Speers Position erst im weiteren, dann im engeren Umkreis Hitlers. Von alldem ist in den Speer-Memoiren natürlich nur am Rande die Rede. Parallel zu den politischen Veränderungen phantasierte Hitler bald schon architektonische Neuerungen in Berlin herbei. In München wurden bereits seit 1931 bestehende Gebäude »im nationalen Stil« umgebaut, etwa das in einem klassizistischen Palais untergebrachte, von Troost umgebaute »Braune Haus«. Die »Reichshauptstadt« war nun an der Reihe, mit »Worten aus Stein« (Gerdy Troost) die »Textur« einer NS-Metropole zu erhalten. Und tatsächlich begann Hitler schon 1933 damit, auch hier monumentale Neubauten errichten zu lassen, so etwa für die »Reichspost«, die »Deutsche Arbeitsfront« und die »Reichsbank«. Hinzu kamen wenig später das »Reichsluftfahrtministerium« (heute »Bundesfinanzministerium«), das Olympiastadion und der Flughafen Tempelhof. Was fehlte, war ein eigenes »NS-Staatsgebäude«, ein »Führerpalast«, wie ihn Hitler schon zu Wiener Obdachlosenzeiten 1909 in naiven Zeichnungen skizziert hatte. Da die bestehende, preußische Alte Reichskanzlei ein traditionsreicher, von Bismarcks Aura geprägter Bau war, begnügte Hitler sich zunächst mit innenarchitektonischen Veränderungen. Hitler engagierte hierfür seinen Lieblingsarchitekten Paul Ludwig Troost (1878–1934), der schon in München für ihn einige Bauaufträge ausgeführt beziehungsweise Bauwerke entworfen und auch ihre Innenausstattung gestaltet hatte. Respekt vor der historischen Bausubstanz, der Aura des Bismarck-Regierungsgebäudes in Form der Alten Reichskanzlei Fehlanzeige, darin waren sich Hitler, Troost und Speer einig. Die Ghostwriter Speers stellen ihn in seinen Nachkriegs-*Erinnerungen* selbstbewusst als Verächter historischer Bausubstanz dar. So wird über den Neubau der Reichsbank, der ab 1933 mitten in den Bereich der historischen Berliner Altstadt gesetzt worden war, angemerkt, dieser sei »in einem unbedeutenden Viertel« (dem historischen Zentrum Alt-Berlins!) »unter Niederreißung mehrerer Bauquadrate« entstanden. Tatsächlich wurden damals herausragende Bauwerke wie die »Münze« des bekannten preußischen Architekten und Schinkel-Schülers August Stüler abgerissen. Von entscheidender Bedeutung ist hierbei ein weiteres Detail: Bei dem Baugebiet handelte es sich um Teile des legendären »Fischer-Kiezes«, bis 1933 von der KPD dominierter Teil der Altstadt zwischen Fischerinsel und Polizeipräsidium am Alexanderplatz, den die NSDAP mit dieser Maßnahme »einnordete«.

Hitler erkannte in Speer den geeigneten Ausführungsgehilfen für seine aberwitzigen Bauphantastereien. Speer wurde zum »Medium«, mittels dessen Hitler seine architektonischen Allmachtsvisionen in Granit und Beton umsetzte. Für den Umbau des Goebbels-Ministeriums hatte Speer kalt lächelnd die unersetzliche Innenausstattung von der Hand Schinkels zerstört. Die Ghostwriter Speers verdrehen auch hier wieder die Wahrheit bis ins Gegenteil, wenn sie dazu in seinen *Erinnerungen* – den Vorgang nur beiläufig streifend – notieren, er habe seinen Auftrag »in bescheidener Unterordnung« gegenüber der (immerhin erwähnten) »Innenarchitektur Schinkels« ausgeführt. Goebbels Repräsentationsbedürfnis war aber mit den neuen Ministeriumsräumlichkeiten aber noch nicht befriedigt. Mittels Quengelei bei Hitler griff er noch die bisherige Dienstvilla des Reichsernährungsministers (Friedrich-Ebert-Straße 20) ab, trotz der Proteste des somit ausgebooteten Ministers Hugenberg (der wenig später zurücktrat, aber weiterhin Mitglied des Reichstages blieb). Die Villa lag am oberen Ende der Ministergärten, wo sich heute das Holocaust-Mahnmal erstreckt. Es handelte sich dabei um das ehemalige Palais der königlich-preußischen Hofmarschälle. Nach erfolgtem Speer-Umbau gab es beim Einzug im Frühsommer 1933 allerdings Probleme: Magda Goebbels goutierte angeblich Speers Innenausstattung nicht, so dass eine weitere Möbelgarnitur beschafft werden musste. In den *Erinnerungen* Speers wird daraus eine der subtilen Attacken auf Hitlers mangelnden Kunstgeschmack und das »Heldentum« des Gutmenschen Speer: Der behauptet von sich, er habe ohne weiter nachzudenken, für die Innenausstattung aus der Nationalgalerie einige Aquarelle Noldes »besorgt«(!), was Hitler bei seinem Rundgang wütend gemacht habe (da Nolde trotz nationaler Orientierung in den letzten, verwirrten Lebensjahren nun mal kein Künstler der »Bewegung« war), die Bilder hätten sofort entfernt werden müssen. Alles – wie es scheint – frei von Speer beziehungsweise seinen Ghostwritern erfunden.

Ein weiteres preußisches Palais verwüstete Speer, diesmal im Auftrag Görings, als er Ende 1933 die hinter dem Leipziger Platz gelegene Dienstvilla des preußischen Handelsministers umbaute. Göring zeigte auch hier schon deutliche Spuren seiner – dem gesamten Regime innewohnenden, das gesamte Regime prägenden – Verschwendungssucht: Die Villa war im Februar 1933, direkt nach der »Machtergreifung« bereits schon einmal für Göring umgebaut worden (von einem anderen Architekten), das Ergebnis hatte Hitler angeblich nicht gefallen, woraufhin Göring dann Speer beauftragte, mit der Maßgabe, es solle wie in dem von Hitler gelobten Umbau des Goebbelsministeriums und der Goebbelsvilla werden, was Speer natürlich gern erledigte. Währenddessen suchte der von Hitler mit der Umgestaltung der Dienstwohnung im Reichskanzlerpalais beauftragte Architekt Troost – er starb wenig später im Alter von 56 Jahren – einen Ausführungsgehilfen für die Umbauarbeiten, da er nicht mehr in der Lage war, »seinem Führer« von München nach Berlin zu folgen. Troost hatte im Laufe seiner Karriere hauptsächlich Innenentwürfe für verschiedene Ozeanliner deutscher Reedereien geliefert, und sich damit das Etikett »Dampferstil« für seine Kreationen verdient. In München war Troost zu diesem Zeitpunkt mit der Ausführung der beiden NS-»Ehrentempel« sowie der »Partei-« und der »Führerkanzlei« (heute »Zentralinstitut für Kunstgeschichte«) am künftigen zentralen NS-Festplatz, dem bisherigen Königsplatz in München, beschäftigt. Ebenfalls in München hatten damals bereits die Bauarbeiten für das von Troost entworfene »Haus der Deutschen Kunst« begonnen.

Fündig wurde Troost bei seiner Suche nach einem Bauleiter vor Ort in Berlin aufgrund eines Hinweises von Goebbels beim »langjährigen« Parteimitglied Albert Speer. Da dieser – ohne Budgetbegrenzung natürlich auch nicht besonders schwierig – für eine pünktliche Beendigung der Arbeiten sorgte, punktete er bei Hitler, der ihm im Oktober 1933 die nächste Bauaufgabe direkt anvertraute: die Raumaufteilung in einem Anbau der Reichskanzlei zu verändern, sprich: große Räume in kleinere aufzuteilen, um die von Anfang an exponential wachsende Nazi-Verwaltung aufzunehmen. Hitler selbst erhielt ein neues Arbeitszimmer: den »Roten Salon« (!) des Reichskanzlerpalais. Dieser wurde freigeräumt und in der bekannten Weise einzig mit einem Schreibtisch dekoriert, so dass die übergroße Zimmerfläche Besuchern schon mal Ehrfurcht einflößte, ein Prinzip, das später in der Neuen Reichskanzlei ins Perverse gesteigert wurde.

Für diese Arbeiten reichte Speer Anfang Dezember 1933 einen Kostenvoranschlag von über 100.000 Reichsmark ein, Honorar inbegriffen. Viel Geld zu einer Zeit, wo man ein Zimmer noch für 20 Mark im Monat mieten konnte. Speer kam so schon auf ein durchaus ansehnliches Einkommen, und das nur von einem der zahlreichen Aufträge, die seit Frühjahr 1933 auf ihn einregneten, und die er alle mit spitzem Griffel und einem familiär ererbten Sinn für offensive Honorargestaltung abrechnete. In seinen *Erinnerungen* kommen unter dem Einfluss der Ghostwriter »Petitessen« wie Geld immer nur am Rande vor. In Wahrheit war Speer äußerst geldgierig, egoman und eitel. Seit der »Machtergreifung« (Vorsicht, ein Nazi-Propagandaausdruck, der bis heute immer noch unreflektiert benutzt wird) gab es für Speer, innerhalb kürzester Zeit zu Hitlers »Lieblingsgespiel« avanciert, trotz oder wegen seiner architektonischen Mittelmäßigkeit, zusehends immer größere Stücke vom Kuchen. Wobei Speer es – das wird in seinen *Erinnerungen* gänzlich ausgeblendet – wie sein »Führer« mit den eigenen Steuerzahlungen nicht so genau nahm, und bald schon – wie Hitler – eine gänzliche Befreiung von Steuerzahlungen forderte – und erhielt! Aufgrund seiner »überragenden Bedeutung« für das »neue Deutschland«. Die Genehmigung solcher »Honorarnoten« Speers war von Anfang an reine Formsache, auch wenn Verwaltungsfuzzi Lammers es nicht lassen konnte, hie und da an den Kostenvoranschlägen, die teilweise allzu schlampig-dilettantisch beziehungsweise »phantasievoll« ausgefallen waren, herumzumäkeln. Doch noch war Speer nicht in der Position, so jemanden wegen Majestätsbeleidigung rausschmeißen zu lassen (wie es später dem NS-Oberbürgermeister von Berlin passierte).

Eine der augenfälligsten NS-Propandalügen, die Speer und seine Ghostwriter nach 1945 ganz selbstverständlich übernehmen und unverändert fortführen, betrifft seinen ersten Berliner Großbau, den er allein verantworten durfte, die Neue Reichskanzlei. Hier übernehmen Speer und seine Ghostwriter wörtlich und ohne jegliche Abstriche die von der NS-Propaganda vorgegebene Lügenmär von den völlig irrealen, angeblich nur neun Monate dauernden Bauzeit für das Großbauwerk. Es hätte Speer oder seinen hochprofilierten Ghostwritern klar sein müssen, dass früher oder später die Wahrheit ans Licht kommen würde. Sei es durch Interviews von Zeitgenossen, sei es durch Aktenfunde. Auch eine weitere NS-Lügengeschichte übernahm Speer von Hitler und posaunte sie auch nach 1945 noch in die gutgläubige Welt hinaus (zumindest in den BRD-Teil davon). Es handelt sich um die »sachliche« Begründung für den Neubau. Hitler selbst hatte diese Mär in die Welt gesetzt, der zufolge er 1933 eine »gänzlich baufällige Reichskanzlei« vorgefunden habe. Das ist bekanntlich ein beliebter Topos von Diktatoren, aber auch von »demokratischen« Politikern innerhalb und außerhalb des Westblocks: Dass man zum Zeitpunkt der »Machtergreifung« beziehungsweise der Regierungsübernahme einen Saustall, eine völlige zerrüttete Finanzplanung, völliges Chaos vorgefunden habe. Auch Trump äußerte sich ähnlich bei seiner »Machtergreifung« im Januar 2017. Und warum macht man das? Ganz einfach: Um die Vorgänger abzuqualifizieren, eigene Startprobleme zu bemänteln und die eigene Regierungs-»Leistung« in umso hellerem Licht erstrahlen zu lassen.

Hitler wie Speer (dieser auch nach 1945) beharren darauf, dass die alte Reichskanzlei ein »maroder Sauhaufen«, eine »Ruine« gewesen sei. Dies habe die aufwendigen Neubauten unumgänglich gemacht. Öffentlich wurde diese Lüge bei der Einweihung der Neuen Reichskanzlei 1939, als Hitler log, er habe das Reichskanzlerpalais seinerzeit

1933 in einem völlig ruinösen Zustand vorgefunden. Speer übernimmt das unverändert in seine *Erinnerungen*. Dabei ist eines ganz klar: es handelt sich hierbei um eine völlige Verdrehung der Tatsachen. Reichspräsident Hindenburg wohnte in eben diesem Sommer 1933 mehrere Monate lang in der Alten Reichskanzlei. Hätte es hierbei auch nur das Geringste auszusetzen gegeben, wäre das öffentlich geworden, oder hätte sich zumindest in irgendeiner Form in den erhaltenen Aktenkonvoluten rund um die Reichskanzlei niedergeschlagen. Keines von beidem ist der Fall. Im Gegenteil: Das Gebäude war in Bestzustand, war es doch wenige Jahre zuvor, 1930, ebenfalls renoviert worden. Was wollten Hitler und Speer mit ihrer Lügengeschichte? Natürlich einerseits die eigene Verschwendungssucht nach Kräften kaschieren, andererseits aber auch durch die angebliche Baufälligkeit des Gebäudes, die – wie behauptet wird – »nach der Revolution 1918« eingesetzt habe, den angeblichen Niedergang Deutschlands während der Weimarer Republik versinnbildlichen. Speer geriert sich somit noch ein Vierteljahrhundert nach Kriegsende als NS-Propagandist. Letztlich sollte damit verhindert werden, dass Speer als Teilhaber, Unterstützer und Profiteur der Hitlerschen Verschwendungssucht erkannt und damit sein noch zu NS-Zeiten aufgebautes Image als »guter Nazi«, »Organisationsgenie« (was er nie war, sieh unten) und Retter Deutschlands in dunkelster Stunde platzt.

Schaut man sich die Umbaupläne näher an, wird klar, warum. Hitler wollte – genau wie Goebbels in seinem Ministerium – einem der wichtigsten preußischen beziehungsweise deutschen Staatsbauwerke seinen Nazi-Baustil aufprägen, auch um den Preis der unwiederbringlichen Zerstörung des Originalzustands. Die neuen, größeren, kahleren, sterilen Räume im Troostschen »Dampferstil«

(den Speer später wenig verändert übernahm und mit Hitler zusammen zum unsäglichen »Monumentalstil des Großdeutschen Reiches« weiterentwickelte) machten größere Spannweiten der darüberliegenden Decken notwendig. Deshalb – und nicht, weil sie morsch war – wurde die bisherige Holzbalkendecke durch Stahlträgerkonstruktionen ersetzt. Schon hier wird die künftig das Gesicht des Hakenkreuzstaates prägende, kindlich-peinlich wirkende, mangelndes Selbstvertrauen spiegelnde Gigantomanie des neuen Reiches sichtbar. Das Propagandamärchen wurde in der Folge auch von BRD-Historikern unverändert beziehungsweise ungeprüft übernommen, zumal sie ja auch in Speers eigener Baukostenaufstellung enthalten war. In den allerdings von der Propaganda nicht erfassten Akten der Baufirma, die die Arbeiten ausführte, wird dagegen als Begründung realitätsnäher angegeben, die vom Architekten Speer vorgesehenen »zahlreichen Wanddurchbrüche« im Erdgeschoss hätten den Austausch der Balken notwendig gemacht.

Alle Zimmer bekamen darüber hinaus neue Möbel nach Entwürfen Troosts. Im Mai 1934 waren die Arbeiten beendet. Hitler konnte jetzt also an neuer Wirkungsstätte in dem von Troost entwickelten NS-Repräsentationsstil repräsentieren. Normale Verwaltungsarbeit war bekanntlich Hitlers Sache nicht, Akten fand er schon immer überflüssigen Quatsch. Er entschied immer am liebsten »freihand«. Das Jahr 1934 wird in der Nazi-Staatsgeschichte vom Massenmord in den eigenen Reihen, von der Kontenbegleichung unter den mittlerweile in Staatsämter gelangten Luden und Straßenräuber geprägt. Bekannt wird das Ereignis unter seinem NS-Propaganda-Lügentitel des angeblichen »Röhm-Putsch«. Demnach habe der Mann fürs Grobe, der ebenso schwule wie brutale Nazi-Schlägerchef Röhm, von Hitler bei der Verteilung von Staatsposten wegen mangelnder Repräsentativität übergangen, vorgehabt, Hitler aus dem Amt zu putschen und selbst die Macht zu übernehmen. Nichts ferner als das. Röhm war einfach unbequem, sprich: überflüssig geworden. Hitler war auf das Millionenheer der SA-Schlägerhorden nicht mehr angewiesen. Im Gegenteil, jetzt störten sie seine weiteren Pläne. Und während Röhm, umgeben von seinen Lieblings-Epheben, Ende Juni 1934 in der oberbayrischen Idylle von Bad Wiessee nackig davon träumte, aus der SA die neue Reichswehr zu machen, und damit seine alten Feinde aus der Reichswehr, die ihn wegen schwuler Vorkommnisse unehrenhaft entlassen hatten, zu düpieren, jagten Verhaftungskommandos der SS auf Nebenstraßen zur Pension *Hanslbaur*, um die schwule SA-Kamarilla, teilweise *in actu*, jedenfalls nackt, zu verhaften, mit Hitler an der Spitze des Verhaftungskommandos, um mögliche Insubordination (immerhin war die SS aus der SA als Untergruppe hervorgegangen, waren SA und SS in den Jahren der Straßenkämpfe immer Seit an Seit marschiert, man kannte sich, man schätzte sich unter den Schlägern, Folterern und Mörder) zu verhindern.

Hitler war für die weitere Aufrüstung auf Industrie und Finanzwirtschaft angewiesen, die Röhm gemäß dem Parteiprogramm der NSDAP zerschlagen wollte. Für Hitler galt das Parteiprogramm immer nur so weit, wie es seinen Zwecken diente. Hatte er sich anderweitig orientiert in einer bestimmten Sachfrage, interessierte ihn das eigene Parteiprogramm einen Schmarrn. In Absprache mit der obersten Generalität, die hier – wie in der Folge – gemeinsame Sache machte, wurde die SS von der Reichswehr mit Waffen und sonst Nötigem versorgt, um die Aktion durchführen zu können. Die verhafteten SA-Spitzbuben wurden überwiegend standrechtlich erschossen. Hitler nutzte die Aktion aber auch, um auch alte Feinde außerhalb der SA zur Strecke zu bringen, so General von Schleicher (seinen Vorgänger als Reichskanzler, der allzu lange versucht hatte, Hitlers Aufstieg an die Macht zu behindern, samt Gemahlin), und Gustav von Kahr, dem Hitler die mangelnde Unterstützung beim Putschversuch 1923 auch zehn Jahre später nicht vergessen hatte. Beide wurden ermordet. Insgesamt sind bei dieser Aktion über tausend Menschen umgebracht worden.

Speer gehörte auch bei dieser Aktion zu den direkten Profiteuren. Das neben der Reichskanzlei gelegene *Palais Borsig* (Voßstraße 1) war Anfang 1934 für über eine Million Reichsmark für die Reichsregierung angekauft worden. Mieter war dort schon seit der »Machtergreifung« der (noch) stellvertretende Reichskanzler v. Papen sowie Hitlers Mann für die Beseitigung der Arbeitslosigkeit durch Autobahnbau (eine weitere NS-Propaganda-Schindmähre), der »Generalinspektor für das deutsche Straßenwesen«, Fritz Todt, Gründervater der gleichnamigen Organisation (als deren Chef ihn Speer später beerben sollte). Laut seinen *Erinnerungen* erhielt Speer am Tag *nach* dem »Röhm-Putsch« von Hitler den Auftrag, das Palais zum Sitz der SA-Führung umzugestalten. Wieder gelogen. Tatsächlich hatte er schon Wochen vor dem »Putsch«, am 14. April 1934, seinen Kostenvoranschlag für den Umbau eingereicht. Speer stellte 650.000 Reichsmark in Rechnung, und war damit binnen kurzer Zeit zum Umsatzmillionär geworden – eine schöne Karriere für einen wenige Monate vorher noch arbeitslosen Hochschulabsolventen. Gleich anschließend widmete er sich dem nächsten lukrativen Großauftrag: für das »Reichsparteitagsgelände« in Nürnberg. Speers bis dato kleines Zweimannunternehmen wuchs und steigerte den Umsatz in atemberaubendem Tempo.

Natürlich wird in den *Erinnerungen* kein Wort über die

von Speers schlampiger Bauführung verursachten Bauschäden verloren, die alsbald offen zu Tage traten und die in Kreisen von Baufachleuten als sein »Markenzeichen« angesehen wurden. Es lief dennoch, das Gewerbe des Herrn Speer, die architektonische Stimme seines neuen Herrn und Meisters Hitler. Wie geschmiert könnte man sagen, denn zum einen wurde Speer – wie geschildert – üppigst entlohnt und selbst bei Pfusch nicht belangt, zum anderen verheimlichte er das der Nachwelt tunlichst, schon während der Hakenkreuz-Zeit (die Verwaltungsakten waren »Geheime Reichssache«) und auch danach in seinen *Erinnerungen*. Angeblich wurde der 1935 errichtete »Saalbau« im Garten der Reichskanzlei von Hitler selbst bezahlt, so log Speer auch noch nach dem Krieg. Tatsächlich setzte der Nazi-Reichskanzler selbstverständlich keine Privatmittel ein, sondern ließ den Bau aus dem Spendentopf der Industrie bezahlen, der immer prall gefüllt war, aus den Überweisungen dankbarer Industriekonzerne, die von der Aufrüstung so prächtig profitierten. Im selben Sommer 1935 durfte Speer in Hitlers Auftrag auch den weltbekannten, in vielen Film- und Fotoaufnahmen verewigten Balkon an der Anbau-Fassade anbringen. Musste sich Hitler bis zu diesem Zeitpunkt, wenn er sich den Massen zeigen wollte, an ein Fenster drängen, so konnte er nun, von einem martialisch geformten, »Burgsöller«-artigen Balkon herab die Massen grüßen. Und was schreibt Speer? Verlegt den Anbau des Balkons schlankweg ins Jahr '33. Was einmal mehr erstunken und erlogen ist. Sowohl die Bauakten als auch die erhaltenen Foto- und Filmdokumente belegen eindeutig, dass der Balkon erst im Sommer 1935 an die Fassade geklatscht wurde. Bis 1940 nutzte Hitler den Balkon häufig, um sich den Jubelmassen zu zeigen und Truppenparaden abzunehmen. Als die Siegesmeldungen ausblieben (also ab Sommer 1941), verwaiste der Balkon und wurde im Endkampf 1945 zum »Kampfstand« umgebaut.

Wie schon die NS-Propaganda 1939 behauptete Speer auch noch dreißig Jahre später in seinen *Erinnerungen*, die Reichskanzlei sei innerhalb von neun Monaten geplant und errichtet worden. Warum diese Lüge? Was die NS-Propaganda angeht, ist die Sache klar. Sie wollte damit die Leistungsfähigkeit der deutschen Bauindustrie, aber auch das Genie von Hitler und Speer unter Beweis stellen. Der »Führer«, weil er einen so genialen Gedanken hatte, seinen Amtssitz neu zu errichten, und Speer, weil er in der Lage gewesen sei, dies innerhalb von weltrekordverdächtigen neun Monaten umzusetzen. Das sei schon kein »amerikanisches Tempo« mehr, das sei »deutsches Tempo« und damit unerreicht in der Welt, so Hitler laut Speer. Warum hielt Speer auch dreißig Jahre später noch – wider besseren Wissens – an dieser dreisten Propagandalüge fest? Weil er als sich Egomane und Narzisst zu sehr in diese seinem Ego so ungeheuer schmeichelnde Lüge verliebt hatte, zu sehr, um sich nach Kriegsende demütig davon loszusagen und die Wahrheit zu bekennen? Tatsächlich war dieses Bauvorhaben schon seit 1934 vorbereitet worden. Die Bauzeit betrug bis zur Einweihung des unfertigen Bauwerks 1939 also schon fünf Jahre. Das Bautempo war also keineswegs rekordverdächtig, sondern ein Schneckentempo, geprägt von ständigen Umplanungen und Rückschritten, Verzögerungen, Budgetüberschreitungen. Das Verblüffende an dieser Lüge ist, dass viele BRD-Historiker sie bis heute wiederkäuen. Und dass die wenigen Stimmen, die in den letzten Jahrzehnten die Wahrheit bekannt zu machen versuchten, im Strom der naiven oder gezielten Lügen-Übernahmen untergingen. Doch der Reihe nach.

Bereits seit März 1934 beschäftigte sich Hitler mit Überlegungen, wie man aus dem Gebäudekonglomerat aus Alter

Reichskanzlei und *Palais Borsig* einen neuen, repräsentativen Dienstsitz schaffen könnte. Der absehbare Tod des greisen Staatspräsidenten Hindenburg würde Hitler zum Alleinherrscher machen, dazu zum offiziellen Oberbefehlshaber der insgeheim kräftig expandierenden Reichswehr. Denn Hitler hatte – angefeuert von Speer – eine neue fixe Idee: Versailles. Hitler wollte in seiner neuen Residenz eine Enfilade von Räumen samt »Großer Galerie« à la Versailles schaffen, an deren Ende seine Räumlichkeiten liegen würden. Diplomaten, die bei Hitler vorsprechen wollten, sollten erst einen längeren Fußmarsch durch endlos scheinende Hallen und Korridore zurücklegen, um dann endlich vor Hitler zu stehen. Die einzige Möglichkeit, eine maximale Längenachse zu errichten, war entlang der südlichen Querstraße, der Voßstraße. Deren – durchweg qualitativ hochwertige – Bebauung aus dem 19. Jahrhundert bezeichneten Hitler (und in seinem Gefolge Speer noch nach dem Krieg) als »minderwertig«, es sei nicht schade gewesen, dieses »Baugerümpel« komplett abzureißen. Dass sich von den neunzehn Gebäuden, die dem Globalumbau des Viertels zum Opfer fallen sollten, bereits sechs in öffentlichem, die restlichen überwiegend in jüdischem Besitz befanden (darunter das berühmte Kaufhaus Wertheim), beflügelte die Planungen noch. Die öffentlichen Gebäude konnten durch »Führerwillen« umgewidmet werden, und wenn man die Voßstraße bei der Gelegenheit gleich noch »judenrein« machen konnte, um so im engsten Umkreis um die Machtzentrale Nazi-Deutschlands keine »Staats- und Volksfeinde« mehr dulden zu müssen – umso besser.

Hitler beschäftigte sich ab 1935 intensiv mit dem Großprojekt des geplanten Neubaus der Reichskanzlei an der Voßstraße. Aus diesem Jahr datiert eine im (nach wie vor öffentlich nicht zugänglichen) Familienarchiv Speer erhaltene Zeichnung Hitlers, die über einem Lageplan der

Voßstraße den Neubaukomplex skizziert. Die Reichskanzlei unter Lammers begann im selben Jahr mit dem gezielten Ankauf der in privater Hand befindlichen Grundstücke an der Voßstraße. Man war dabei nicht kleinlich und zahlte »arischen« Besitzern für ihre Liegenschaften Beträge deutlich über dem damaligen Marktpreis. Immobilien an der Voßstraße in jüdischem Besitz wurden zu Preisen deutlich unter dem damaligen Marktwert angekauft – mit »freundlichem« Druck des NS-Staates. Hier machte man gern und wie üblich Arisierungsprofite. Die Endstufe der Projektplanungen war schon im Mai 1936 erreicht, also über drei Jahre vor der vorläufigen Vollendung des Bauwerks. Es hieß nun »Gesamtprojekt Voßstraße 1–19«. Der Neubaubeginn der Reichskanzlei war zu diesem Zeitpunkt für die Jahre 1939 ff. vorgesehen. Einer Mitteilung Speers an Lammers vom Mai 1937 zufolge änderte sich die Bauplanung. Angeblich hatte der »Führer« nunmehr bestimmt, dass wegen der angeblichen »Raumnot« der Reichskanzlei-Dienststellen die Bebauung an der Voßstraße »so schnell als möglich« in Angriff genommen werden solle. Hierzu seien von der Finanzverwaltung jährlich drei Millionen Reichsmark bereitzustellen – der Startschuss zum Beginn des Neubaus. Woher rührte die geänderte Planung? Anfang 1937 waren wichtige Entscheidungen gefallen: Die Reichswehr war jetzt von Hitler mit konkreten Kriegsvorbereitungen beauftragt worden, also den geplanten »Feldzügen« gegen Frankreich, Großbritannien, UdSSR. Die Neue Reichskanzlei sollte nunmehr also rechtzeitig zu den für 1940 geplanten Siegesfeiern fertiggestellt werden.

Bis 1938 waren schon zwanzig Millionen Reichsmark nur für den Ankauf der Gebäude ausgegeben, ohne dass ein einziger Quadratmeter des Neubaus errichtet worden wäre – Beleg für die Verschwendungssucht Hitlers (und Speers) im Großen wie im Kleinen. Im Großen hatte Hitler Deutschland 1945 durch die über Kredite finanzierte Aufrüstung und die Kriegskosten Schulden von damals unvorstellbaren 450 Milliarden Reichsmark aufgehäuft. Von den Entschädigungsforderungen der überfallenen Länder ganz abgesehen. »Beglichen« wurde ein Großteil dieser Entschädigungsforderungen bekanntlich zum einen durch die von Ostdeutschland (vulgo der späteren DDR) an die Sowjetunion geleisteten Reparationen. Die »Reichsstaatsschulden« wurden in der BRD, die sich selbst zum »Nachfolgestaat« des »Deutsches Reiches« erklärt hatte (um so auch in den Genuss der historischen Besitztümer zu kommen), durch die Enteignung des Volksvermögens im Zuge der westdeutschen »Währungsreform« (schöner Euphemismus) 1948, selbstverständlich bei gleichzeitiger Schonung von Grund- und Aktienbesitz sowie der Finanz- und Industriekonzerne (in Westdeutschland) per Federstrich »erledigt«.

Der Fertigstellungstermin für die Neue Reichskanzlei wurde im Herbst 1937 um ein Jahr auf 1939 vorgezogen – wodurch Bauplaner und »Genie« Speer ziemlich ins Schleudern kam. Da es aber keine Budgetbeschränkungen gab (beziehungsweise diese für Speer wie Hitler nicht galten), konnte auch der neue vorgezogene Termin – mehr oder weniger – gehalten werden. Hitler in seiner Einweihungsrede für die Neue Reichskanzlei Anfang 1939, mit Bezug auf die Ereignisse: »Ich habe mich in den Dezember- und Januartagen 1937/38 dazu entschlossen, die österreichische Frage zu lösen und damit ein Großdeutsches Reich aufzurichten. Sowohl für die rein dienstlichen als auch repräsentativen Aufgaben, die damit zwangsläufig verbunden waren, konnte die alte Reichskanzlei unter keinen Umständen mehr genügen. Ich beauftragte daher am 11. Januar 1938 den Generalbauinspektor Speer mit dem Neubau in der Voßstraße und setzte als Termin für die Fertigstellung den 10. Januar 1939 fest.« Wie gezeigt, stimmt davon kein Wort. Hitler lügt, dass sich die Balken biegen. Die seit 1934 laufenden Planungen, Vorbereitungen und der Beginn der Bauarbeiten 1936 werden unterschlagen, obwohl sie hundertfach aktenmäßig und pressemäßig dokumentiert waren. Speer selbst reproduziert diese Lüge nicht nur in seinen *Erinnerungen*, sondern setzt eine zusätzliche Lüge darauf, in dem er das Gespräch mit Hitler noch später ansetzt. Angeblich habe Hitler – so Speer – ihm sogar erst Ende März 1938 den Auftrag erteilt, um das Ganze dann noch zusätzlich zu dramatisieren: »Sofort wurde mit dem Abriss der Häuser begonnen, um die Baustelle frei zu machen. Gleichzeitig waren die Pläne fertigzustellen, um das Äußere des Baues sowie dessen Raumordnung festzulegen. Der Luftschutzkeller musste sogar nach Handskizzen angefangen werden.« Was war das Ziel dieser Propagandalügen? Die Leistung des »Genies unter den Architekten« (Speer) wie auch der deutschen Bauwirtschaft (und damit des NS-Regimes) ins Phantastische gesteigert werden. Tatsächlich hatte die Baugeschichte Anfang 1938 eine dramatische Wendung genommen. Hitler hatte – das ist das einzige, was an dem Propagandalügengespinst um die Neue Reichskanzlei stimmt – am 27. Januar 1938 den nur für den internen Dienstgebrauch gedachten, unveröffentlichten »Fertigstellungsbefehl« für die Neue Reichskanzlei unterschrieben, der die vorgesehene Bauzeit um mehr als ein Jahr verkürzte und die Bezugsfertigkeit des Bauwerks zum 1. Januar 1939 festsetzte.

Und während Speer nun losgelöst von allen Einschränkungen die Baustelle in der Voßstraße so viele Bauarbeiter wir logistisch möglich einsetzten konnte, zog Hitler sein politisches Aggressionsprogramm durch. Mussolini wurde mit der Zusicherung ruhiggestellt, dass er Südtirol behalten könne (wäre auch dumm gewesen, den einzigen europäischen Verbündeten, den Faschismus-Dilettanten Mussolini zu verprellen). Mit der Besetzung Österreichs wurde das Terrornetzwerk der SS und der Gestapo auf »Cisleithanien« ausgeweitet, begann nun auch in Österreich die staatliche Verfolgung von Andersdenkenden und Minderheiten (wie Kommunisten, Juden, Sinti und Roma), profitierten auch hier die einschlägig Bekannten von den umgehend einsetzenden »Arisierungen«. Nächster Schritt sollte die »Heimholung« der Sudeten sein. Zwei Wochen nach dem Coup in Österreich begannen die Vorarbeiten für die Aufteilung beziehungsweise militärische Besetzung des Sudetenlandes (der Grenzregion der Tschechoslowakei zu Deutschland und Österreich). Der Überfall auf das Nachbarland (Codename »Fall Grün«) wurde für den 1. Oktober 1938 geplant. Manöver an der dortigen Grenze und gesteuerte Aufstandsaktionen von Teilen der Sudetendeutschen erhöhten die Spannungen wie geplant. Großbritannien schaltete sich vermittelnd unter seinem Premierminister Chamberlain ein. Ein Krieg sollte aus britischer Sicht vermieden werden. Allerdings war Hitler zu diesem Zeitpunkt an einer nur die Sudetengebiete betreffenden Lösung nicht mehr interessiert – mittlerweile hatte er die Idee, die äußerst leistungsfähige tschechische Rüstungsindustrie (unter anderem den Kfz- und Panzer-Großkonzern *Skoda*) für deutsche Zwecke zu nutzen, und zu diesem Zweck mal eben die Tschechoslowakei zu zerschlagen beziehungsweise militärisch zu besetzen. Im deutschen Militär machte sich angesichts der starken, als unüberwindlich eingeschätzten tschechischen Grenzbefestigungen Mutlosigkeit breit. Eine Gruppe von Verschwörern verabredete, parallel zum endgültigen Angriffsbefehl gegen die Tschechoslowakei Hitler gefangen zu setzen. Da Großbritannien und Frankreich jedoch auf der »Münchner Konferenz« am 30. September 1938 Hitlers Forderungen nachgaben, kam es nicht zum Angriff, und also auch nicht zur geplanten Festnahme Hitlers – woran man schon die idiotische Strategie der Verschwörer erkennt beziehungsweise ihr weltfremdes Weltbild (Angreifer Hitler böse, Verhandler Hitler gut – dass Hitlers Regime insgesamt verbrecherisch war und seine blutigen Spuren schon hinterlassen hatte, sei es mit der Ermordung von Andersdenkenden, sei es mit der Diskriminierung der Kommunisten, Juden und anderer Minderheiten, die wenig später in den Holocaust münden sollte, war ihnen offenbar nicht klar). Militärisch war die Tschechoslowakei damit »entmannt« worden, da ihre äußerst starken Grenzbefestigungen Deutschland kampflos in den Schoß fielen. Sie lagen nun auf deutschem Hoheitsgebiet, die neue deutsch-tschechische Grenze verlief weit im bisherigen tschechoslowakischen Inland und war bis zu diesem Zeitpunkt überhaupt nicht gesichert.

Die im Herbst 1938 aufgrund der schuldenfinanzierten Hochrüstung entstandene Liquiditätskrise des Deutschen Reiches wurde mittels »Reichskristallnacht« am 9. November 1938 gelöst. SA-Schlägerhorden schlugen alle noch verbliebenen jüdischen Ladengeschäfte und Synagogen kurz & klein. Anschließend wurde der jüdischen Bevölkerung die Summe von einer Milliarde Reichsmark als »Sühne« auferlegt. Zudem klaute der deutsche Staat über die Beschlagnahme jüdischer Vermögenswerte sowie die Beschlagnahme der Schadensersatzzahlungen für die »Reichskristallnacht« der deutschen Versicherungswirtschaft den jüdischen Geschädigten weitere Milliarden Reichsmark. Die Bauarbeiten an der Neuen Reichskanzlei wurden unterdessen mit Höchsttempo vorangetrieben und der Gebäudekomplex bis Anfang 1939 äußerlich fertiggestellt. Die restlichen Bauarbeiten zogen sich noch bis 1943 hin, um dann endgültig eingestellt zu werden. Parallel zu den Bauarbeiten an der

Neuen Reichskanzlei wurde Speer von Hitler 1937 zum »Generalbauinspektor« für die Reichshauptstadt ernannt. Die Umsetzung aller Umbaupläne Hitlers und Speers verhinderte der für Deutschland suboptimale Kriegsverlauf. Wären diese Pläne umgesetzt worden, wäre das historische Zentrum Berlins restlos zerstört worden, wäre Berlin zum unwirtlichsten Ort des Planeten geworden. Speer – äußerst gewandt darin, seinen Aufstieg in der NS-Hierarchie auch in klingende Münze umzusetzen – hatte für seine neue Funktion als »Generalbauinspektor« ein dem Berliner Oberbürgermeister entsprechendes Gehalt ausgehandelt, monatlich knapp zweitausend Reichsmark (umgerechnet über 20.000 Euro). Zusätzlich hatte Speer Hitler die Erlaubnis abgeschwatzt, Bauwerke für »Germania« als ausführender Architekt privat abzurechnen. Erst entwarf er also gigantische Baumassen mit horrenden Baukosten, die dann prozentual für ihn ein ansehnliches Architektenhonorar abwarfen. Im Sommer 1938 übernahm Speer zusätzlich den Bau der »Stadt des KdF-Wagens«, heute die VW-Metropole Wolfsburg. Wie bei der Neuen Reichskanzlei (die Alte Reichskanzlei war ehemals ein Palais der Familie gewesen) bestand auch bei diesem Neubauvorhaben eine Verbindung zur Adelsfamilie Schulenburg. Ihr wurde zu diesem Zweck das Schloss Wolfsburg abgekauft (heute Kulturzentrum der Stadt Wolfsburg). Die Adelsfamilie ließ sich von den erzielten Einnahmen durch den NS-Architekten Paul Bonatz 1938–1942 ein neues Schloss in Neumühle, zwischen Wolfsburg und Salzwedel, errichten (heute Privatbesitz).

Die projektierten Bauten für »Germania« entwickelten sich für Speer zur reinsten Gelddruckmaschine. Monatliche (!) Honorare für die fiktiven Phantombauten waren ausgehandelt worden, die durchweg im fünfstelligen Bereich lagen. Bis 1945 raffte er auf diese Weise über zehn Millionen Reichsmark zusammen (umgerechnet 100 Millionen Euro). Da Hitler und Speer völlige architektonische Laien waren und nicht über die nötige Phantasie verfügten, um sich die Wirkung der Bauten und ihrer Details auch vorstellen zu können, wurden für die Neue Reichskanzlei Teilmodelle in Originalgröße auf einem Lagerplatz in Neukölln aufgebaut, ein Fassadenteilmodell auf dem Bauplatz Voßstraße 2. Auch von weiteren »Germania«-Neubauprojekten wurden solche 1:1-Modelle errichtet, an denen sich Hitler, Göring, Speer & Co. dann berauschten. Und weil man einmal dabei war und das Ganze so schön zur Selbstbeweihräucherung nutzen konnte, wurden weitere Modelle auf dem Parteitagsgelände in Nürnberg aufgestellt, und für das dortige »Große Stadion« ein ganzer Berghang im fränkischen Umland Nürnbergs planiert, um als Modell zu dienen. Als Sahnehäubchen wurde von den Modellbahn-Enthusiasten Speer und Göring auch noch ein »Germania«-Gesamtmodell im Maßstab 1:1.000 in Auftrag gegeben, an dem sie sich mit dem »Führer« zusammen dem Gruppenrausch hingeben konnten. Das fertiggestellte Exemplar war über 30 Meter lang! Noch im April 1945 begeisterte sich Hitler – als Deutschland schon in Schutt und Asche lag und das »Tausendjährige Reich« seinem täglich näherrückenden Ende entgegenblickte – an einem extra für ihn in den »Führerbunker« geschafften Gesamtmodell der Neubauplanung für die »Stadt des Führers« in Linz.

Speer hatte die Gesamtkosten für die Neue Reichskanzlei 1937 auf 28 Millionen Reichsmark (280 Millionen Euro) berechnet. Am Ende wurden es fast dreimal so viel, doch das war bedeutungslos. Speer kassierte für das stilistisch und funktionell missglückte Gebäude (die Büroräume waren klein, kaum nutzbar, den größten Teil der Grundfläche nahmen – völlig sinnfrei – Flure ein) über drei Millionen Reichsmark (30 Millionen Euro) Honorar.

Bei seiner Rede zum Richtfest im Sommer 1938 kündigte Hitler an, dass das Gebäude zehn Jahre später einem anderen Zweck dienen sollte, laut Speers (chronisch unzuverlässigen) *Erinnerungen* wollte Hitler es seinem Adlatus Heß als »Parteikanzlei« überlassen und selbst 1950 in den neuen, gigantischen »Führerpalast« umziehen, der sich nicht zufällig an eben der Stelle erstrecken sollte, wo heute das »Bundeskanzleramt« der BRD steht. Zur auch hier beauftragten Sanitärfirma Riefenstahl unterhielt Speer seit 1934 freundschaftliche Beziehungen. Daher rührte vermutlich auch die enge, offenbar nicht immer platonische Beziehung Speers zur Tochter des Firmeninhabers, Leni Riefenstahl, für die er schon bald auf Befehl des »Führers« eigene Filmstudios entwarf. Die Leni sollte nach ihren propagandistischen Erfolgen mit dem »Parteitags « und dem Olympiafilm auch einen Film über das »Genie« Speer drehen, der jedoch nie fertig wurde.

Zum Zeitpunkt der Einweihung Mitte Januar 1939 waren große Teile der Neuen Reichskanzlei noch gar nicht fertiggestellt. Der Fußboden des Runden Saals war mit Teppich ausgelegt, da die Mosaikarbeiten noch im Gang waren. Gleiches galt für die Deckenmosaiken und viele andere Bauteile. Trotz alledem übergab Speer in einer von der NS-Propaganda groß herausgestellten Festveranstaltung das (halbfertige) Gebäude, das in großen Teilen ein Potemkinsches Dorf war (was ja für den ganzen NS-Staat galt) am 9. Januar 1939. Erstaunlicherweise wird in der offiziellen Pressemeldung zur Einweihung vom 9. Januar 1939 berichtet, die Bauarbeiten hätten im Mai 1937 begonnen, offenbar eine Propaganda-Panne. Die gleichzeitig gestrickte Legende von den angeblich nur neun Monaten Bauzeit wurde erstmals in der Pressemeldung des Deutschen Nachrichtenbüros zum Neujahrsempfang des Diplomatischen Korps in der Neuen Reichskanzlei, was gleichzeitig die offizielle Einweihung war, am Donnerstag, den 12. Januar 1939 in die Welt gesetzt: »Es klingt kaum glaubhaft, aber es ist Tatsache, dass der Führer erst vor Jahresfrist den Entschluss gefasst hat, diesen monumentalen Bau zu erstellen. Damals gab er diesen Auftrag an den Generalbauinspektor Prof. Speer. Von Januar bis März 1938 fand der Abbruch der Häuser in der Voßstraße statt, daher blieben als reine Bauzeit sogar nur neun Monate.«

Hitler selbst pustete diese Lüge von den neun Monaten Bauzeit ein weiteres Mal im Sommer 1939 unters Volk, als er in einem Artikel über die Neue Reichskanzlei und ihren »genialen Architekten« im *Völkischen Beobachter* schwadronierte. Nicht zufällig wurde dieser Text erneut als Vorwort des NS-Prachtbandes *Die neue Reichskanzlei* abgedruckt. Damit wurde auch ein seit dem Mittelalter bekannter Topos reproduziert, dem zufolge Baugeschwindigkeit Macht, Ansehen und göttlichen Beistand für den Bauherrn und seinen Architekten bedeutet. Hitler traf sich auffällig oft im Laufe der letzten Friedensmonate 1939 mit seinen Militärs in der Neuen Reichskanzlei. Man darf dabei davon ausgehen, dass die Treffen in den neuen Räumlichkeiten der Selbstbeweihräucherung, aber auch der Selbstenthusiasmierung dienen sollten. Gemeinsam wollte man sich in das Abenteuer Krieg stürzen, der bekanntlich ein Abenteuer mit ungewissem Ausgang ist. Bei kritischer Überprüfung der eigenen Populations- und Wirtschaftszahlen hätte irgendjemandem in der Staats- oder Militärspitze auffallen müssen, dass der von Hitler geplante große, der Weltkrieg von vornherein ein aussichtsloses Unterfangen war. Frankreich konnte noch als »schwächere Nation« (von den wirtschaftlichen und demographischen Zahlen her) im ersten Sturmangriff besiegt werden, ebenso wie Polen und die europäischen Kleinstaaten zwischen Norwegen und Griechenland, die sich Deutschland vor dem Überfall auf die Sowjetunion zur Terrainarrondierung noch einverleibte. Schon das British Empire würde mit seinem weitläufigen Kolonialbesitz und seinen engen Verbindungen zu den Vereinigten Staaten kaum noch zu schaffen sein. Der Überfall auf die Sowjetunion war dann endgültig der Kubikkilometer Wasser, der das Fass zum Überlaufen und Deutschland militärisch auf die Verliererstraße brachte. Wo es sich ja schon seit 1933 im Hinblick auf Menschenrechte, Gerechtigkeit, Ethik, Moral, Recht und Anstand befand.

Die Fassade der Neuen Reichskanzlei entlang der Voßstraße wurde nachts von Scheinwerfern beleuchtet und erhielt damit ein noch gespenstischeres, kulissenhaftes Gepräge. In den Entwürfen für »Germania« war vorgesehen, auch die Südseite der Voßstraße abzureißen und den Straßenverlauf so auf das Doppelte zu verbreitern. Damit wäre hier eine weitere Parademeile entstanden. Hitler wie Speer einte der gemeinsame Hang zum Gigantismus, zur »besoffenen Megalomanie« (Fest). Die NS-Bauten mussten unbedingt ihre architektonischen Vorbilder (von denen sie abgekupfert waren) deutlich übertreffen, am liebsten ums Doppelte (Spiegelgalerie von Schloss Herrenchiemsee, Spiegelgalerie von Schloss Versailles etc.). Die geplante Nord-Süd-Achse im Zentrum Berlins etwa sollte mit 120 Metern Breite die Champs-Elysees deutlich übertreffen. Am liebsten war es Hitler und Speer, wenn ihre Neubauprojekte gleich die jeweils größten Exemplare weltweit ihrer Gattung waren (»Großes Stadion« auf dem Nürnberger »Reichsparteitagsgelände«, neue Hamburger Hafenbrücke, »Große Halle des Volkes«, etc.). Hitler verkündete öffentlich, auf diesem Wege das Selbstbewusstsein der Deutschen stärken zu wollen. Tatsächlich linderte er damit seine Minderwertigkeitskomplexe, und die seines Architekten Speer.

Neben einem riesenhaften Schreibtisch (der heute im

Deutschen Historischen Museum in Berlin »bewundert« werden kann), gehörte als unentbehrliches Utensil aller »Führer«-Arbeitszimmer auch ein gigantischer Globus zur Raumausstattung. Wie ihn Charlie Chaplin so meisterlich in seinem Film »Der große Diktator« persiflierte. Eine weitere Lüge betrifft die angebliche Funktionalität des Gebäudes – das Gegenteil war der Fall. Einzig auf Repräsentation hin getrimmt, hatte »Architekt« Speer bei seinem Gebäude einen Großteil der Grundfläche auf Flure und Hallen verschwendet. Der Keller umfasste zwar Hunderte kleiner Lagerräume, die aber ebenfalls kaum nutzbar waren. Bis 1943 zogen sich die weiteren Ausbauarbeiten hin, bevor sie wegen des ungünstigen Kriegsverlaufs endgültig eingestellt wurden. Weitergebaut wurde jetzt nur noch am »Führerbunker«, der neuen Machtzentrale Hitlers innerhalb des im alliierten Bombenhagel liegenden Berlins. Die Gesamtkosten lagen am Ende bei über 90 Millionen Reichsmark (knapp 900 Millionen Euro).

Viele Räume der Neuen Reichskanzlei standen nach 1939 leer, weil sie aufgrund der reduzierten Anwesenheit Hitlers in Berlin nicht mehr gebraucht wurden. Gespenstische Stille zog im Gebäude ein, wenn Hitler zu seinem bevorzugten Feriensitz, dem »Berghof« auf dem Obersalzberg bei Berchtesgaden oder zu einem der »Führerhauptquartiere« aufbrach. Viele der verbauten Hochtechnologie-Komponenten waren wiederum so kompliziert, dass spezielles Personal für ihren Betrieb benötigt wurde, gleichzeitig diese Anlagen auch sehr störungsanfällig waren und vielfach nachgebessert werden mussten. Ebenfalls weitgehend unbekannt ist die Tatsache, dass die »Neue Reichskanzlei« mit ihrem NS-Symbolwert für Regimegegner eine ideale Angriffsfläche darstellte. Bei einem geheim gehaltenen Brandanschlag übergossen Unbekannte während der Bauarbeiten Anfang Mai 1939

Türen und Fußböden nachts mit einer brennbaren Flüssigkeit. Um drei Uhr morgens wurde das Feuer von den Bauwachen bemerkt und gelöscht. Die Täter konnten unerkannt fliehen. Hitlers Nerven wurden zusätzlich durch das Stiefelknallen der Adjutanten strapaziert, so dass diese schon bald Gummiabsätze erhielten. Viele der verbrecherischen Entscheidungen des Regimes wurden ab 1939 in der Neuen Reichskanzlei getroffen. Hitler und Mussolini paraphierten hier mit großem Pomp den »Stahlpakt«, also die bedingungslose gegenseitige Unterstützung für den Fall militärischer Auseinandersetzungen mit Dritten. Einen Tag später rief Hitler die Oberbefehlshaber von Heer, Marine und Luftwaffe in der Neuen Reichskanzlei zusammen. Worum es ging, steht in der erhaltenen Niederschrift des damaligen Adjutanten Schmundt. Der Plan: Einmarsch in den Niederlanden und Belgien, Eroberung der Kanalhäfen, Luftkrieg gegen Großbritannien bei gleichzeitiger Seeblockade (die allerdings nie wirklich zum Tragen kam), dazu der Angriff auf Polen. Am 28. August wurde in der Neuen Reichskanzlei die Entscheidung getroffen, am 1. September 1939 mit dem Überfall auf Polen zu beginnen.

Nach dem Überfall auf Frankreich und andere Nachbarländer, die mit einem Sieg der deutschen Invasionstruppen endete, gab Hitler einen rauschenden Empfang für seine »verdienten Generäle« am 14. August 1940 in der Neuen Reichskanzlei. Für weitere rauschende Empfänge fehlten dann schon bald die Anlässe. Die »Luftschlacht um England« ging ebenso verloren wie der Überfall auf die Sowjetunion, der den endgültigen Absturz des Hakenkreuzregimes bedeutete. Mit dem blutigen Beutezug in der Sowjetunion wollte Hitler dem für 1942 befürchteten Kriegseintritt der USA zuvorkommen, und zuvor »unbehelligt« die »Gefahr aus dem Osten« (also die Sowjetunion) ausschalten, sowie sein von der erdrückenden Schuldenlast für die Hochrüstung gebeuteltes Reich über die erhoffte »unermessliche Beute« sanieren. Hitler ging davon aus, dass das »Kommunistenreich« nach den ersten massiven deutschen Angriffen (und seiner Verbündeten wie Finnland, Kroatien, Italien, Spanien, Rumänien, Bulgarien etc.) umgehend zusammenbrechen werde. Spätestens Ende August 1941 werde man siegreich in Moskau einziehen und das Riesenreich dann in Ruhe ausschlachten. Gleichzeitig werde es dann für die weiteren Kriegsplanungen im Westen, sei es als Rohstoff-Förder- und Produktionsstätte, sei es als Aufmarschgebiet gegen die USA (Sibirien) benutzt werden können. Der am 22. Juni 1941 tatsächlich begonnene Vernichtungsfeldzug gegen die Sowjetunion und ihre Einwohner ging einher mit dem Holocaust, dem Massenmord an jüdischen Menschen und anderen Minderheiten und Andersdenkenden im Machtgebiet des Hakenkreuzes. Geplant war, Europa »judenfrei« zu machen, und zu diesem Zweck alle elf Millionen Menschen dieses Glaubens im NS-Machtbereich zu ermorden. Ganz nebenbei wurden auch noch 50 Millionen »normale« Sowjetbürger ermordet. Aber das wird im Westblock traditionell höchstens als Kollateralschaden abgetan und generell wenig wahrgenommen beziehungsweise als unwichtig oder gar erfreulich erachtet.

An die Macht gekommen war Hitler unter anderem mit der Lüge vom »Lebensraum«, dass das deutsche Volk innerhalb seiner Staatsgrenzen keinen Platz mehr habe, und daher neuen Siedlungsraum im Osten benötige, den man sich notfalls mit Waffengewalt beschaffen müsse. Hitler hatte von 20 Millionen Neusiedlern schwadroniert, die in den endlosen sowjetischen Weiten auf den fruchtbaren Böden der Ukraine und Südrusslands Millionen Tonnen Lebensmittel für die »arische Elite« Deutschlands und

Europas erzeugen würden. Diese Zahl stellte sich jedoch wenig überraschend als völlig utopisch heraus, als nach (!) den ersten Eroberungen die ersten Versuche begannen, Interessenten für eine Umsiedlung nach Osten zu gewinnen. Von den geplanten 20 Millionen waren 1942, rund ein Jahr nach dem Beginn des ebenso sinnfreien wie verbrecherischen Unterfangens, in den optimistischsten Hochrechnungen des »Rasse- und Siedlungshauptamts« der »SS« gerade mal acht Millionen übrig geblieben, die aber auch nur über einen Zeitraum von dreißig Jahren mit Mühe zu erreichen seien. Das als »Lebensraum« für das angeblich »völlig überbevölkerte« Deutschland vorgesehene Gebiet war viel zu groß, die deutsche Bevölkerung zahlenmäßig viel zu gering, um Hitlers von der Realität völlig losgelöstes Phantasieprojekt umsetzen zu können. Ein Weiteres kam hinzu. 1942 fuhr der neue Kriegsgegner USA seine Rüstungsproduktion hoch, und stellte binnen kurzer Zeit mehr Rüstungsgüter her als die drei »Achsenmächte« Deutschland, Japan und Italien zusammen. Bis 1944 verdoppelte sich die Rüstungsleistung der USA noch einmal. Die deutsche Reaktion: Ratlosigkeit auf der einen, verbissenes Weitermachen bis zum absehbaren Schluss auf der anderen Seite.

Am 12. Februar 1942 wurde der Leichnam des kurz zuvor bei einem rätselhaften Flugzeugabsturz ums Leben gekommenen Rüstungsministers Fritz Todt in der Neuen Reichskanzlei bei einer pompösen Totenfeier aufgebahrt. Der Tod Todts hatte für Speer äußerst positive Folgen. Er wurde – trotz Konkurrenz von Göring, der nach seiner weitgehenden Entmachtung zu Kriegsbeginn nun erneut nach prestigeträchtigen Posten strebte - Nachfolger Todts als Rüstungsminister. Er profitierte damit in einer Art und Weise vom Ableben des »Autobahn-Papstes«, die Gerüchte laut werden ließen, Speer sei am Tod Todts nicht unbeteiligt gewesen. Zumal er genau zum richtigen Zeitpunkt an Ort und Stelle war. Als Todt beim Start vom Flughafen des »Führerhauptquartiers« ums Leben kam, war Speer bereits vor Ort, um angeblich mit dem Führer neue architektonische Pläne beziehungsweise den »Kriegseinsatz« seiner Bautruppe zu besprechen. Als neuer allmächtiger Rüstungsminister rückte Speer – ebenfalls, wie Göring, durch den Kriegsausbruch etwas marginalisiert (die meisten Großprojekte wurden eingestellt beziehungsweise auf die Zeit »nach dem Krieg« verschoben) – erneut ins Machtzentrum, an die Seite von Hitler. Er war – wie zuvor Todt – nun zweiter Mann hinter Hitler. Denn im allmächtigen Rüstungsministerium liefen zu diesem Zeitpunkt alle Fäden zusammen. Speer hatte damit Leute wie Himmler, Göring und Bormann überflügelt, von Goebbels ganz zu schweigen. Warum hätte Hitler aber Todt loswerden wollen? Auch dafür gibt es Hinweise. Denn Todt hatte wenige Stunden vor seinem Ableben eine letzte, heftige Auseinandersetzung mit Hitler. Todt hatte Hitler offenbar damit konfrontiert, dass der Krieg verloren sei und man tunlichst Wege zu einem Friedensschluss sondieren solle, solange man noch einige Faustpfänder in Form von besetzten Gebieten in der Hand hielt. Zu diesem Zeitpunkt hatten sich die Alliierten noch nicht auf die bedingungslose Kapitulation Deutschlands als Ziel der weiteren, abwehrenden Kriegsführung gegen das Hakenkreuzreich geeinigt. Aus Sicht von Nazis wie Todt bestand also noch eine kleine Möglichkeit, zumindest über Deutschland das Hakenkreuz weiterwehen zu lassen und das Hitler-Terrorregime so wenigstens im »Großdeutschen Reich« weiter aufrechtzuerhalten.

Davon wollte Hitler nichts hören. Im Gegenteil. So kam ihm das Ableben Todts sehr zupass. Er ersetzte ihn kurzerhand per Federstrich durch den in vielen Jahren als Jasager und liebedienerischen, servilen Höfling hervorgetretenen Speer, der über Nacht zum neuen »Rüstungsminister« wurde. Von Speer waren keine Widerworte zu erwarten. Und Hitler hatte richtig spekuliert. Speer gerierte sich einmal mehr als »Genie« in Sachen Arschkriecherei und tat alles, um seinen obersten Boss und Finanzier bei Laune zu halten (die fünfstelligen monatlichen Honorare Speers für das »Germania«-Bauprojekt liefen auch nach seiner Ernennung bis zum 8. Mai 1945 weiter!). Und was hielt Hitler bei Laune? »Erfolgsmeldungen«. Und die lieferte Speer. Laut den von ihm selbst zusammengestellten (und entsprechend manipulierten) Statistiken erhöhte er die Rüstungsproduktion binnen kürzester Zeit um ein Vielfaches. Wie wissenschaftliche Untersuchungen ergeben haben, stimmt davon so gut wie nichts. Denn die Statistiken waren zum einen deutlich geschönt, zum anderen durch die Auswahl möglichst günstiger Vergleichszeitpunkte manipuliert, und letztlich die deutlichen Rüstungssteigerungen 1942 schon von Todt eingeleitet worden. Was dagegen stimmt, von Speer aber in seinen *Erinnerungen* mit keinem Wort erwähnt wird, ist eine ganz andere Tatsache. Das einzige, was Speer nachweislich drastisch erhöhte, waren die Profite der Rüstungsindustrie. Denn Speer schaffte die von Todt mühsam zusammengebaute Preiskontrolle in der Waffenproduktion per Federstrich ab. Er »gewährte« den Rüstungskonzernen freie Preisgestaltung, im Gegenzug zu Produktionssteigerungen. Und erhöhte damit die Staatsverschuldung drastisch. Zudem sorgte er nach alliierten Bombenangriffen auf die Rüstungswerke durch den Einsatz von Tausenden KZ-Häftlingen für deren raschen Wiederaufbau.

Immer neue Rekordziffern posaunte Speer in die Welt hinaus – hätten diese gestimmt, hätte Deutschland den Krieg gewinnen müssen. Tatsächlich blieb die Wirtschaftsleistung von Deutschland und allen besetzten Gebieten zusammengenommen marginal gegenüber dem geballten vereinten Potenzial von USA und UdSSR. Hitler war dennoch mit »Schätzchen« Speer zufrieden. Er bekam von Speer auch immer wieder neue – letztlich wirkungslose – »Wunderwaffen« vorgeführt, die Hitler in seinem Wahn bestärkten, den Zweiten Weltkrieg doch noch gewinnen zu können. Dafür war er Speer sehr dankbar. Und verschaffte diesem immer größere »Gestaltungsmöglichkeiten«, indem er das Rüstungsministerium mit immer mehr Befehlsgewalt und Zuständigkeiten ausstattete. So dass schließlich nicht nur die gesamte Kriegsproduktion, sondern die gesamte »großdeutsche« Wirtschaft sowie die Wirtschaften der besetzten Länder Speer unterstanden.

Wiederum auffällig wortkarg verhält sich Speer in seinen versammelten »Belanglosigkeiten« zum 20. Juli 1944. Und Wortkargheit deutet bei ihm unfehlbar auf Lüge hin. Am Nachmittag jenes Donnerstags, des 20. Juli 1944, das fehlgeschlagene Attentat auf Hitler war gerade publik gemacht worden, erteilte Hitler seinem Adlatus Goebbels den Auftrag, die restlichen Putschisten in der Reichshauptstadt unschädlich zu machen. Die Soldaten des Wachbataillons »Großdeutschland« traten daraufhin im Garten der Goebbelsschen Dienstvilla neben dem Brandenburger Tor (also auf dem Gelände des heutigen Holocaust-Denkmals) zum Befehlsempfang an, geführt von dem unbedingt regimetreuen, später in der BRD notorischen Rechtsextremen Otto Ernst Remer. Sie wurden vom Propagandaminister persönlich instruiert. Speer hielt sich laut *Erinnerungen* »zufällig« bei Goebbels auf, zu einer Besprechung, und will vom ganzen Geschehen nicht viel mitbekommen haben. In seinen *Erinnerungen* heißt es dazu, er habe ein »merkwürdiges Gefühl unbeteiligten Bloß-Dabeiseins gehabt«. Dabei war das Gegenteil der Fall. Speer war von zentraler Bedeutung für die rasch konzipierte Konter-Operation. Er hat an diesem Nachmittag mit Goebbels zusammen detailliert festgelegt, wie der Putsch möglichst rasch niederzuschlagen sei. So jedenfalls schreibt Goebbels in seinem erhaltenen Tagebuch. Speer stellte auch den Kontakt zu den übrigen in Berlin vorhandenen »Wehrmachtseinheiten« her, sorgte für Transport- und Kommunikationsmittel. Ergebnis: Alle direkt am versuchten national-konservativen »Aufstand« Beteiligten wurden noch am selben Abend gefangen genommen und standrechtlich erschossen, die übrigen während der anlaufenden Verhaftungswelle durch die SS zusammengetrieben. Man führte Schauprozesse vor dem »Volksgerichtshof« durch und tötete die Verurteilten dann umgehend.

In diesem Zusammenhang kann auch eine weitere Lüge, diesmal die vom westdeutschen »Wirtschaftswunder«, das angeblich nach 1949 vom Himmel fiel, und nur dem »Fleiß« und dem »Talent« der westdeutschen Arbeiter und Ingenieure und Konzernherren zu verdanken war, richtiggestellt werden. Denn auch hier ist das Gegenteil der Fall. Die Grundlagen für das Nachkriegs-»Wirtschaftswunder« in der BRD wurden 1944 gelegt. Damals machte sich die »Reichsgruppe Industrie« (heute: BRD-Bundesverband der deutschen Industrie/BDI), in der alle wichtigen Konzerne vertreten waren, in Person von beauftragten Fachleute um den späteren westdeutschen CDU-Bundeskanzler Ludwig Erhardt schon seit Frühjahr Gedanken über Kriegsende, Schuldenabbau, Fortführung der Profitgenerierung und Verhinderung des Sozialismus beziehungsweise der Staatswirtschaft in Deutschland. Koordiniert wurde die Gruppe vom 37-jährigen Ministerialdirektor im Reichswirtschaftsministerium und SS-Gruppenführer Otto Ohlendorf, gleichzeitig

Chef des SD-Inland im Reichssicherheitshauptamt der SS. Unterstützung erhielt die Gruppe vom »Arbeitskreis für außenwirtschaftliche Fragen« der Reichsgruppe Industrie, also unter anderem vom späteren BRD-»Bundesbankpräsidenten« Karl Blessing, Hermann Josef Abs von der »Deutschen Bank«, Dr. Rasche von der »Dresdner Bank« und Kurt Freiherr v. Schröder vom »Bankhaus J. H. Stein«.

Während einer zweitägigen Tagung im noch deutsch besetzten Straßburg – so besagt es zumindest ein dem amerikanischen Geheimdienst zugespieltes Dokument – saßen am 10. August 1944 führende Vertreter von Speers Superministerium und deutscher Rüstungsfirmen zusammen, um eine gemeinsame Strategie für die Zeit nach der näher rückenden militärischen Niederlage des Hakenkreuzreiches abzustimmen. Man einigte sich darauf, ab sofort möglichst viel Geld im Ausland zu parken, zur späteren Verwendung in der künftigen Westzone Deutschlands. Geld der Industrie, aber auch Geld der NSDAP. Diese sollte damit die zwangsläufige Untergrundarbeit nach der Niederlage finanzieren. Dazu überwies die Partei millionenschwere Gelder an die Firmen. Insgesamt kamen auf diese Weise Milliarden zusammen, die bis Kriegsende im neutralen Ausland gebunkert wurden. Damit, und nur damit, erklärt sich das mirakulöse BRD-»Wirtschaftswunder« nach 1945. Es speiste sich aus den verbunkerten und dann nach 1945 wieder eingelösten »Blut-Milliarden«, den Profiten, die mittels der NS-Kriegsverbrechen generiert worden waren. Und nicht durch »deutschen Fleiß« und »deutsches Ingenium«, wie es die BRD-Propaganda bis heute glauben machen will (»Initiative neue soziale Marktwirtschaft« u. ä.). Vorsichtige US-Nachkriegsschätzungen gehen davon aus, dass bis 1945 deutsches Geheimvermögen in Höhe von mindestens drei Milliarden US-Dollar (nach heutigem Wert 750 Milliarden Euro) im Ausland geparkt wurde.

Doch damit nicht genug. Die Spezialisten vom Reichsverband der Industrie hatten sich noch eine weitere Teufelei ausgedacht: die BRD-»Währungsreform« von 1948. Die »wertlose« bisherige Reichsmark-Währung sollte durch die »DM«, die »Deutsche Mark«, abgelöst werden. Aber nicht im Verhältnis 1:1. Nein, nein, keinesfalls. Es sollte jetzt ein »Währungsschnitt« erfolgen, um eine neue »harte« Währung zu bekommen. Wie geht das? Natürlich auf die übliche Weise. Die Sparbücher der Kleinsparer wurden im Kurs 100 RM:6,50 DM »umgestellt« (also 10:0,65 oder, anders ausgedrückt, es wurden 93,5 Prozent der Ersparnisse gestohlen). Damit wurden über 90 Prozent der zynisch »Kaufkraftüberhang« genannten Ersparnisse der Arbeiter und Angestellten vernichtet und gleichzeitig die von der BRD übernommenen Kriegsschulden des Hakenkreuzreiches »elegant«, sprich: auf dem Rücken der kleinen Leute, beseitigt. Denn diese reduzierten sich ebenfalls um 93,5 Prozent. Die Reichen dagegen wurden durch die »Währungsreform« noch deutlich reicher (wie aktuell in den USA durch Trumps angeblich nur den kleinen Leuten zugutekommenden Steuerreduzierungen, die in Wahrheit unverschämte Steuergeschenke für die Superreichen wie Trump selbst sind). Die »Währungsreform« war, neutral betrachtet, eine der unverschämtesten Umverteilungsaktionen von Reichtum von unten nach oben in der Geschichte Deutschlands (wie schon die »Inflation« nach dem Ersten Weltkrieg). Denn was passierte jetzt, während die kleinen Leute um 90 Prozent ihrer Ersparnisse betrogen wurden, der BRD-Staat also unsozialen Diebstahl in größtem Umfang betrieb? Die Strippenzieher aus Konzernen und Finanzwirtschaft hatten dafür gesorgt, dass per BRD-Gesetz (abgesegnet von den USA, die diesen gigantischen Raubzug wohlwollend begleiteten) die Kapitalseite, also die Aktienbesitzer nun ihr Vermögen nicht nur behalten, sondern sogar noch drastisch steigern konnten. Denn Aktien wurden im Verhältnis 1:1 beziehungsweise 1:2, ja, teilweise sogar 1:3 umgetauscht. Was heißt das? Es heißt ganz einfach, dass während die Kleinsparer um 90 Prozent ihrer mühsam vom Mund abgesparten Ersparnisse bestohlen wurden, das Vermögen der Aktienspekulanten sich verdreifachte! Gleichzeitig wurden nebenbei die BRD-Industriekonzerne schuldenfrei gestellt. Wie das ging, möchten Sie wissen? So genial wie einfach. Denn die Konzernschulden wurden »natürlich« ebenfalls im Verhältnis 100:6,50 Reichsmark umgestellt, während die Aktien wie gesehen ihren Wert nicht nur behielten, sondern sogar noch steigerten. Sprich: Den Konzernen wurden über 90 Prozent ihrer Schulden einfach erlassen. Welcher kleine Privatschuldner hätte sowas schon mal erlebt? Das kommt nur im Märchen vor. Oder im Zusammenspiel von Politik und Großindustrie. Das gilt für damals wie für heute.

Der lästige Mitwisser Ohlendorf wurde 1951 von den US-Behörden in Westdeutschland als Kriegsverbrecher hingerichtet, sein ehemaliger Vorgesetzter, SS-Brigadeführer Reinhard Höhn, der sich mit den Westalliierten verständigt hatte, gründete dagegen 1956 die einflussreiche BRD-Managerschmiede »Akademie für Führungskräfte der Wirtschaft« in Bad Harzburg, die künftig den Nachwuchs für das BRD-Wirtschafts-Management produzierte. Ludwig Erhard selbst machte nach 1945 ebenfalls steile Karriere, in der neuen bürgerlichen BRD-Partei CDU, die ihn bis ins »Bundeskanzleramt« führte. Die »verdienten« Banker wie Abs & Co. prägten die BRD-Wirtschaft und Politik nach 1945 viele Jahrzehnte. Auch über das Ende der »Welthauptstadt Germania« verbreitete Speer Lügen. Er schreibt in seinen *Erinnerungen*, das für die gigantischen Bauprojekte von »Germania« vorgehaltene Budget mit 320

Millionen Reichsmark sei bereits 1943 »stillschweigend aufgelöst« worden. Das Gegenteil ist wahr. Laut erhaltenen Unterlagen wurde das Projekt erst Anfang 1945 endgültig eingestellt. Die zu diesem Zeitpunkt im Reichshaushalt unter dem Titel GBI noch bereitstehenden 160 Millionen Reichsmark wurden »in Abgang gestellt«, also dem Reichsfinanzminister zu anderer Verwendung übergeben. Das Reichsfinanzministerium hatte angesichts der enormen, explodierenden Kriegskosten bereits 1941 und nochmals 1943 um Auflösung der »Germania«-Position im Reichshaushalt gebeten. Beide Male war dies von Speers Finanzchef Hettlage (nach 1945 Staatssekretär im BRD-Finanzministerium) empört mit dem Hinweis zurückgewiesen worden, nach dem »Endsieg« würden hierfür sofort Mittel in erheblichem Umfange benötigt, so dass die Beibehaltung dieser Mittel im Reichshaushalt weiter Sinn mache. Am 20. März 1945 – und nicht wie von Speer fälschlich in den *Erinnerungen* vermerkt am 20. April, also an »Führers Geburtstag«, sondern einen Monat früher – entstanden im Garten der »Reichskanzlei« die letzten Film- und Fotoaufnahmen des »Führers«, als dieser eine Gruppe von »Hitlerjungen« auszeichnete, die im Kampf gegen die »sowjetischen Horden« besonderen »Mut« bewiesen und den Angreifern nochmals (völlig sinnlose) Verluste beschert hatten. Am 20. April verließ Hitler, bei andauerndem Beschuss des Stadtzentrums einschließlich der »Reichskanzlei« durch sowjetische Artillerie, die Innenräume längst nicht mehr.

Die Sowjetarmee hatte am 16. April 1945 mit 2,5 Millionen Soldaten, 41.600 Geschützen, 6.250 Panzern und 7.560 Flugzeugen den Sturm auf Berlin begonnen. Schon Tage zuvor – große Teile der Ministerialbürokratie hatten sich im Rahmen der Aktion »Thusnelda« mit Sonderzügen bereits Richtung Oberbayern (»Alpenfestung«, eine weitere Schimäre, eine Phantasmagorie der NS-Propaganda) abgesetzt – wurde die »Reichskanzlei« in »gefechtsmäßigen Zustand« versetzt. Das letzte Aufgebot, dreieinhalbtausend Soldaten der SS-»Leibstandarte Adolf Hitler« sowie der SS-Divisionen »Nordland« (Dänen, Schweden, Norweger) und »Charlemagne« (Franzosen) bereiteten sich auf die Verteidigung des berühmtesten Gebäudes des »Dritten Reiches« und des umliegenden Regierungsviertels vor. Der dank seiner Stahlblechkonstruktion »kugelsichere« Balkon am »Dienstgebäude« wurde zugemauert und mit Schießscharten versehen. Hitlers »Kartentisch«, ein steinernes Monstrum von fünf Metern Länge, wurde in Hitlers »Arbeitszimmer« auf die Seite gelegt und als Splitterschutz vor die Fenster geschoben.

In seinen *Erinnerungen* vermerkt Speer beiläufig und mit wenigen Worten noch einen Frontbesuch im Oderbruch am 16. April 1945. Dieser habe angeblich dazu gedient, ihm ein aktuelles Bild von den sowjetischen Offensiv-Vorbereitungen zu verschaffen – eine weitere Lüge. Der Frontbesuch habe dann ergebnislos abgebrochen werden müssen, weil Nebel die Sicht behindert habe. Nebel verbreitet Speer über die tatsächlichen Gründe. Denn dieser Besuch diente in Wahrheit dem Abschied von einem privaten, in seinen *Erinnerungen* komplett verschwiegenen und nach 1945 von ihm niemals wieder thematisierten Großprojekt: dem letzten Besuch einer ganz besonderen Baustelle. Mitten im Oderbruch, am Westufer der Oder, nahe Bad Freienwalde, am Rand des Dorfes Alt-Ranft plante Speer seit 1941 den Bau einer eigenen Riesenvilla (»Palais Speer« genannt). Geplant war ein gigantischer Bau mit allen Annehmlichkeiten wie Kinosaal und Swimmingpool, gelegen in unmittelbarer Nähe des Landwohnsitzes eines anderen von Hitlers Lieblingen. Speer hatte ebenfalls 1941 bei Hitler erreicht, dass dieser seinem Lieblingsbildhauer Arno Breker, Lieferant von muskulösen Statuen mit Titeln wie »Partei« und »Wehrmacht«, zum 50. Geburtstag ein altes, von Speer im Zeitstil aufgehübschtes (beziehungsweise verunstaltetes) preußisches Herrenhaus in schenkte. Gelegen in Jäckelsdorf bei Wriezen, durch »Führerbefehl« befreit von der Grundsteuer, und von Speer für mehrere Millionen »ertüchtigt« (mit allem modernen Schnickschnack wie Kinosaal und Swimmingpool versehen).

Speers eigene Protzbude sollte auf einer Anhöhe errichtet werden, die einen weiten Blick über den Oderbruch nach Osten ermöglich hätte. Die Erhebung heißt bis heute bezeichnenderweise »Ochsenhügel«(!). Mit diesem geschmacklosen, neureichen Palastprojekt hätte sich Speer unterschiedslos in die Reihe der größenwahnsinnigen »Herrensitze« der NS-Granden eingereiht, von denen sich abzusetzen er viel Aufwand in den über tausend Seiten der *Erinnerungen* und der *Spandauer Tagebücher* betrieb, also in den gesammelten »Belanglosigkeiten des Herrn S.« Hier in Alt-Ranft hatte Speer ab 1941 mit der ihm eigenen »besoffenen Megalomanie« (Fest) Vorarbeiten zu seinem eigenen »Führerpalast« vorantreiben lassen, allen Wechselwirkungen des Kriegsverlaufs zum Trotz. Speziell die Gartenanlage war bis 1943 fertiggestellt. So waren dort – einer erhaltenen Liste zu Folge – rund 3.000 Edelhölzer und Nutzpflanzen in einer Art neobarockem Schaugartenanlage angepflanzt worden. Insgesamt 20 Morgen groß war die Anlage. Nach 1945 bedienten sich die Ortseinwohner von Alt-Ranft am Edelholzbestand, so dass schon 1946 bei einer Inventur kein einziges der dort im Namen des ehemals allmächtigen Rüstungsministers gepflanzten Gesträuchs mehr vorhanden war. Speers eigener Oderbruch-Palast hätte Hitlers »Berghof«, Görings »Carinhall« und das riesige Landhaus von Goebbels in Lanke, auf die Speer nach 1945 mit ausgestrecktem Zeigefinger anklagend für die Protzsucht der NS-Granden zeigte, wie bescheidene Einfamilienkaten aussehen lassen. Es war ein gigantisches Projekt, wie die erhaltenen Entwürfe zeigen, die eine Bausumme von etwa 2,5 Millionen Reichsmark (über 25 Millionen Euro) vermuten lassen. Bis Sommer 1944 verfolgte Speer noch intensiv die Arbeiten an den Gartenanlagen sowie die Ausschachtungen als Vorbereitungen für den Baubeginn, besuchte mehrfach die Baustelle (und nahm im März 1945 wie erwähnt davon Abschied).

Im »Führerbunker« feierte derweil Hitler 1945 seinen 56., den letzten Geburtstag. Zur Gratulationscour am Freitag, den 20. April 1945 versammelten sich noch einmal die Granden des untergehenden Hakenkreuzreiches, um ihrem »Führer« Glück zu wünschen. Während die meisten Hitler beschworen, umgehend Quartier auf dem sicheren Obersalzberg zu beziehen, bestärkte der ebenfalls (aus dem von Bomben verschonten Schleswig-Holstein) angereiste Albert Speer seinen »Führer« angeblich darin, in der »Reichshauptstadt« zu bleiben und den Endkampf von Berlin aus zu leiten – und so die Agonie des »Dritten Reiches« abzukürzen. Was Speer in seinen sonst so redselig-geschwätzigen, aufgebauschten und über weite Strecken frei erfundenen *Erinnerungen* verschweigt, ist der eigentliche Anlass der Reise nach Berlin. Diese diente keineswegs – wie in den *Erinnerungen* vermerkt – dem emotional-romantischen, endgültigen Abschied von seinem Idol, seinem Leitbild, seinem Hauptauftraggeber und großzügigen Gönner der letzten zwölf Jahre, der ihn zum Millionär gemacht hatte, und der ihm in kritischer Stunde sogar das wichtigste Amt im Kriegsstaat unter dem Hakenkreuz, das »Rüstungsministerium«, anvertraut hatte. Er diente weitaus profaneren, weniger emotionalen Gründen – wie man sich hätte denken können, wie mittlerweile aber durch Archivfunde belegt ist. Speer war gekommen, um Kasse zu machen. Er ließ sich an diesem Tag von der Hauskasse der GBI 30.000 Reichsmark (umgerechnet 300.000 Euro) als »Reisespesen«, also als Handgeld für die absehbar holprige, unübersichtliche letzte Phase des »Dritten Reiches«, ausbezahlen. Auch seinen guten Freund Arno Breker vergaß er nicht. Breker erhielt jetzt, Ende April 1945, auf Anweisung Speers noch über fünf Millionen Reichsmark (50 Millionen Euro) »Resthonorare« ausbezahlt. Gleichzeitig steckte Speer ihm eine »Blechdose« mit 80.000 Reichsmark (800.000 Euro) zu, mit dem Auftrag, sie für Speers Familie in Sicherheit zu bringen und nach Kriegsende ihm wieder zukommen zu lassen. Man geht sicher nicht fehl in der Annahme, dass die Millionenhonorare für seine Freunde gleichzeitig eine Art Rückversicherung waren, Zahlungen, die Speer nach der zu erwartenden totalen Niederlage des »Dritten Reiches« zumindest teilweise zurückerhalten wollte, Zahlungen also, die an künftigen Ermittlern vorbei zu Speers Gunsten sicher gebunkert werden sollten.

Unmittelbar nach dem (im Vergleich zu früheren Geburtstagsgelagen Hitlers) armseligen »Empfang« im »Führerbunker« begann am Nachmittag des 20. April der große Exodus aus Berlin. Während Hitler im Bunker sitzenblieb und seinem Untergang, verbunden mit dem Untergang »Großdeutschlands« entgegendämmerte, von Leibarzt Morell mit Drogen vollgepumpt, nahmen Himmler, Ribbentrop, Göring, Speer und die Führungsspitze der Luftwaffe die Beine in die Hand und flohen überhastet zum letztmöglichen Zeitpunkt aus Berlin (bevor sich der sowjetische Belagerungsring schloss). Der Weg nach Norden und Süden war noch für einige Stunden frei. Göring hatte seine Kriegsbeute auf Lastwagen Richtung Obersalzberg geschickt. Allerdings bombardierten über 300 alliierte Bomber Ende April 1945 das oberbayerische Erholungsressort der Hakenkreuz-Granden (auch Speer gehörte zu den Immobilienbesitzern auf dem Obersalzberg, sein Haus und sein separates Architekturstudio blieben als einzige unzerstört). Goebbels zog es vor, samt Familie bei Hitler zu verweilen, und rückte daher mit Frau und fünf der sechs Kinder in den »Führerbunker« ein. Speer dagegen hatte Frau und sechs Kinder in Schleswig-Holstein in Sicherheit gebracht, der künftigen britischen Besatzungszone, wo er sich gnädige Behandlungsweise erhoffte.

Am Montag, den 23. April, kam Speer nochmals ins mittlerweile eingeschlossene Berlin. Zuvor hatte er in Hamburg den befreundeten Gauleiter Kaufmann besucht und sich um die bombensichere Unterbringung seiner eigenen, umfangreichen, Millionenwerte umfassende, von Arisierungs- und sonstigen Profiten angereicherten Kunstsammlung im Tiefbunker der Hamburger Commerzbank-Zentrale gekümmert (in einem anonymen Großschließfach, einer Art Nummernkonto, um möglichen alliierten Schatzsuchern keinen Anhaltspunkt zu bieten). Von Hamburg aus flog er mit der Regierungsflugbereitschaft zum Luftwaffenstützpunkt Rechlin in Mecklenburg, um sich von dort mit einer zweiten Maschine nach Berlin fliegen zu lassen. Jeder dieser Flüge wurde – zum Schutz der »für die Staatsführung unersetzlichen Persönlichkeiten« – von bis zu 40 Jagdflugzeugen der »Luftwaffe« begleitet, die die Flugzeuge der reisenden Prominenten gegen sowjetische Jagdflieger verteidigen mussten. Bei jedem dieser Flüge ins besetzte Berlin kamen zahlreiche Piloten des Begleitschutzes (und sowjetische Angreifer) ums Leben.

Die Gründe für diese rätselhafte und riskante Reise liegen bis heute offiziell im Dunkeln. In seinen *Erinnerungen* schwadroniert Speer, er habe – angesichts der langjährigen engen, um nicht zu sagen intimen Beziehung zu Hitler – von diesem nochmals Abschied nehmen wollen, um der Beziehung zum »Führer« formal ein »anständiges« Ende zu geben. Der Wahrheit näher kommt folgende Darstellung: Er wollte einer Amtsenthebung, seiner Entmachtung durch den »Führer« zuvorkommen. Die Stimmung im »Führerbunker« hatte sich am 21. April 1945 gedreht. Hitler war nun – unter dem Einfluss des verbliebenen, »treuen« Bormanns – wütend auf die »feigen Flüchtlinge« innerhalb der Reichsführung. Speer hatte sich bekanntlich samt Familie schon im sicheren, frontfernen, vom Bombenkrieg weitgehend verschonten Schleswig-Holstein eingerichtet, standesgemäß auf einem Herrenhaus, mit üppigen Lebensmittelvorräten. Zudem war die Familie – nach eigenen Angaben – auch mit Valuta und sonstigen Wertgegenständen (Diamanten etc., die man leicht zu Geld machen konnte im Zweifelsfall) ausgerüstet. Hitler hatte zu diesem Zeitpunkt bereits zwei seiner langjährigen Weggefährten verstoßen: Göring und Himmler. Und ein Befehl Hitlers konnte auch zu diesem Zeitpunkt noch Leben beenden. Speer hatte schlicht panische Angst, seine Macht, seine Stellung, und möglicherweise sein Leben zu verlieren, wenn Hitler zu der Auffassung kommen sollte, dass Speer ebenfalls Verrat begangen und Verhandlungen mit den Alliierten aufgenommen habe.

Als Bormann per Fernschreiben bei den verbliebenen »Reichsbehörden« herumfragte, wo Speer sei, machte sich dieser sofort auf ins eingeschlossene Berlin, um mit diesem »Husarenritt« seine unbedingte Gefolgstreue zum »Führer« zu beweisen. Speer schaffte es, trotz intensiver Kämpfe im Stadtgebiet, nach der Landung auf der heutigen »Straße des 17. Juni« bis in die nahe gelegene »Reichskanzlei« zu kommen, schwor dem »Führer« nochmals die unverbrüchliche, ewig Treue, und verschwand dann nach einer halben Stunde wieder, ebenfalls per Flugzeug, um sich endgültig in Sicherheit zu bringen. Es war abzusehen, dass Hitler nicht mehr lange zu leben haben würde, jetzt, wo die sowjetischen Truppen nur noch wenige Kilometer vor seinem letzten Schlupfwinkel standen. Laut *Erinnerungen* hauste Speer von Stund an in zwei »Eisenbahn-Bauwagen« bei Eutin, um unter dem neuen »Reichskanzler« Dönitz als Minister zu fungieren – eine weitere Lüge: tatsächlich hatte er, standesgemäß, samt seinem Ministerialtross im nahegelegenen Schloss Glücksburg Quartier bezogen, mit üppigen Lebensmittelvorräten, die vermeintliche Speersche Bescheidenheit – auch hier – ein weiteres Mal Lüge, bei gleichzeitigem egomanen Protzgehabe in der Realität. Der einzige, der tatsächlich im nahe gelegenen Barackenlager »Forelle« Quartier nahm, war Dönitz.

Für Speer nahm die Hakenkreuz-Geschichte ein anderes Ende als für seinen »Führer«, der bekanntlich am 30. April 1945 Selbstmord beging. Nach dem Intermezzo bei der »Reichsregierung Dönitz«, die in Flensburg noch bis 23. Mai 1945 »amtierte« beziehungsweise »Reichsregierung« spielte – samt einem »Wirtschafts- und Kriegsproduktionsminister« Speer, landete er in alliiertem Gewahrsam und ein Jahr später auf der Anklagebank des Nürnberger Prozesses. Was dann folgte, war Speers Meisterstück an Lug & Trug. Weil er es schaffte, vor den Richtern das meiste von dem, was er angestellt hatte, den Grad seiner Beteiligung an den Verbrechen gegen die Menschlichkeit zu verbergen. Wie er das geschafft hat? Speer entwickelte im Hinblick auf die absehbare deutsche Niederlage und das zu erwartende Siegestribunal schon seit Anfang 1944 eine sorgfältig vorbereitete Verteidigungsstrategie. Dazu gehörte die erwähnte Zusammenstellung eines bereinigten, von allen Hinweisen auf die Mittäterschaft bei Kriegsverbrechen gesäuberten Handakten-Bestandes, den er seitdem immer mit sich führte. Als Lebensversicherung, sozusagen. Diesen geschönten Aktenbestand stellte er »generös« den alliierten Ermittlern zur Verfügung. Es gelang ihm so, seine Beteiligung an den Nazi-Verbrechen und seine immensen finanziellen Profite daraus zu verbergen. Nicht die Nazi-Großbauten und auch nicht die vermeintlichen (Schein-) »Erfolge« als Rüstungsminister 1942–1945 – seine herausragendste historische »Leistung« besteht somit darin, die alliierten Ermittlungsrichter, aber auch die Öffentlichkeit insgesamt mit seinem bis heute weiterwirkenden, »harmlos« sympathischen Image getäuscht zu haben. Damit rettete er sein Leben, und nicht zuletzt auch sein zwischen 1933 und 1945 unrechtmäßig zusammengerafften Vermögen.

Speer konzentrierte sich bei seiner Verteidigungsstrategie darauf, sich bei den westalliierten Richtern einzuschmeicheln, die sowjetischen Ankläger dagegen nach Kräften durch frech-offensive Antworten lächerlich zu machen (was den Westalliierten gefiel). Für die deutsche Rüstungsindustrie beziehungsweise für die Industrie insgesamt war Speer ein Geschenk des Himmels gewesen. Speer hatte – wie von Todt begonnen – auf Staatskosten den gesamten Maschinenpark der deutschen Industrie bis 1945 modernisiert. Von den hochmodernen Maschinen waren 1945 nur 20 Prozent durch alliierte Luftangriffe zerstört worden. 80 Prozent hatten den letztlich wenig effizienten alliierten Bombenkrieg überstanden, und waren jünger als fünf Jahre. Diesen Modernisierungsgrad konnte kein anderes europäisches Land aufweisen, nur die USA hatte vergleichbare Zahlen zu bieten. Dieser moderne Maschinenpark ist ein weiterer, zentraler Bestandteil des angeblich vom Himmel gefallenen BRD-»Wirtschaftswunders«. Man muss es nochmal dezidiert formulieren: das BRD-Wirtschaftswunder verdankte sich ganz wesentlich der Nazizeit. Mit den im Ausland gebunkerten »Blut-Milliarden« der Rüstungsprofite, mit der staatsfinanzierten Modernisierung des Industriemaschinenparks, mit der vor 1945 bereits geplanten Entschuldung durch die »Währungsreform« 1948. In der sowjetischen Besatzungszone war dieser hochmoderne Maschinenpark den berechtigten Reparationsansprüchen der Sowjetunion »zum Opfer« gefallen, und stand daher nur in geringem Umfang für einen Wirtschaftsaufschwung zur Verfügung. Die ins westliche Ausland transferierten Blutmilliarden aus den Rüstungsprofiten kamen »natürlich« einzig und allein den BRD-Konzernen und Industriellen zugute. Die Menschen in Ostdeutschland bezahlten dafür auch noch die Kriegsschulden für die dank BRD-Westorientierung und NATO ausnahmslos profitierenden Westdeutschen mit. Die im Gegensatz zu ihren bis zur Erschöpfung schuftenden DDR-Kollegen in Ruhe und mit zusätzlichen Marshall-Plan Milliarden gepimpt, ihren Wohlstand mehren, Luxusgüter kaufen und die scheinbare »Attraktivität« des Kapitalismus bezeugen konnten.

Speer arbeitete seit Kriegsbeginn zielgerichtet darauf hin, im geänderten Aufgabenspektrum der Kriegswirtschaft erneut eine wichtige, eine zentrale Rolle zu übernehmen, so wie zuvor schon als Architekt des Friedens-»Führers«. Denn Speer hatte enorm unter seiner mit Kriegsbeginn 1939 eingetretenen Marginalisierung gelitten. Die architektonische Verschlimmbesserung Deutschlands stand ab September 1939 nicht mehr im Zentrum von Hitlers Aufmerksamkeit, die Treffen wurden seltener, teilweise wurden die begonnenen Bauwerke wegen der rüstungstechnischen Prioritäten etwa im Hinblick auf Beton und Stahl sowie der schieren *Manpower*, also der Zahl der Bauarbeiter, die in die Wehrmacht eingezogen worden war, für den Kriegseinsatz an der Front, stillgelegt.

Speer war kaltgestellt, seine weitere Karriere stand in den Sternen. Speer war darüber zutiefst unglücklich und überlegte verzweifelt, wie er von der geänderten Ausgangslage dennoch weiter profitieren könne. Und hatte auch bald eine »glänzende«, lukrative, profitversprechende Idee.

Seine gigantische Lastwagenflotte stellte Speer nun für den immer dringlicher werdenden, immer größere Gebiete Europas umfassenden Transport von Frontnachschub bereit. Er trat seine Lkw aber keineswegs einfach ans Militär ab (was am sinnvollsten, effizientesten sowie ökonomischsten gewesen wäre). Damit wäre er aus dem Spiel gewesen. Stattdessen schloss er hochdotierte, überteuerte Verträge beispielsweise mit Görings Luftwaffe, und ließ sich als Firma »Speer« beziehungsweise »GBI« mit seinen Transportbrigaden beauftragen, die benötigten Nachschubgüter für die Luftwaffe an die Fronten in ganz Europa zu transportieren. Diese Form von Public-Private-Partnership hat sich seither »bewährt« (was die dabei zu erzielenden Profite angeht, da haben die Amis von Speer gelernt) und wird bis heute etwa bei den Überfällen auf Irak und Afghanistan beibehalten – hier sorgen US-Riesenkonzerne wie Halliburton für den Nachschub und nicht armeeeigene Nachschubeinheiten: eine Win-win-Situation, da der Staat die riesigen Transportameisenheere nach Kriegsende einfach per Auslaufen der Verträge wieder los ist, und dafür den Konzernen überteuerte Tarife spendiert, die sie in die Lage versetzen, Milliardenprofite aus diesen Verträgen zu schlagen, mit denen sie die Politiker sponsern, die ihnen die Aufträge verschafft haben.

Damit blieb Speer als Unternehmer im Spiel und als Musterschüler in Hitlers Gunst und Nähe. Die Alternative hätte so ausgesehen, sich ins Privatleben zurückzuziehen oder gar sich zum Kriegsdienst an die Front zu melden, mit gerade mal 35 Jahren war er 1940 im besten Soldatenalter. Dieser Gedanke lag Speer aber denkbar fern. Im Gegenteil versuchte er jegliche potenzielle Gefährdung seines Lebens tunlichst zu vermeiden. Dafür aber die Profitmaximierungsrate immer weiter zu steigern, obwohl sämtliche Baustellen stillstanden, was ihm wie gesehen auch gelang. Er wickelte als »Spediteur« auch Spezialaufträge ab, wie beispielsweise den Transport des Eisenbahnwaggons Nr. 2419 D der französischen Eisenbahnen, in dem am 9. November 1918 die deutsche Kapitulation unterschrieben worden war. In eben diesem Waggon hatte Hitler am 22. Juni 1940 (also auf den Tag genau ein Jahr vor dem Überfall auf die Sowjetunion, offenbar wollte Hitler das Datum als gutes Ausgangsomen nutzen – half aber nix) die französische Generalität gezwungen, den Waffenstillstand zu unterschreiben. Dieser Waggon wurde auf Befehl Hitlers von Speers Transportexperten per Tieflader von Compiègne nach Berlin geholt, also von den Transportspezialisten, die auf das Handling überschwerer Lasten (wie sie die Bauteile für »Germania« ebenfalls dargestellt hätten) eingerichtet waren. Der Eisenbahnwaggon sollte Prunkstück des künftigen »Siegesmuseums« in Berlin werden, wo alle großen deutschen Siege präsentiert werden sollten – nur leider gab es nach dem Mai 1940 keine wesentlichen Siege mehr. Zu den in Frankreich erledigten Aufträgen von Speers persönlicher Verfügungstruppe im Transportgewerbe gehörte auch die »Demontage und Abtransport des Denkmals der schwarzen Truppen in Reims«, also die Zerstörung des einzigen Denkmals für die im Ersten Weltkrieg eingesetzten afrofranzösischen Truppen (die Senegal Tirailleurs), 1940 bis 1941. Ein Denkmal für »Neger« konnte natürlich im großdeutsch besetzten Frankreich nicht stehen bleiben. In Krakau wurde mit gleicher, selbstverständlicher Nonchalance als

»Heimholung« 1939 der unersetzliche, unendlich wertvolle Veit-Stoß-Altar abmontiert und von den tumben Toren der »Transport-Legion Speer« nach Nürnberg transportiert, um dort »ewige Aufstellung« zu finden.

Speer engagierte sich aber auch ansatzweise in seinem ureigenen Betätigungsfeld, dem Bauwesen. So übernahm er Großaufträge im Bereich des Straßenbaus. In den eroberten Teilen der Sowjetunion mangelte es an leistungsfähigen, belastbaren Fernstraßenverbindungen. Speer erhielt beispielsweise den Auftrag, die neue »Durchgangsstraße IV« von Krakau über Lemberg bis nach Rostow am Don zu bauen. Der Bau der Straße war ein Paradeprojekt der SS im Hinblick auf »Vernichtung durch Arbeit«, und Speer und seine Mitarbeiter waren darin zentral verwickelt. Denn die Masse der eingesetzten Arbeitskräfte waren jüdische und sowjetische KZ-Häftlinge. Diese mussten mit bloßer Hand schwerste Arbeiten ausführen, bei minimalen Essensrationen: denn das Ziel war ja, dass möglichst viele dieser unschuldigen Opfer während der Arbeit an der »Durchgangsstraße IV« an Erschöpfung sterben sollten. Speers Baukonzern unterhielt mehrere Baubüros entlang der Strecke, die beteiligten Speer-Mitarbeiter wussten genau, was dort vor sich ging, und sie unterrichteten auch ihren Chef, also Speer, darüber. Weder Speer noch einer seiner Untergebenen fühlte sich aber dazu veranlasst, gegen diese Form des Massenmordes zu protestieren. Mit der Übernahme dieser verbrecherischen Aufträge positionierte Speer sich unauffällig, aber geschickt für höhere Aufgaben. Und es dauerte dann ja auch nur noch ein paar Monate, bis er tatsächlich wieder ins Rampenlicht treten konnte: diesmal als zentraler Rüstungsorganisator.

Dieser »tolle« Organisator stand also nicht ganz zufällig an der Idealposition, um nach dem mehr als willkommenen, »überraschenden« Tod seines Konkurrenten und Karrierebremsers Fritz Todt Anfang Februar 1942 dessen Amt und damit die zentrale Rolle im ökonomischen Kriegsgeschehen zu übernehmen. Von alldem war natürlich im gesäuberten, den alliierten mit treuseligem Augenaufschlag überreichten Aktenbestand kein Wort mehr zu lesen. Ebenso wenig wie von Speers zentraler Rolle bei der Beschlagnahmung des jüdischen Wohnungsbestandes in Berlin (samt Ghettoisierung der jüdischen Bewohner), oder von seiner zentralen Rolle beim Ausbau des Vernichtungslagers Auschwitz. Nicht einmal seine Kinder verschonte Speer mit Lügen. Am Freitag, den 5. April 1940 wurde sein zweitjüngstes Kind geboren, das in den Nachkriegspublikationen unter dem Namen »Arnold« erwähnt wird. Auf den Glückwunschkarten zur Geburt dieses Sohnes von Göring, Goebbels, Himmler, Frick, Ribbentrop, Rosenberg, Hettlage etc. pp. im April 1940 wird allerdings durchweg zur Geburt des kleinen »Adolf« gratuliert, wie die Akten belegen. Auch auf Speers SS-Personalbogen von 1942 taucht an fünfter Stelle das Kind »Adolf, geb. 5.4.1940« auf. Selbst in der jüngsten Publikation aus dem Kreis der Familie wird die offenbar 1945 durchgeführte Namensänderung von »Adolf« zu »Arnold« nicht erwähnt. Was merkwürdig ist, sind diese Publikationen der nächsten Speer-Generation doch durchweg vom Duktus angeblich »schonungsloser Aufklärung« getragen, die leider erhebliche Lücken aufweist. Die Namensgebung seines fünften Kindes lässt seine vielerorts behauptete frühzeitige innere Distanzierung von Regime und Weltanschauung des »Nationalsozialismus« fragwürdig erscheinen. Zum Thema gehört an dieser Stelle auch ein weiteres Mal die Nonchalance, die Egomanie und Rücksichtslosigkeit anderen, gerade auch seiner eigenen Familie gegenüber, wie sie im Verhalten Speers in den letzten Jahren vor seinem Tod erneut offenbar wird. Damals hatte er sich eine jugendliche, dralle, blonde Freundin zugelegt (wie er vermutlich in jeder Lebensphase keineswegs der treusorgende, treue Familienvater gewesen ist, als der er sich immer gab und als der er von der NS-Propaganda, später auch von seinen Ghostwritern Fest und Siedler dargestellt wurde). Auf die Gefühle seiner lebenslangen Wegbegleiterin, der Mutter seiner sechs Kinder, seiner Frau Gretl, nahm er nicht die geringste Rücksicht. Ganz im Gegenteil kündigte er Gretl gegenüber Treffen mit der »Anderen« sogar offiziell an und verbrachte ausgedehnte Urlaube mit ihr. In ihren Armen, vermutlich »in actu«, starb er auch bei einem Besuch ihrer Homebase in London, wo die bis heute unenttarnte Dame damals als Exilantin hauste.

Kernpunkt von Speers Verteidigungsstrategie in Nürnberg war es einmal mehr, sich vor den alliierten Siegermächten als sympathischer Typ darzustellen, der einfach nur seiner Architektur-Leidenschaft gefolgt sei und dann aufgrund »besonderer Begabung« und »der Umstände halber« im System hochgespült worden sei, aber mit den Verbrechen dieses Regimes persönlich nichts zu tun gehabt habe. Speer ging noch einen Schritt weiter: Er räumte – als einziger Angeklagter – sogar eine deutsche Gesamtschuld ein und einen Anteil an der Gesamtverantwortung für die Verbrechen (was ihn wiederum für Teile des Westblocks »sympathisch« machte). Im selben Atemzug lehnte er gleichzeitig jedoch strikt jegliche persönliche Schuld ab. Und selbstanklägerisch fügte er noch hinzu, er habe vom Holocaust zwar nichts gewusst, aber er hätte es wissen »können« und wissen »müssen«. Damit präsentierte sich der »junge, sympathische, bescheidene, wohlerzogene« Speer als reuiger Nicht-Sünder, der erst im Gerichtssaal von den Untaten des NS-Regimes erfahren habe – diese Untaten aber aus tiefstem Herzen verurteile.

Aber auch Hitler selbst hatte Speer ein letztes »Abschieds-geschenk« gemacht. Denn er hatte Speer in seinem Testament vom 30. April 1945 nicht mehr als Minister der künftigen »Reichsregierung« unter »Reichskanzler Goebbels« vorgesehen. Die Richter mussten das als Beweis für jenes angebliche Zerwürfnis zwischen Speer und Hitler gegen Ende des NS-Regimes werten. Mit dem gewünschten und sorgsam herbeigeführten Effekt: Speer wurde – gegen die Stimmen der Siegermächte Sowjetunion und Frankreich – nicht zum Tode, sondern »nur« zu zwanzig Jahren Gefängnis verurteilt. Er durfte also weiterleben, während viele der in seinen Unternehmungen eingesetzten Zwangsarbeiter eines jämmerlichen Todes gestorben waren oder in den vom ihm mitfinanzierten und initiierten Konzentrationslagern ermordet worden waren beziehungsweise viele der alliierten Soldaten und Zivilisten mit den in seinem Zuständigkeitsbereich produzierten Rüstungsgütern getötet worden waren.

Mit dieser Erfolgsstrategie fuhr Speer auch nach seiner Freilassung 1966 fort. Er zementierte das von ihm selbst entworfene Porträt des unpolitischen und deshalb unschuldigen Technokraten in seinen 1969 erschienenen *Erinnerungen* und in den kurz darauf publizierten *Spandauer Tagebüchern*, beides Bestseller, die das Vermögen Speers, das die Kriegswirren unbeschadet überstanden hatte, noch vergrößerten. Speer strich für beide Projekte sechsstellige Honorarvorschüsse ein. Das Dreigestirn und »Erfolgsteam« Speer-Siedler-Fest zementierte das von der NS-Propaganda wie dem NS-Minister in die Welt gesetzte, und bis zu seinem Tod weiterwirkende positive Image Speers. Die von ihnen gezündeten literarischen Nebelkerzen verhinderten lange eine kritische Beschäftigung mit Speers Vergangenheit. Fest übernahm in seinen eigenen Publikationen zu Hitler und Speer größtenteils dessen

Lügengebilde und damit auch dessen Selbststilisierung. Teilweise ähneln sich die Textpassagen der Publikationen Speers und Fests wörtlich.

Speers Verwicklung in die Vertreibung der Juden aus Berlin wurde erst nach dessen Tod 1981 bekannt. In seinen *Erinnerungen* hatte Speer beziehungsweise hatten seine Ghostwriter zu diesem Thema kein Wort verloren. Von niemand anderem als Speer selbst stammte der 1938 gegenüber Hitler vorgebrachte und von diesem umgehend akzeptierte Vorschlag, jüdische Wohnungseigentümer und Mieter aus ihren Wohnungen zu werfen, um dort »arische« Besitzer und Mieter untergebracht werden, die ihre bisherigen Wohnungen und Häuser im Zuge der Umgestaltung Berlins zur »Welthauptstadt Germania« verloren. Die Juden sollten künftig in überbelegte »Gemeinschaftswohnungen« gepfercht (Speer: »geschachtelt«) werden mit 20 oder mehr Bewohnern. Auch zu seinen Einnahmen schwieg Speer »beredt« in seinen Memoiren. Richtig lukrativ wurde es ab 1935. Der Auftrag zur Gestaltung des »Reichsparteitagsgeländes« in Nürnberg brachte eine *jährliche* Vergütung von 40.000 Reichsmark (400.000 Euro), dann bald gesteigert auf 54.000 Reichsmark (540.000 Euro) ein. Schon 1936 lag Speers Einkommen allein aus dem Nürnberger Großauftrag damit über dem nominellen Gehalt des »Reichskanzlers« (46.000 Reichsmark beziehungsweise 460.000 Euro).

Bald kamen dann noch die enormen Einnahmen für das Großprojekt »Neue Reichskanzlei« hinzu. Des Weiteren begannen 1937 die Abschlagszahlungen für die Großbauten im Rahmen der »Germania«-Umgestaltungen, die bis zu 60.000 Reichsmark *im Monat* (600.000 Euro) einbrachten. Nicht zu vergessen Petitessen wie das von Speer gern eingestrichene reguläre Gehalt als »Generalbauinspektor der Reichshauptstadt« von monatlich 1.700

Reichsmark (17.000 Euro), das für die Portokasse war. Zusätzlich erhielt er von Februar 1942 bis Mai 1945 noch ein Ministergehalt von jährlich 42.500 Reichsmark. Speer hat also im Gegensatz zu dem, was er in seinen *Erinnerungen* zusammenlog, erheblich früher Geld verdient und erheblich mehr als je zugegeben. Dort heißt es abschließend: »Am Ende meiner Tätigkeit als Architekt war mein Vermögen auf etwa anderthalb Millionen angewachsen, und das Reich schuldete mir eine weitere Million, die ich nicht mehr einzog.« Tatsächlich betrugen seine Gesamteinkünfte bis 1945 mehr als zehn Millionen Reichsmark (100 Millionen Euro), die er bis auf den letzten Pfennig erhielt beziehungsweise sich in den letzten Tagen des »Dritten Reiches« noch auf Heller und Pfennig auszahlen ließ.

Speer lügt auch in anderen Punkten. Worüber er in seinen Nachkriegsphantasien kein Wort verliert: Natürlich zog es ihn, wie viele andere Prominente des »Dritten Reiches«, auf die Wannsee-Halbinsel Schwanenwerder, schon seit dem 19. Jahrhundert bevorzugter Wohnort für die oberste Gesellschaftsschicht Berlins. Ab 1933 ließ sich die NS-Prominenz hier nieder. Das »Deutsche Reich« erwarb zum 1. Januar 1937 das Grundstück Inselstraße 19–21 (ehemals Salomonsohn), um darauf ein Wohnhaus für den »Führer« zu errichten. Den Entwurf hierzu sollte – was er nach 1945 verschwieg – Speer liefern, der über die »Generalbauinspektion« auch die Verwaltung des Grundstücks übernahm. Speer ließ die auf dem Hitler-Grundstück noch stehende 12-Zimmer-Altbauvilla angesichts des mangelnden Interesses Hitlers, sie zu beziehen, ab 1942 vermieten. Er selbst bezog eine Altbauvilla wo? Natürlich auf dem Nachbargrundstück Inselstr. 18 (ehem. Goldschmidt). Seite an Seite mit seinem »Führer« zu wohnen, das war damals der Plan, der Traum des Herrn S. gewesen. Um dies zu verwirklichen, hatte er sich »sein« Grundstück im Enteignungsverfahren angeeignet, auch dies nach 1945 konsequent verschwiegen. Die großzügige Altbauvilla bezog er 1940, residierte also seitdem auf der NS-Promi-Insel. Angesichts von Speers Rücksichtslosigkeit bei der Enteignung wagten die jüdischen Vorbesitzer, sich über Speers Vorgehen bei Hitler zu beschweren. Ein außergewöhnlicher Vorgang, der Speer einigermaßen peinlich war, als Musterschüler seines geliebten »Führers«. Von ihm wurde eine Stellungnahme seitens der Adjutantur des »Führers« eingefordert. Speer lieferte diese und schrieb: »Ich muss feststellen, dass den Wünschen der Eigentümer Hoeniger-Goldschmidt, die im Übrigen offenbar alle Juden oder jüdisch versippet [sic] sind, in durchaus hinreichender Form Rechnung getragen worden ist. Ich darf bemerken, dass bei sämtlichen Enteignungsverfahren bisher keine einzige Beschwerde in der vorliegenden Form eingegangen ist, nur ausgerechnet Frau Goldschmidt, die sich durch einen jüdischen Rechtsanwalt vertreten lässt, fühlt sich veranlasst, sich völlig unbegründet an den Führer zu wenden.« Die Beschwerde sei als völlig unbegründet zurückzuweisen.

Auch seinen ebenso prominenten wie eleganten Dienstsitz als »Generalbauinspektor« am Pariser Platz 4 (am Brandenburger Tor) verdankte Speer einer rücksichtslosen Enteignung. Die altehrwürdige Preußische Akademie der Wissenschaften wurde auf Anweisung Hitlers im Februar 1937 aus ihrem Stammsitz kurzerhand ausquartiert. Hiervon wie von allen weiteren im Folgenden erwähnten Dingen in den *Erinnerungen* natürlich kein Wort. Speer profitierte noch in einem weiteren eklatanten Fall an der durch ihn vorangetriebenen Enteignung jüdischer Immobilienbesitzer in Berlin. Bisher war sein Architekturbüro in einem unauffälligen Reihenhaus in Berlin-Charlottenburg untergebracht. Das reichte seinen Ansprüchen

schon lange nicht mehr. Sein gigantisches, der Gigantomanie des »Germania«-Entwurfs angepasstes, neues Architekturbüro wollte er nun in einer vornehmen Tiergar-
ten-Seitenallee unterbringen, in unmittelbarer Nähe zum
Regierungsviertel, mitten im Diplomatenviertel. Dort
stand ein ausnehmend schöner, großzügiger Altbau in
Form eines noblen Doppelhaus-Gebäudes, in jüdischem
Besitz, sprich: Freiwild für den »Architekten des Führers«.
Dieses sollte schnellstmöglich enteignet, abgerissen und
an seiner Stelle ein neues Riesenbürogebäude errichtet
werden samt zweigeschossigem Dachgeschoss-Penthouse
als Wohnstätte für »Führers Liebling«.

Was Speer bei seiner Aktenbereinigung ab 1944 übersah: Ende November 1940 hatte er per Fernschreiben
vom Obersalzberg aus bei seiner Berliner Dienststelle
angefragt, wie es um »die Aktion der Räumung der 1.000
Juden-Wohnungen« stehe, »besonders Räumung Lich-
tensteinallee«. Hierbei handelte es sich um die von Speer
sich selbst zugeschanzten Grundstücke Nr. 3, 3a und 4. Ab
1941 wurde hier das ebenso gigantomanische wie luxu-
riöse neue Speer-Bürogebäude errichtet. 5.000 Quadratmeter Nutzfläche, allein Speers Arbeitszimmer nahm 140
Quadratmeter ein. Die zweistöckige Dienstwohnung mit
22 Zimmern (allerdings auffälligerweise ohne Kinderzim-
mer) erinnerte in ihrer Anlage an die anderen NS-Herr-
scher-Residenzen. Unter anderem war hier nach dem
Muster von Hitlers »Berghof« und Goebbels' »Waldhof«
ein großer »Bildwerferraum« für private Kinovorführun-
gen installiert, für den Perfektionisten Speer ebenfalls mit
zwei Projektoren, um auch längere Filme ohne Unterbre-
chung sehen zu können. Auf dem Rasenstück des von
einer Pergola umstandenen Dachgartens sollte ein plät-
schernder Brunnen für Kurzweil sorgen. Einen Tag vor
der offiziellen Einweihung des neuen Prachtbaus wurde

dieser am 22. November 1943 bei einem großen alliierten Bombenangriff durch mehrere Volltreffer total zerstört.

Als statt des »Endsiegs« 1945 die Vorboten der umfassenden Niederlage unübersehbar wurden, traf Stratege Speer wie erwähnt Vorkehrungen zur persönlichen, materiellen Absicherung. Nach dem Krieg zeigten sich viele von Speers Günstlingen dankbar: bis 1966 wurden mindestens 150.000 D-Mark von westdeutschen Honoratioren und Industriellen in einen Fonds bezahlt, aus dem der Lebensunterhalt von Frau und Kindern des NS-Ministers bezahlt wurde. Speer ließ seiner Frau über aus dem alliierten Kriegsverbrechergefängnis in Spandau geschmuggelte Kassiber detaillierte Anweisungen zukommen, wie sie öffentlich und im Freundeskreis immer wieder über ihre vermeintliche Armut jammern sollte, um zusätzliche Zahlungen zu generieren. Tatsächlich waren die von Speer zwischen 1933 und 1945 zusammengerafften Profite noch komplett vorhanden, und nach seiner Freilassung 1966 bald auch wieder offiziell in seinem Besitz. Zusätzlich bekam Speer auch das Grundstück in der Schopenhauerstraße (Berlin-Schlachtensee) wieder zugesprochen. Das Spruchkammerverfahren hinsichtlich seiner Belastungseinstufung in Sachen NS-Verbrechen war auf Intervention Willy Brandts eingestellt worden. Speer verkaufte es mit Gewinn. Nach 1945 ließen die Westalliierten in Berlin einen »Beauftragten für die Verwaltung des Reichsvermögens im ehemaligen Geschäftsbereich Speer«, einen ehemaligen Speer-Mitarbeiter, noch verwertbares Vermögen aufspüren und die entsprechenden Aktenbestände sichern. Zu den erfassten Unternehmungen, an denen das »Rüstungsministerium« beteiligt war, gehörten insgesamt 31 Firmen. Weitere Firmen unterstanden Speer ab 1942 in seiner Eigenschaft als »Generalinspektor Wasser und Energie« (Saaletalsperre; Energieversorgung Oberschlesien AG; Süddeutsche Ferngas AG; Ferngas Schlesien AG etc.) sowie als »Generalinspektor für das Straßenwesen« (so die Reichsautobahnkraftstoff GmbH, also die Autobahntankstellen, aber auch die Reichsautobahnraststätten GmbH, die Berliner Hotel Esplanade AG, die Metallwerke Spaichingen GmbH und eine nicht näher beschriebene Weingutbetriebe GmbH).

Die restlichen Besitztümer des ehemaligen Speer-Ministeriums beziehungsweise der Speer-Dienststellen auf westdeutschem Gebiet unterstellte man in den fünfziger Jahren dem Bundesfinanzministerium, das sie in der IVG-Holding weiterführte. Die Bargeldbestände dieser Betriebe umfassten 1947 noch stolze 50 Millionen Reichsmark (500 Millionen Euro). Die in Ostdeutschland liegenden Firmen wurden dort enteignet und in DDR-Staatsbesitz überführt. Im März 1947 kam es zu einem bis heute unaufgeklärten Einbruch in die Baracke der Dienststelle. Es wurden dabei keinerlei Wertgegenstände entwendet, wohl aber ein Großteil der vorhandenen Akten. Ein vollständiges Bild vom Speer-Imperium mit all seinen Verstrickungen in KZ-angegliederte Firmen wird man daher wohl nicht mehr rekonstruieren können. Nach dem Motto *cui bono?* darf man getrost annehmen, dass dieser »Einbruch« mit Wissen oder zumindest zugunsten Speers durchgeführt wurde. Es wäre kein Wunder, wenn sich die verschwundenen Akten im öffentlich nicht zugänglichen Speer-Familien-Archiv wiederfänden.

Speer veranlasste während des »Dritten Reiches« die »SS« auch, neue »Konzentrationslager« unter anderem an den für die Nutzung für »Germania« vorgesehenen Steinbrüchen Flossenbürg, Mauthausen, Groß-Rosen und Natzweiler einzurichten, und stellte hierfür 9,5 Millionen Reichsmark (95 Millionen Euro) zur Verfügung. Schließlich genehmigte Speer persönlich 1942 die Arbeiten zur

Vergrößerung des KZ Auschwitz und den Bau neuer Gaskammern und Krematorien im Vernichtungslager Auschwitz-Birkenau und stellte auch hierfür zweistellige Millionenbeträge aus seinem Budget sowie – noch wichtiger – die äußerst knappen und starker Konkurrenz unterliegenden Baustoffe zur Verfügung. Damit ist bewiesen, dass er genau über die in den »Konzentrationslagern« betriebene »industrielle« Ermordung von Menschen im Bilde war. In seinen *Erinnerungen* bestritt Speer jegliche Kenntnis des Holocaust. Auch die dort geschilderte angebliche Entfremdung Speers gegenüber Hitler im Lauf des Jahres 1944 und seine Wandlung zum verkappten Widerstandskämpfer gegen Kriegsende (Speer schreckte nicht einmal vor dem Märchen zurück, dass er angeblich Hitler im März 1945 per Giftgas ermorden wollte) sind nichts als unverschämte Lügen. Tatsächlich schrieb er noch im März 1945 laut kürzlich wiedergefundenen Akten an Hitler, »ein zähes Durchhalten an der jetzigen Front für einige Wochen kann dem Gegner Achtung abgewinnen und vielleicht doch noch das Ende des Krieges günstig bestimmen«, und forderte im gleichen Atemzug, »drastische Maßnahmen zur Verteidigung des Reichs« zu ergreifen, alle noch vorhandenen Reserven (Jugendliche, Rentner, Fabrikarbeiter etc.) an die Front zu werfen. Hätten die heute bekannten Dokumente während der Nürnberger Prozesse vorgelegen, Speer wäre mit absoluter Sicherheit hingerichtet worden.

Oktoberfest-Attentat in München – Einzeltäter oder Verschwörung

Am 26. September 1980 um 22.19 Uhr explodiert am Haupteingang des Oktoberfests in München ein Sprengsatz. Durch die Explosion werden 13 Menschen getötet und über 200 verletzt, Dutzende davon schwer. Das sind die bekannten, unumstrittenen Fakten zum schwersten Terroranschlag in der Geschichte der BRD. Trotz der »Prominenz« des Terrorakts liegen dessen Hintergründe bis heute im Dunkeln, war die geballte Ermittlungspower von drei Landeskriminalämtern, dem Bundeskriminalamt, den regionalen Ablegern des Verfassungsschutzes wie dessen Zentrale, der Generalbundesanwaltschaft und des BRD-Auslandsgeheimdienstes »Bundesnachrichtendienst« (BND) nicht in der Lage beziehungsweise willens, das Geschehen vollständig aufzuklären. Das allein wäre noch kein Grund, die Geschichte(n) rund um den Anschlag in dieses Buch aufzunehmen. Warum geschieht dies dennoch? Weil die BRD-Behörden seit Jahrzehnten an der These eines »verwirrten Einzeltäters« festhalten, obwohl Hinweise vorliegen, dass diese These falsch ist. Wenn diese These also falsch ist, dann wird von offizieller Seite seit Jahrzehnten ein falsches Bild der Vorgänge vermittelt, die zum Attentat führten, sowie über die Art der anschließenden Ermittlungen.

Beginnen wir mit der offiziellen Theorie. Als Attentäter wird binnen weniger Stunden ein schmächtiger, 1,70 Meter kleiner, junger Mann namens Gundolf Köhler benannt. Wie kamen die Ermittler auf Köhler? Ganz einfach:

Sie fanden am Tatort seinen (kaum beschädigten) Personalausweis sowie seinen Tübinger Studentenausweis. Wurde er verhaftet? Nein. Warum nicht? Weil er bei dem Anschlag ums Leben kam. Weshalb wurde er von Anfang an als Täter bezeichnet? Bei einem Abgleich der Opfernamen mit den polizeilichen Datenbanken gab es bei seinem Namen einen Treffer, er habe Kontakte in rechtsradikale Kreise gehabt, beispielsweise zur rechtsextremen »Wehrsportgruppe Hoffmann« (WSG), die einige Monate zuvor, zu Beginn des Jahres 1980, verboten worden war. Die rechtsextreme Szene insgesamt wie auch die WSG im Speziellen sind mit verdeckten Ermittlern, Geheimdienstlern und V-Leuten des Verfassungsschutzes durchsetzt, so dass permanent aktuelle »Erkenntnisse« zu dieser und anderen Gruppierungen vorliegen. Drei Jahre zuvor hat »Attentäter« Köhler brieflich Kontakt mit Hoffmann aufgenommen und diesem angeboten, eine Ortsgruppe der WSG in Donaueschingen zu gründen. Zudem sprechen die an der Leiche gefundenen Verletzungsspuren dafür, dass er von allen Opfern am nächsten zum Sprengsatz stand, als dieser in die Luft ging. So wurde ihm die Brust zerfetzt und beide Unterarme abgerissen.

Was wissen wir über Köhler? Zum Zeitpunkt des Attentats 21 Jahre alt, ist er in Donaueschingen (Baden-Württemberg) aufgewachsen, hat seit seinem 14. Lebensjahr Kontakte zur rechtsorientierten »Nationaldemokratischen Partei Deutschlands« (NPD), ist zeitweise Mitglied der rechtsextremen »Wikingjugend«, hat Militaria gesammelt, ein Hitler-Bild über seinem Bett aufgehängt und im Keller des elterlichen Hauses bereits als Jugendlicher mit Sprengstoffzutaten experimentiert. Bei einem dieser Versuche wird er mit 16 Jahren bei einer Explosion im Gesicht verletzt. Nach dem Abitur verpflichtet er sich im Sommer 1978 für zwei Jahre als Zeitsoldat bei der Bundeswehr, beim Panzergrenadierbataillon 292 im oberschwäbischen Immendingen, und möchte dort zum Sprengstoff-Techniker (!) ausgebildet werden, was ihm jedoch offenbar verweigert wird. Daher betreibt er wenige Wochen später bereits wieder seine Entlassung, die man ihm aufgrund eines Gesundheitsgutachtens (vorgetäuschte Taubheit?) im November 1978 gewährt. Zum Sommersemester beginnt er im April 1979 ein Geologie-Studium an der Universität Tübingen. Dort wird er auch auf Veranstaltungen des rechtsextremen »Hochschulrings Tübinger Studenten« (HTS) gesehen, mit dessen Führungsmitglied Axel Heinzmann er schon einige Jahre zuvor Kontakt aufgenommen hat.

Warum sind die BRD-Behörden von Anfang an der Meinung, dass Köhler den Anschlag allein geplant, vorbereitet und ausgeführt hat? Weil es die bequemste Lösung ist. Soviel vorab. Das Bayerische Landeskriminalamt bildet unmittelbar nach dem Anschlag eine Sonderkommission »Theresienwiese« mit 50 Beamten, welche die Spurensicherung und Befragung von Zeugen durchführen. Wegen Terrorismus-Verdachts übernimmt Generalbundesanwalt Kurt Rebmann einen Tag nach dem Anschlag die Leitung der Ermittlungen. Die Sonderkommission beendet ihre Ermittlungen am 13. Mai 1981 mit einem »Schlussvermerk« von 187 Seiten. Rebmann lässt die Ermittlungen fortsetzen und publiziert am 23. November 1982 seinen eigenen Schlussbericht von 96 Seiten. Beide Publikationen sind sich einig: Köhler ist ein Einzeltäter, der Anschlag das Werk eines verwirrten, rechtsextremen Alleingängers. Das Oktoberfest wird nach dem Anschlag fortgesetzt. Der Bombenanschlag fällt auch in die letzten Tage des Bundestagswahlkampfs 1980. Spitzenkandidaten sind der amtierende Bundeskanzler Helmut Schmidt (SPD), und Oppositionskandidat Franz Josef Strauß (CSU), der damalige bayrische Ministerpräsident. Dieser vermutet unmittelbar nach dem Attentat die Urheber im linksextremen Bereich, und gibt dem damaligen Bundesinnenminister Gerhart Baum (FDP) eine Mitschuld an dem Attentat, da dieser »politische Verbrechen entmoralisiert« habe. Baum sei auch dafür verantwortlich, die Sicherheitsdienste demoralisiert und damit die Aufklärung potentieller Täterkreise im Vorfeld verhindert zu haben. Zudem habe er den linksradikalen Terrorismus verharmlost. Strauß seinerseits verharmloste die rechtsradikale WSG jahrelang als Gruppe weniger »Spinner« und »Verrückter«, kritisiert im März 1980 deren Verbot als unverhältnismäßig und verneint jegliche Gefahr von Anschlägen aus diesem Umfeld. Der bayerische Innenminister Gerold Tandler spricht getreu seinem Herrn von einer »Schattengefahr«, die von der WSG ausgehe. Als wenige Stunden nach dem Attentat bekannt wird, dass ein Rechtsradikaler vermutlich die Tat begangen hat, fällt die Argumentation von Strauß in sich zusammen und Schmidt gewinnt die Bundestagswahl.

Die Ermittler halten es abschließend für erwiesen, dass Gundolf Köhler die Tat allein plante, die Mörsergranate selbst in einen mit Nägeln und Schrauben gefüllten Feuerlöscher einbaute, damit nach München fuhr und die Bombe am Tatort ablegte. Der Sprengsatz habe allerdings zu früh gezündet, so dass Köhler bei der Explosion tödlich verletzt wurde. Wie es zur Zündung kam, ist bis heute ungeklärt. Reste eines Zünders waren trotz tausender von Splittern rund um den Tatort nicht auffindbar. Man geht daher von einer Art Zündschnur aus. Als Motiv werden private Beziehungsprobleme und Prüfungsmisserfolge in Köhlers Studium vermutet. Aber was hat es mit der Hand auf sich? Einige Dutzend Meter vom Explosionsort entfernt wird kurz nach dem Anschlag auf einer Verkehrsinsel, im Gleisbett der Straßenbahn, von einem zufällig (!)

vor Ort befindlichen verdeckten Ermittler (!) eine abgerissene Hand gefunden. Den polizeilichen Ermittlungen soll es sich dabei um eine Hand Köhlers handeln, die bei der Explosion abgerissen und weggeschleudert wurde. Das ist aber einigermaßen unwahrscheinlich. Köhler stand, das ist unumstritten und von mehreren Zeugen übereinstimmend ausgesagt worden, zum Zeitpunkt der Explosion unmittelbar am Sprengsatz, war damit beschäftigt, ihn in einen oben offenen Metallabfalleimer zu stopfen, als die Bombe zündete, zunächst mit der charakteristischen Stichflamme, die Köhler versengte, Bruchteile von Sekunden später gefolgt von der eigentlichen Explosion. Köhlers Körper wurde dabei buchstäblich zerfetzt, eine zweite Hand nie gefunden. Nach Auffassung von Sprengstoffexperten des Bundeskriminalamts müssen nach Lage der Dinge allerdings beide Hände Köhlers bei der Explosion des Sprengsatzes pulverisiert worden sein. Die im Gleisbett gefundene Hand muss also von einem anderen Menschen stammen, der in unmittelbarer Nähe zum Sprengsatz stand. Ebenso wie ein später gefundener, einzelner »verschmauchter Finger«. Allerdings weisen alle im Umfeld aufgefundenen Leichen und Verletzten noch beide Hände beziehungsweise alle Finger auf. Es muss also einen oder zwei Unbekannte geben, denen beim Geschehen eine Hand beziehungsweise ein Finger abgerissen wurde, und die unentdeckt den Tatort verließen. Das passt zu Zeugenaussagen, die davon berichten, dass Köhler unmittelbar vor der Explosion mit einem zweiten Mann am Sprengsatz hantierte.

Die aufgefundene, abgerissene Hand wird von der Polizei ans Rechtsmedizinische Institut der Universität München überstellt, dort auch der Eingang quittiert. Während die Laborbücher vorher und nachher lückenlos vorliegen, fehlt ausgerechnet das Exemplar, in dem die Befunde der Hand aufgezeichnet wurden. Da Köhler zuvor nicht behördlich aufgefallen war, liegen keine archivierten Fingerabdrücke von ihm vor. Die Hand ist so gut erhalten, dass sie nach der serologischen Untersuchung (die keine Übereinstimmung mit Köhler ergab) ans bayrische Landeskriminalamt zurückgeschickt wird zwecks Abnahme von Fingerabdrücken. Dies erfolgt auch. Die genommenen Abdrücke vergleicht man nun mit den in der Tübinger Studentenbude und in seinem Elternhaus genommenen Abdrücken. Dabei kann eine Übereinstimmung festgestellt werden, und zwar mit einem einzigen Abdruck, in Köhlers Aktenordner »Wintersemester«. Die Polizei geht trotz dieser dünnen Beweislage davon aus, dass die Hand Köhlers Hand war. Dies eine weitere Merkwürdigkeit, sollte man doch annehmen, dass Köhlers Fingerabdrücke auf einer Vielzahl von Gegenständen in seinem Studentenzimmer und seinem Elternhaus hätten gefunden werden müssen. Der Fingerabdruck hätte dann einer zweiten, bislang unbekannten Person im Umfeld Köhlers gehören müssen, die auch noch am Tatort dabei war. Die Einzeltätertheses wäre schon zu diesem Zeitpunkt in sich zusammengefallen.

Die Hand wird dann vom bayrischen LKA weiter ans Bundeskriminalamt geschickt. Bereits ein halbes Jahr nach der Tat, im Februar 1981, werden im Bayrischen Landeskriminalamt die dort verwahrten Saug- und Faserproben sowie die 48 Zigarettenstummel aus Köhlers Wagen, einem braun-metallicfarbenen Ford Consul mit dem Kennzeichen »VS-DD 500« vernichtet. Die Stummel stammten von sechs verschiedenen Marken, teils mit, teils ohne Filter. So dass die Annahme naheliegt, dass sie von verschiedenen Personen (mit unterschiedlichen Vorlieben) geraucht wurden. Mit heutiger Kriminaltechnik hätte man an diesen Zigarettenstummeln mit Leichtigkeit noch brauchbare DNA-Spuren zum weiteren Abgleich gewinnen können. Die restlichen über 500 Asservate (Beweisstücke vom Tatort wie Leichenteile, Bombenteile, sonstige Spuren) werden 1997 in einem rechtsstaatlichen Verfahren hohnsprechenden Akt von Angestellten der Generalbundesanwaltschaft vernichtet. Die Hand ist also weg, genauso wie alle anderen polizeilich archivierten Asservate aus diesem Fall, auf rätselhafte Weise aus dem BRD-Beamtenapparat verschwunden.

Wann kamen Zweifel an der Einzeltäterthese auf? Schon frühzeitig häufen sich die Hinweise, dass Köhler wohl kaum allein gehandelt haben kann. So müssen die Ermittler einräumen, dass in Köhlers Wohnräumen und seinem in München abgestellten Auto keinerlei Spuren des verwendeten militärischen Sprengstoffs oder eines Bombenbaus gefunden wurden. Zudem berichten einige Zeugen von Dingen, die nicht zu einer Einzeltäterschaft passen. Zeuge Frank Lauterjung sagt aus, er habe Köhler etwa eine halbe Stunde vor der Explosion nahe dem Tatort mit zwei Männern in grünen Parkas gesehen und ihn dann im Eingangsbereich des Oktoberfestes beobachtet. Köhler habe eine weiße Plastiktüte mit einem zylinderförmigen schweren Gegenstand und einen kleinen Koffer getragen. Anschließend habe er die Tüte in einen Papierkorb gestellt. Lauterjung erzählt, er habe sich wegen eines »unguten Gefühls« unmittelbar darauf zu Boden geworfen. Wenige Sekunden später sei die Bombe explodiert. Lauterjung kann den toten Köhler anhand seiner Kleidungsreste identifizieren. Als Grund für seine Observationen am Tatort gibt Lauterjung an, er habe als Homosexueller an diesem Abend am bekannten »Schwulentreff« rund um das Oktoberfest Sexualpartner gesucht. Andere Zeugen bestätigen, nach der Explosion wenige Meter vom Explosionsort entfernt einen kleinen Koffer gesehen zu haben. Dieser wird allerdings bei den kriminaltechnischen Untersuchungen des Tatorts nicht gefunden. Jemand muss ihn also vom Tatort entfernt haben. Lauterjung stirbt zwei Jahre nach dem Attentat »überraschend« im Alter von 38 Jahren an »Herzversagen«, der erste von merkwürdigen Todesfällen rund um das Attentat. Jahre später tauchen Briefe auf, aus denen hervorgeht, dass Lauterjung mit Anfang 20 ab 1965 beim rechtsextremen »Bund Heimattreuer Jugend « (BHJ) »Zweiter Bundesführer« und »Standortführer« gewesen sei. Er wurde dann jedoch von anderen BHJ-Leitern verdächtigt, für den Verfassungsschutz zu spionieren, woraufhin man ihn ausschloss. Anschließend taucht Lauterjung 1967 in der linken Szene Westberlins auf, im Umfeld des Berliner SDS. Journalisten vermuten, er habe im Auftrag des Verfassungsschutzes Personen wie Rudi Dutschke oder später Köhler beschattet. Die Ermittler sind bis heute weder Lauterjungs Hinweisen auf mögliche Mittäter noch dessen eigenen Verbindungen zur rechtsextremen Szene nachgegangen.

Eine weitere Zeugin sagt aus, Köhler und ein zweiter Mann hätten sich kurz vor der Explosion gegenübergestanden und an einem weißen Gegenstand hantiert. Dann sei es zur Explosion gekommen. Kurz zuvor habe sie einen der beiden Männer weglaufen sehen. Einen Tag nach dem Anschlag, am 27. September 1980, weisen zwei inhaftierte Rechtsextremisten darauf hin, der bekannte BRD-Rechtsradikale Heinz Lembke habe einer Gruppe von ihnen im August 1980, wenige Wochen vor dem Attentat, militärischen Sprengstoff und Zünder gezeigt und angeboten, sie in deren Gebrauch auszubilden. Er habe auch von Waffendepots im Wald gesprochen. Zwei Tage später wird die Wohnung Lembkes durchsucht, allerdings ergebnislos. Lembke wird nicht verhört und im Abschlussbericht von 1982 zum Attentat nicht erwähnt.

Ein Jahr nach dem Anschlag, nach einem zufälligen Waffenfund, im Oktober 1981 festgenommen, verrät Lembke bei den polizeilichen Verhören über 20 geheime, tief im Wald versteckte Waffendepots. Seinen Angaben zufolge gibt es ein weiteres Depot, das er nicht preisgeben will, und das auch nie gefunden wird. Lagerten dort die Bombenbaumaterialien, die in München zum Einsatz kamen? Diese Frage lässt sich heute nicht mehr beantworten, denn Lembke verübt einen Monat später, im November 1981, Selbstmord. Der zweite merkwürdige Todesfall im Umfeld des Oktoberfest-Attentats. Förster Lembke zählt aufgrund seines Berufs (und seiner rechtsradikalen politischen Einstellung) zum bevorzugten Rekrutierungskreis für eine geheime NATO-»Stay behind«-Organisation (SBO), die seit Beginn der fünfziger Jahre in Westeuropa implementiert worden war. Sie wurde in den neunziger Jahren unter ihrem Tarnnamen »Gladio« bekannt. Die Agenten dieses Netzwerks, versehen mit Funkgeräten, Waffen und Sprengstoff in geheimen Waffenlagern, sollten nach einer Besetzung Westeuropas durch sowjetische Streitkräfte hinter den feindlichen Linien bleiben und dort Sabotage- und Terroranschläge verüben. 2008 werden Akten des DDR-Ministeriums für Staatssicherheit (MfS) bekannt, denen zufolge es von Lembkes Wohnort aus regelmäßige Funkkontakte zum BRD-Geheimdienst »Bundesnachrichtendienst« (BND) gegeben hatte. Das MfS hatte diese Funkkontakte der NATO-Stay behind-Organisation (SBO) »Gruppe 27« zugeordnet.

Von Mitgliedern der »Wehrsportgruppe Hoffmann« (WSG) gibt es Aussagen, denen zufolge der Anschlag von der WSG organisiert worden sei. Eines dieser Mitglieder ist Stefan Wagner. Er liefert sich anderthalb Jahre nach dem Anschlag aufs Oktoberfest am 2. August 1982 eine Schießerei mit der Polizei samt Geiselnahme und stundenlanger Verfolgungsjagd. Die Geiseln sagen später aus, während der Verfolgungsjagd habe Wagner seine Teilnahme am Münchner Attentat zugegeben, wenige Augenblicke, bevor er sich selbst tötete. Der dritte Todesfall rund um den Oktoberfest-Anschlag. Ein weiteres »Mitglied« der WSG ist Walter Ulrich Behle, V-Mann des Verfassungsschutzes Nordrhein-Westfalen. Er sagt Anfang Oktober 1980 in Damaskus in einem Privatgespräch über den Anschlag: »Das waren wir selbst.« Behle wird aufgrund der Zeugenaussage seines Gesprächspartners im Juli 1981 bei der Einreise in die BRD festgenommen, erklärt aber, er habe unter Alkoholeinfluss gestanden und nur angeben wollen. Von Teilen der Presse wird vermutet, dass die WSG im Rahmen einer »False-flag-Aktion« den von ihr durchgeführten Anschlag linksextremen Terroristen in die Schuhe schieben wollten, um so den Ausgang der »Bundestagswahl« am 5. Oktober 1980 zugunsten rechter Parteien wie der CSU zu beeinflussen. Nutznießer wäre damit Kanzlerkandidat Franz Josef Strauß gewesen. Da im Zug der Ermittlungen schnell klar wurde, dass Rechtsextremist Köhler (einer) der Täter war, verpufft diese Absicht.

2010 fordern die Anwälte der Anschlagsopfer eine weitere DNA-Analyse der Indizien vom Tatort, wie beispielsweise der Bombensplitter und der abgerissenen Hand, die keinem der Opfer zugeordnet werden konnte und deshalb aus ihrer Sicht als Hinweis auf einen Mittäter gilt. Das Bundeskriminalamt teilt daraufhin mit, dass alle Fundstücke spätestens 1997 vernichtet worden seien. Anfang April 2013 sagte ein Mann namens Andreas Kramer vor dem Luxemburger Kriminalgericht im Prozess um die luxemburgische Anschlagsserie der »Hochleitungs-Bomber« unter Eid aus, sein im November 2012 verstorbener Vater habe ihm auf dem Totenbett gestanden, den Anschlag auf das Oktoberfest und andere Attentate im Rahmen seiner Tätigkeit für den BND eingefädelt zu haben. Sein Vater habe den aus US-Beständen stammenden Sprengstoff mit Hilfe des niederländischen Militärgeheimdienstes beschafft, den Bau der Bombe überwacht und Attentäter Köhler angeworben. Beweise für seine Behauptungen legt Kramer nicht vor. Von Verwandten wird Kramer als notorischer Lügner bezeichnet. In bewährter Manier wird Kramer daraufhin von der Presse als völlig unglaubwürdig dargestellt und nach Kräften in schlechtem Licht dargestellt.

Im Mai 2013 prüft der Generalbundesanwalt auf Antrag der Opferanwälte erneut, ob ausreichende Hinweise für eine Wiederaufnahme der Ermittlungen vorliegen. Dafür spricht sich zuvor auch Bundesjustizminister Heiko Maas aus, der dazu auf ähnliche Versäumnisse bei der Aufklärung der NSU -Morde hinwies. Im Juni 2014 räumt Bayerns Innenminister Herrmann erstmals ein, dass in den ihm unterstellten Justizbehörden noch nicht ausgewertete Akten zum Attentat und der WSG lagern. Im Juli 2013 kündigt er an, den Opferanwälten Akteneinsicht zu gewähren. Am 11. Dezember 2014 ordnet Generalbundesanwalt Harald Range die Wiederaufnahme der Ermittlungen an. Hierbei steht die Aussage einer Zeugin im Vordergrund, die kurz nach dem Anschlag bei einem Rechtsextremisten Flugblätter gesehen haben will, auf denen Gundolf Köhler als Täter gerühmt wurde – zu einem Zeitpunkt, als dieser von der Polizei noch gar nicht bekanntgegeben worden war, so dass es Mittäter oder zumindest Mitwisser gegeben haben müsste. Seinerzeit war die Zeugin nach eigenen Angaben von der Polizei nicht ernst genommen worden. Die neuerlichen Ermittlungen werden dem Bayerischen Landeskriminalamt übertragen. Im Januar 2015 fordert der Generalbundesanwalt vom Bundesamt für Verfassungsschutz (BfV) und dem Bundesnachrichtendienst

(BND) die Offenlegung ihrer Aktenbestände über das Oktoberfestattentat. Als Reaktion auf die Weigerung der Bundesregierung, Auskunft über den Einsatz von V-Personen in der Wehrsportgruppe Hoffmann durch deutsche Geheimdienste zu geben, reichen zwei Fraktionen im Mai 2015 eine bis heute anhängige Klage beim Bundesverfassungsgericht in Karlsruhe ein.

Doch auch von anderer Seite gibt es Hinweise auf mögliche Hintermänner des Anschlags, Hinweise, die einmal mehr auf eine Verwicklung der NATO-SBO Gladio in den Anschlag hindeuten. Der Schweizer Historiker Daniele Ganser schreibt in seinem Buch »NATO-Geheimarmeen in Europa« (2008), eine deutsche SBO-Gruppe sei am Oktoberfestattentat beteiligt gewesen. Der Rechtsextremist Heinz Lembke sei ein SBO-Mann gewesen, die von ihm bewachten Waffenlager hätten der SBO gehört. Im Juni 2009 wird im BRD-Parlament »Bundestag« eine Kleine Anfrage gestellt. Unter anderem wird der Bundesregierung die Frage gestellt, ob Erkenntnisse vorlägen, die einen Zusammenhang zwischen diesem Attentat und dem wenige Wochen vorher begangenen Anschlag von Bologna vom 2. August 1980 nahelegen. Zudem wird nach der »Aktion Wandervogel« gefragt, laut MfS-Aufzeichnungen der Code-Name für eine Aktion der Verfassungsschutzämter dreier Bundesländer (Bayern, Baden-Württemberg und Hessen), bei der einen Tag vor dem Bombenanschlag die später tatverdächtige WSG intensiv beobachtet, die Beobachtung aber wenige Stunden vor dem Anschlag abgebrochen wird. Die Antwort der Bundesregierung vom 22. Juni 2009 lautet, dass ihr die betreffenden Tatsachen bekannt seien, aber keine neuen Erkenntnisse darüber vorlägen. Sie lehne die Beantwortung zahlreicher Detailfragen, die den Geheimdienstbereich tangieren, aus Gründen des Geheimnisschutzes ab.

Joachim Fiebelkorn aus Eppstein im Taunus ist ein weiterer Informant des BKA und mehrerer Geheimdienste. Er baut in den sechziger Jahren zusammen mit Klaus Barbie, dem ehemaligen Gestapo-Chef von Lyon, in Bolivien eine antikommunistische Terrorgruppe auf. In Unterlagen des MfS wird das Gerücht kolportiert, Fiebelkorn habe sich am 13. Juli 1980 in Rom mit WSG-Chef Karl-Heinz Hoffmann sowie französischen und italienischen Rechtsextremisten zwecks Absprache künftiger Anschläge getroffen. Einen von ihnen ist Stefano delle Chiaie, ein bekannter rechtsradikaler Terrorist, der zeitweilig auch über Marcel Hepp in Kontakt zur CSU steht. Chiaie und seine Terrororganisationen wie »Ordine Nuovo« sind in den siebziger und achtziger Jahren für antikommunistische Terroranschläge auf mehreren Kontinenten verantwortlich. Allerdings wird er in mehreren Gerichtsverfahren in Italien jeweils freigesprochen – was entweder für seine Unschuld, oder für seine Protektion durch einheimische oder ausländische Geheimdienste spricht. Was könnte Hoffmann bei einem Treffen in Italien besprochen haben? Anschläge in der BRD nach italienischem Muster? Hoffmann bestreitet, zu diesem Zeitpunkt überhaupt in Italien gewesen zu sein; Fiebelkorn habe er nie gesehen oder gesprochen. Mehrere Ermittlungsverfahren gegen den zeitlebens geschickt agierenden Hoffmann (die WSG führte beispielsweise bei ihren »Übungen« nie scharfe Waffen mit, die Kenntnis ihrer Bedienung wurde vorausgesetzt; geübt wurde nur mit entschärften Waffen) werden ergebnislos eingestellt. In den Akten zum Oktoberfest-Anschlag ist festgehalten, dass Köhler drei Wochen vor dem Attentat mit Freunden voller Hochachtung über Hoffmann sprach.

Knapp drei Monate nach dem Münchner Anschlag ermordet der 29-jährige Uwe Behrendt, ein Mitglied des HTS und Anhänger Hoffmanns, in Erlangen den jüdischen Rabbiner und Verleger Shlomo Lewin und dessen Lebensgefährtin. Lewin hatte mehrfach kritische Reportagen über die WSG publiziert und Hoffmann mit Hitler verglichen. Behrendt flüchtet nach einer Zwischenstation im oberfränkischen Schloss Ermreuth, dem Wohnsitz Hoffmanns seit 1978, in die DDR. Monate später taucht er im Libanon auf, misshandelt dort trainierende Mitglieder der WSG, denen mangelnde Gesinnungstreue vorgeworfen wird, und verübt wenig später Selbstmord. Noch ein merkwürdiger Todesfall im Umfeld des Münchner Anschlags. In Gießen werden US-Soldaten damals durch Autobomben von WSG-Mitgliedern verwundet. Trotz ihrer umfangreichen Erkenntnisse halten die Behörden bis heute an ihrer These vom »Alleintäter« Köhler fest. Und das, obwohl Köhlers Bruder Hermann bei der Polizei auf dessen Querverbindungen in die rechtsradikale Szene hinwies. Der HTS, die WSG und andere Terrorzellen der Rechten bleiben nach dem Anschlag aufs Oktoberfest weitgehend unbehelligt, die wie auch immer staatlich beeinflusste Gewalt der Rechtsextremen ein latentes Problem der Bundesrepublik bis in die Gegenwart (so auch die nur bruchstückhaft aufgeklärten NSU-Morde).

Festzuhalten bleibt, dass die von Zeugen des Oktoberfest-Anschlags beobachtete Fehlzündung einer zweiten Bombe, ebenfalls am Haupteingang, allerdings in einem Gulli verborgen (die charakteristische Ausbrenn-Flamme steigt aus einem Gullideckel hoch, es folgt jedoch keine Detonation) von den Behörden ebenso unbeachtet bleibt wie zwei weitere auffällige Charakteristika dieses Anschlags. Dabei geht es um die Bombe, und zwar zum einen um ihre Bauart, zum anderen um den verwendeten Sprengstoff. Bis heute ist die genaue Zusammensetzung des Sprengstoffs nicht herausgefunden beziehungsweise nicht bekanntgegeben worden. Es soll sich jedoch um eine Variante des militärischen Sprengstoffs TNT handeln (und nicht um eine in Heimarbeit zusammengerührte Mischung aus Pflanzenschutzmitteln o.ä.). Wenn jemand Sprengstoff verwendet, der aus militärischen Quellen stammt, muss er in Kontakt zu Personen stehen, die Zugang zu solchem Sprengstoff haben. Auch dieser Frage wird nicht nachgegangen. Die Behörden begnügen sich, zumindest der Öffentlichkeit gegenüber, mit der Feststellung, dass es sich um eine Art TNT gehandelt habe. Das zweite Charakteristikum ist die Bauart der Bombe. Für diese Form eines hochkomplexen Sprengsatzes gab es keine direkten Vorbilder. Es gibt keine entsprechenden Bauanleitungen für derartige »Bomben Marke Eigenbau« in der rechtsradikalen Szene (diese sehen anders aus). Auch Köhlers eigene Bombenbauversuche bewegten sich in anderen, dilettantischeren, amateurhafteren Bahnen. Wo sollte er also die Spezialkenntnisse erwerben, die zum Bau einer derartig komplexen Bombe notwendig waren, wie sie in München zur Anwendung kam? Deren Bauart war gegenüber den »üblichen« rechten Sprengsätzen geradezu ein Quantensprung. Ein auffälliger Quantensprung, wie er ebenso 1989 am anderen Ende des politischen Spektrums, bei der RAF (die möglicherweise nur eine Spielart derselben von staatlichen Stellen betriebenen Strategie war), mit dem Anschlag auf den Chef der Deutschen Bank, Alfred Herrhausen, zu verzeichnen war, als – ohne jegliche Präzedenz, aus heiterem Himmel quasi, und ohne dass das jemals in wünschenswerter Weise aufgeklärt worden wäre – ein höchst komplexer Hohlkammer-Sprengsatz zum Einsatz kam, samt Auslösung durch eine Lichtschranke. Zündzeitpunkt, Sprengstoffmenge und Ausmessung mussten mit außerordentlicher Akkuratesse festgelegt beziehungsweise durchgeführt worden sein, um den Anschlag zu seinem »erfolgreichen« Ende zu bringen. Mit den sonstigen, mit eher grobem Werkzeug, dem »Vorschlaghammer« durchgeführten Anschlägen der RAF war dieser schlicht nicht vergleichbar. Der Herrhausen-Sprengsatz war so präzise programmiert, dass er exakt die hintere Wagentür des mit rund 50 Stundenkilometern fahrenden Wagens traf, während der vorne sitzende Chauffeur nahezu unverletzt blieb.

Die Münchner Bombe von 1980, die Köhler und die anderen Opfer tötete beziehungsweise verstümmelte, war wie der Herrhausen-Sprengsatz von auffällig anderer, höherer, professioneller Qualität – das macht sie so einzigartig und sichert ihr unter den Sprengsätzen der Attentate dieser Zeit ein Alleinstellungsmerkmal. Wobei wiederum zu hinterfragen ist, ob das nicht vorher bedacht worden ist, bevor man so einen auffälligen Komplex-Sprengsatz vorbereitete. Denn man musste damit rechnen, dass die Auffälligkeit des Sprengsatzes Fragen aufwerfen würde. Aber wie gesehen, gingen die Behörden dieser Frage nicht nach, daher hat man – falls es so war – richtig kalkuliert, dass das unerheblich sein würde. Oder es wurde von höherer Stelle dafür gesorgt, dass dies nicht thematisiert wurde. Wie sah sie nun im Einzelnen aus, die Münchner Bombe, was hat man rekonstruieren können? Als äußere Hülle diente eine abgesägte, um ihren ursprünglichen Sprengstoff entleerte Mörsergranate aus britischen Armeebeständen. Aus diesem Umstand ergibt sich schon die erste Frage: Wer hat Zugang zu britischen Mörsergranaten beziehungsweise das Fachwissen, diese zu zerlegen und zersägen? Bei der Granate waren der obere Deckel samt Aufschlagzünder sowie am anderen Ende das Leitwerk für die Flugbahn abgesägt worden. In die Hülle war die Treibgasflasche eines Feuerlöschers eingebracht worden. Der Hohlraum zwischen der Innenwand der Granate und der Außenwand der Treibgasflasche war mit verflüssigtem TNT-Sprengstoff ausgegossen worden. Zuvor waren in den Hohlraum Schrauben, Nägel und Muttern eingebracht worden, um die Splitterwirkung zu verstärken, wie sie die Granatenhülle ohnehin bekanntermaßen auslöste.

Ein weiteres Charakteristikum der Bombe: Weder in Köhlers Auto, noch in seiner Studentenbude oder in seinem Elternhaus in Donaueschingen (wo er sich einen Bastelkeller eingerichtet hatte) fanden sich Spuren des Sprengsatzes. Weder vom Sprengstoff, von der mit einer Flex vorbehandelten Granatenhülle noch von der ebenfalls angesägten Treibgasflasche. Wo soll Köhler also angeblich die Bombe zusammengebaut haben? Wo hat er sie geplant (denn auch entsprechende Zeichnungen konnten nirgends in seinem Lebensumfeld gefunden werden). Wer hat ihm das Spezialwerkzeug zur Verfügung gestellt? Wo befand sich die eigentliche Bombenbastelwerkstatt? Wer hat ihm den Sprengstoff verschafft? Wer hat das hochbrisante TNT dazu noch verflüssigt und in die Granatenhülle gegossen? Alles Fragen, die bis heute unbeantwortet geblieben sind. Und damit unübersehbare Hinweise, dass Köhler keinesfalls ein »verwirrter Einzeltäter« gewesen sein kann, dass die eigentlichen Hintermänner des Anschlags also bis heute frei herumlaufen.

Olof Palme –
ein ungeklärter Mordfall

Freitag, 28. Februar 1986. Sveavägen, die Ausgehmeile im Zentrum von Schwedens Hauptstadt Stockholm. Es ist 23.23 Uhr. Winterliche Minustemperaturen, leichter Schneefall. Olof Palme, seines Zeichens Ministerpräsident des Landes, schlendert nach einem Kinobesuch mit seiner Frau nach Hause. Die Leibwächter hat er schon mittags weggeschickt. Schweden gilt als äußerst friedliches Land. Ein kleines Paradies innerhalb der Westblock-Länder. Flächenmäßig größer als die BRD, aber nur zehn Millionen Einwohner. Seit Jahrzehnten von »Sozialdemokraten« regiert, deren Parteivorsitzender Palme ist, und die ein Füllhorn an Wohltaten über die Arbeitnehmer ausgeschüttet haben. Die obersten zehn Prozent der Gesellschaft grummeln zwar über die zuletzt erhöhten Steuersätze, haben aber ansonsten keinen Grund zu klagen. Ein Versuch von Gewerkschaften und Teilen der Regierungspartei, die Eigentumsverhältnisse in der Wirtschaft grundlegend zu ändern, wurde vor kurzem erfolgreich neutralisiert. Die Milliardengewinne der großen Konzerne sprudeln wie eh und je. Die Stimmung ist insgesamt gut im »Volksheim« genannten Wohlfahrtsstaat.

Palme fühlt sich sicher. Seit mehreren Jahrhunderten ist kein öffentlicher Mandatsträger umgebracht oder auch nur attackiert worden. Palme ist unbeschwert. Der Film, den er mit seiner Frau gesehen hat, eine Komödie, hat ihm gute Laune gemacht. Er freut sich auf das vor ihm liegende Wochenende. Sie kommen zur Ecke Tunnelgatan, schauen noch in die Schaufenster des größten Kaufhauses für Künstlerbedarf vor Ort namens »Dekorima« (heute »Urban Deli«). Da tritt von hinten ein Mann an das Paar heran, fasst Palme mit der linken Hand an der linken Schulter, während er gleichzeitig einen großkalibrigen Revolver in der rechten Hand abfeuert. Palme stürzt paralysiert zu Boden, aus seinem Mund und der Brustwunde ergießt sich ein Schwall Blut auf den hartgefrorenen Schnee. Ein zweiter Schuss hallt von den Gebäudefassaden ringsum wieder. Der Täter hat auch auf Frau Palme geschossen, die sich entsetzt über ihren getroffenen Mann beugt, die Kugel streift sie nur am Rücken. Olof Palme, 59 Jahre alt, stirbt innerhalb von wenigen Sekunden. Ein heranrasender Krankenwagen bringt ihn noch mit Blaulicht zum nahe gelegenen »Sabbatsberg«(!)-Hospital. Dort können die Notfallärzte nur noch den Tod des Ministerpräsidenten feststellen.

Der Anschlag auf den Regierungschef schickt Schockwellen durch Schweden und die umliegenden europäischen Länder. Palme ist ein in weiten Kreisen geachteter wie beliebter Politiker, der sich in der Vergangenheit für eine gerechtere Zivilgesellschaft, für die Gleichberechtigung von Frauen, gegen den Vietnamkrieg und für internationale Verständigung abseits der Blockkonfrontation eingesetzt hat. Der dadurch aber auch einiges an Unmut von der rechten Seite auf sich zog. Zunächst herrscht allgemeines Entsetzen und Rätselraten, wer der Täter sein könnte, was dessen Motiv. Denn es scheint keinen erkennbaren Grund zu geben für eine so entsetzliche, in aller Öffentlichkeit begangene Tat. Weder im privaten Umfeld des Politikers noch in dessen Regierungshandeln. Was nun folgt, gilt als bisher im europäischen Maßstab beispiellose Serie von Pleiten, Pech und Pannen während der Ermittlungsarbeiten, die letztlich bis heute erfolglos bleiben. Nach zwei Jahren wird schließlich ein Verdächtiger präsentiert und im ersten Anlauf verurteilt, muss aber wegen Verfahrensfehlern und mangelnden Beweisen wenige Monate später wieder freigelassen werden. Seitdem stochert die Polizei im Nebel, ist nicht in der Lage, den Attentäter oder auch nur dessen mögliches Motiv zu ermitteln.

Ähnlich wie das bis heute unaufgeklärte Attentat auf den US-Präsidenten John F. Kennedy von 1963 (siehe: Johannes Seiffert: *Die größten Täuschungen der Geschichte.* Berlin 2016, S. 219 ff.) beschäftigt der Anschlag auf Palme seitdem die Menschen. Immer neue Spekulationen und Verschwörungstheorien machen die Runde. Aber warum konnte der Mordfall bisher nicht aufgeklärt werden? Woran scheiterten bislang die Bemühungen, Täter und Motiv festzustellen? Gibt es möglicherweise Anlass dazu, an den offiziellen Darstellungen zum Fall zu zweifeln? Wir werden versuchen, auf den nächsten Seiten die bisherigen Erkenntnisse neu zu bewerten. Dazu wollen wir uns zunächst mit der naheliegendsten Frage beschäftigen: Wer war dieser Olof Palme eigentlich? Eine nähere Betrachtung der Person soll Aufschluss darüber geben, ob hier tatsächlich – wie von vielen Menschen bis heute angenommen – Hinweise auf ein gigantisches Täuschungsmanöver vorliegen oder nicht. Ob also die wahren Hintergründe dieses Mordanschlags aus Gründen bis heute vertuscht werden, die möglicherweise mit ihm als Person zu tun haben. Zugespitzt in der Frage, ob Palme wirklich die Lichtgestalt war, als die er in weiten Kreisen verehrt wird.

Olof Palme, geboren 1927 in einem Stockholmer Nobelviertel, das zur Kirchengemeinde des 1. Artillerieregiments gehört, ist Sohn einer großbürgerlichen, konservativen Familie. Ihm wird ein finanzaristokratisches Netzwerk in die Wiege gelegt. Großvater Sven Palme,

Generaldirektor der Thule-Versicherungsgesellschaft, Großonkel Bankvorstand Henrik Palme, der Vater, Generaldirektor Gunnar Palme. Väterlicherseits hat die Familie Wurzeln in den Niederlanden, seine Großmutter väterlicherseits, Hanna von Born, entstammt schwedischem Adel. Seine Mutter Elisabeth von Knieriem gehört dagegen einer Familie des baltendeutschen Adels in Lettland an. Ihr Urgroßvater war vom Zaren in den Adelsstand erhoben worden, ihr Großvater Senator im Kaiserlichen Staatsrat Russlands. Sie kommt 1915 als Flüchtling nach Schweden. Dort leitet Olofs Onkel mütterlicherseits, Ottokar von Knieriem, die Stockholmer Vertretung der Dresdner Bank und gilt 1933ff als Nazi-Sympathisant. Ein weiterer Verwandter, der in Deutschland aufgewachsene August von Knieriem, ist von 1926 bis 1945 Vorstand des Chemie- und Rüstungskonzerns IG Farben, notorisch geworden im Zusammenhang mit der Errichtung der KZ Auschwitz, sowie als Muttergesellschaft des Herstellers von Massenmord-Giftmittel Zyklon B. Im Rahmen der Nürnberger Prozesse freigesprochen, kann er nach dem Zweiten Weltkrieg seine Karriere unbehelligt beim BRD-Chemiekonzern BASF (einer IG Farben-Nachfolgefirma) fortsetzen. Olof Palme senior, der Bruder von Olof Palmes Vater, kooperiert dagegen im Ersten Weltkrieg mit der kaiserlich-deutschen Armee bei der »Insurgierung« des damals russischen beziehungsweise sowjetischen Finnlands (siehe: *Die größten Täuschungen der Geschichte*, S. 173 ff.), stellt Einheiten rechtsextremer, antibolschewistischer schwedischer Freiwilliger im finnischen Bürgerkrieg auf, und wird beim Sturm auf das »rote« Tampere im April 1918 erschossen. Schon diese erste Betrachtung der Familie Olof Palmes zeigt also, dass im Gegensatz zur öffentlichen Wahrnehmung, die diese biographischen Hintergründe meistens ausblendet, Licht und Schatten in der Palme-Dynastie traditionsgemäß eng beieinanderliegen, und dass – wie in Schweden schon fast genetisch bedingt – ein starker antirussischer Affekt vorherrscht.

Man muss schon sehr weit zurückgehen in der schwedischen Geschichte, um zu den Wurzeln des beharrlichen, traditionellen schwedischen Anti-Russismus zu gelangen, aus dem dann ein Antibolschewismus wurde, aus dem dann wieder ein Anti-Russismus wurde. Genau genommen rund tausend Jahre. Es beginnt damit, dass westliche Historiker reklamieren, Schweden sei das Land, das die Staatswerdung auf russischem Boden überhaupt erst ermöglicht habe, durch die Gründung von »Waräger«-Siedlungen auf russischem Boden (siehe das Kapitel »Anfänge russischer Staatlichkeit« in diesem Buch). Dabei werden die Fakten mal eben völlig verdreht. Denn tatsächlich regieren die blutrünstigen, schwedischen Normannen alias Waräger nicht, sondern werden von den Russen als Söldner eingesetzt, bei der weiteren Ausdehnung des eigenen Herrschaftsbereiches. Als Schweden dann in der frühen Neuzeit zur nördlichen Führungsmacht aufsteigt und in Skandinavien die Vorherrschaft erringt, fällt der Blick der beutegierigen »Nordmänner« schon bald auf das Baltikum und das dahinterliegende Russland. Mit Polen-Litauen wird man noch fertig. Dann bricht man in krasser Überschätzung der eigenen Kräfte einen Krieg mit Russland vom Zaun. Dieser geht einigermaßen vorhersehbar siegreich für Russland aus. Eine Schmach für Schweden. Die schon während des Kriegs begonnene internationale Russland-Bashing-Kampagne wird von Schweden daher auch nach der Niederlage fortsetzt. Dazu werden beispielsweise in Deutschland geldgierige Lohnschreiber damit beauftragt, antirussische Märchen und Gerüchte in dichter Folge in die Welt zu setzen (siehe: *Die größten Täuschungen der Geschichte*, S. 53 ff.). Nach der

Niederlage im Dreißigjährigen Krieg behält Schweden zwar zunächst wenigstens noch seine norddeutschen Besitzungen in Pommern, muss sie allerdings 1815 endgültig an Preußen abtreten. Man zieht sich beleidigt schmollend auf das schwedische Heimatland zurück. Nur um dann im 20. Jahrhundert wieder die antirussische Speerspitze zu übernehmen. Alles Weitere ist Geschichte.

Zurück zu Olof Palme (junior). Dieser wächst in der familieneigenen, palastartigen Villa (Östermalmgatan 36, heute Rumänische Botschaft) in Stockholm auf. Die Vorkriegssommer 1927–1939 verbringt die Familie auf den Knierim-Gütern bei Riga (Lettland). Nach 1989 erhält Familie Palme die lettischen Güter rückübertragen und schenkt sie der Heilsarmee, die heute dort eine Schule betreibt. Palmes Vater stirbt, als er sechs Jahre alt ist. Olofs Jugend als Halbwaise verstärkt sicherlich sein Bedürfnis nach Nähe zu Vaterfiguren wie auch sein Eintreten für eine »beschützende Gesellschaftsordnung«. Als kränkliches Kind wird Palme häufig von Privatlehrern unterrichtet. Von seinem Kindermädchen lernt er Französisch, mit seiner Mutter spricht er Deutsch, in der Schule lernt er Englisch. Nach seinem Abitur 1944 im Alter von 17 Jahren beginnt Palme seinen Militärdienst bei der 6. Schwadron des ebenso traditionsreichen wie elitären Norrlands Dragonerregiment (K4), einer Kavallerie-Einheit der schwedischen Armee im lappländischen Umeä. Das Jäger-Regiment ist eine Spezialeinheit, trainiert auf Operationen in der Tiefe des feindlichen Raumes bei subarktischem Klima. Palme wechselt dann zur Kadettenschule des königlichen Kavallerie-Leibregiments Garde du Corps und beendet den Militärdienst 1946 als Fahnenjunker der Kavallerie. Er beginnt zum Sommersemester 1947 ein Jura-Studium an der Universität Stockholm. Im Wintersemester 1947/48 erhält er ein US-Stipendium für ein

Studienjahr am Kenyon College (Ohio, USA). Die in einer Kleinstadt von knapp 3.000 Einwohnern gelegene Hochschule gilt mit ihren Gebäuden aus dem 19. Jahrhundert als eine der architektonisch attraktivsten akademischen Institutionen der USA, zudem fernab von den »verderblichen Einflüssen« der Großstädte. Einer seiner Mitstudenten dort ist Schauspieler Paul Newman. Gleichzeitig ist das Kenyon College eine der US-Hochschulen mit starker CIA-Präsenz zur Anwerbung von Einflussagenten, beispielsweise durch den Herausgeber der einflussreichen Literaturzeitschrift *The Kenyon Review*, John Crowe Ransom, einen langjährigen Rekrutierer für die Zentrale in Langley.

Ähnliche Strukturen zur großflächigen Anwerbung von westeuropäischen Nachwuchs-Kadern durch die CIA sind etwa die vom späteren US-Außenminister Henry Kissinger Anfang der fünfziger Jahre etablierten Harvard International Summer Schools, zu der jährlich 5.000 »vielversprechende« Talente aus aller Herren Länder eingeladen (und angeworben) werden. Über das Fulbright-Stipendienprogramm werden seit 1945 jährlich weitere 5.000 Studenten und Lehrende aus den USA ins Ausland beziehungsweise internationale Akademiker in die USA gebracht. Mit der Operation Mockingbird bringt die CIA ebenfalls in den fünfziger Jahren die großen US- und im zweiten Schritt die großen Westblock-Medien auf Linie. Die Medienkonzerne verpflichten sich, gemäß den Vorgaben der CIA im Rahmen der Psychologischen Kriegsführung gegen Links beziehungsweise gegen die Sowjetunion zu »berichten«. Die im eigenen Land entstandene Protestbewegung der schwarzen Bevölkerung wird innerhalb der FBI-Operation Cointelpro unterwandert und per Psychoterror, aber auch mittels staatlich angeordneter Mordanschläge, zersetzt. Ebenfalls in den fünfziger Jahren startet die CIA im Rahmen der Psychologischen Kriegsführung gegen die Sowjetunion einen verdeckten »Kulturkrieg«, etwa über den von ihr heimlich finanzierten und geführten »Kongress für kulturelle Freiheit«, der unter anderem im europäischen Teil des Westblocks viele sozialdemokratisch (und strikt antikommunistisch) gesinnte »Linksliberale« üppig alimentiert (für die BRD: Heinrich Böll, Siegfried Lenz, Martin Walser, Eugen Kogon und andere). In von der CIA »hintenrum« finanzierten Blättern, wie der *Partisan Review*, dem *Encounter* und dem *New Leader*, publiziert auch ein Willy Brandt regelmäßig. Die Honorare für veröffentlichte Artikel bestehen aus hohen Dollarbeträgen, so sichert man sich eine treue Gefolgschaft. Gleichzeitig wird gegen den sozialistischen Realismus des Ostens die westliche abstrakte Kunst propagiert, wird gegen den staatspolitisch engagierten Künstler im Ostblock der »individualistische« (und natürlich antikommunistische) Künstler im Westblock gefeiert. Was unter anderem dazu führt, dass prokommunistisch engagierten Autoren aus dem Osten wie Hermann Kant bis heute der ihnen zustehende Führungsrang im Kanon europäischer Literatur verweigert wird (Kant gehört unstrittig zum Besten, was die deutsche Literatur nach 1945 hervorgebracht hat). Antikommunistische Literatur etwa von Arthur Köstler und George Orwell wird mit insgeheimer finanzieller und publizistischer Unterstützung der CIA in hohen Auflagen unters naive Westblock-Volk gebracht, »Dissidenten« aus dem Osten auch bei mangelhafter literarischer oder sonstiger künstlerischer Qualität im Westblock hofiert und mit hochdotierten Stipendien alimentiert.

Palme erwirbt am Kenyon College einen Bachelor-Abschluss in Volkswirtschaftslehre und Politologie. Im Sommer 1948 trampt er durch die USA und Mexiko. Später wird er sagen, sein Aufenthalt in den USA habe ihn angesichts ungerechter Vermögensverteilung und Rassismus zum Sozialisten gemacht. Tatsächlich spricht vieles dafür, dass er damals von der CIA rekrutiert wurde. Rückblickend muss man konstatieren, dass die dem weiteren Leben Palmes zugrunde liegende Schizophrenie beziehungsweise Heuchelei beziehungsweise Scheinheiligkeit von lautstarkem öffentlichen Linksgehabe einerseits und heimlicher CIA-Gefolgschaft andererseits hier ihren Anfang nimmt. Zurück in Schweden setzt er sein Jura-Studium an der Universität Stockholm fort, das er 1951 mit dem Staatsexamen abschließt. 1949 tritt er der »Sozialdemokratischen Partei Schwedens« (SDP) bei, 1951 der »Sozialdemokratischen Studentenvereinigung«. Die »Sozialdemokraten«, seit 1917 stärkste Partei in Schweden, sind dort quasi Staatspartei, die seit 1931 den Ministerpräsidenten stellt. Der SDP beizutreten bedeutet, sich die Eintrittskarte in oberste Etagen der politischen Szene Schwedens zu verschaffen.

Was spricht denn nun für die Annahme, dass Palme damals von der CIA rekrutiert wurde, welche Umstände lassen sich hierfür heranziehen? Für die Annahme spricht eine Reihe von Gründen. Nehmen wir beispielsweise die Tatsache, dass Palme kurz nach seiner Rückkehr aus den USA 1950 damit beginnt, der US-Botschaft in Stockholm Informationen über »linksradikale«, »philokommunistische« schwedische StaatsbürgerInnen zukommen zu lassen. Nehmen wir des Weiteren die Tatsache, dass er für die CIA Anfang der 1950er Jahre eine internationale, antikommunistische Studentenorganisation aufbaut. Und dann ist da last but not least eine Person, mit der sich die Lebensstationen und Lebenswege Palmes immer wieder auf merkwürdige Weise überschneiden, eine Person, die als sein Gegenspieler, als Dunkelmann, als Gegenentwurf zur Lichtgestalt Palme gelten könnte, wenn dieser denn eine Lichtgestalt gewesen wäre (was es im Folgenden noch weiter zu hinterfragen gilt): William Colby, langjähriger Spitzenagent der CIA, von 1973 bis 1976 deren Chef. Auch er stirbt keines natürlichen Todes, sondern wird – ziemlich genau zwanzig Jahre nach der Ermordung Palmes – einen Tag, bevor er im US-Senat zum CIA-Folterprogramm MK Ultra aussagen soll, während eines Paddelbootausflugs 1996 unter merkwürdigen Umständen tot aufgefunden. Colby gehört Ende der vierziger Jahre einer CIA-Abteilung mit dem harmlosen Titel *Office of Policy Coordination* (OPC, Büro für Politikkoordination) an. Im Gegensatz zu ihrem harmlosen Titel ist Tun und Treiben dieser Abteilung so ziemlich das Gegenteil von harmlos. Es ist die CIA-Abteilung, die dafür da ist, Verbrechen zu begehen. Ihr unterstehen die paramilitärischen Einheiten der CIA, die für verdeckte Kriegsführung eingesetzt werden, aber auch die Propaganda und die Beeinflussungseinheiten. Hier werden die »dreckigen« Jobs erledigt. Colby ist innerhalb der OPC für Westeuropa zuständig, und zwar genauer gesagt für Skandinavien. Colby war schon während des Zweiten Weltkriegs für die CIA-Vorgängerorganisation OSS als Agent verdeckt in Norwegen eingesetzt worden.

Colbys Aufgabe: für den Fall einer sowjetischen Besetzung Westeuropas beziehungsweise Skandinaviens dort ein tragfähiges paramilitärisches Agentennetzwerk aufzubauen, dass dann hinter den künftigen sowjetischen Linien Sabotage- und Propagandaaktionen durchführen könnte. Dieses Netzwerk wird mit geheimen Waffen- und Nahrungsmitteldepots ausgestattet, um unabhängig agieren zu können. Es geht also um den Aufbau einer Stay-Behind-Organisation (SBO), wie sie in den 1990er Jahren im Zusammenhang mit dem italienischen Gladio-Skandal ans Licht der Öffentlichkeit gelangten und wie sie in allen westeuropäischen Ländern vorhanden waren (unabhängig, ob diese der NATO angehörten oder nicht) und die direkt der NATO unterstanden. Ziel ist es, für den Fall einer sowjetischen Offensive eine sofort aktionsbereite NATO-Guerillatruppe zur Verfügung zu haben. Colbys Aufgabe ist es auch, Führungskräfte für das SBO-Untergrundtruppe auszuwählen, und es liegt nahe, anzunehmen, dass jemand wie Palme, der ohnehin eine militärische Spezialausbildung hatte, sehr bald als möglicher Kandidat auf der Liste Colbys auftauchte. Diese Führungskräfte sollen geheime Trainingslager in den USA durchlaufen und dann zuhause ihrerseits (ohne offizielle Bindung an die CIA) ihre Untergebenen mit den Grundlagen der Guerrilla-Kriegsführung vertraut machen. Möglicherweise, das ist bis heute nicht sicher bewiesen, ist Palme der bis heute Unbekannte, der in den fünfziger Jahren für Propaganda und Psychologische Kriegsführung innerhalb dieser schwedischen SBO zuständig ist. Daneben baut Colby – und das ist in unserem Zusammenhang noch wichtiger – in jedem dieser Länder, also auch in Schweden, parallel zur örtlichen NATO-SBO noch ein zweites geheimes Netzwerk auf, das einzig und allein dem Kommando der CIA untersteht, und von dem die örtlichen Regierungen nichts wissen, von dem die NATO nichts weiß. Dies für den Fall, dass das gemeinsame Netzwerk aus welchen Gründen auch immer verraten beziehungsweise deaktiviert werden sollte. Dazu gehören auch einzelne einheimische Top-Agenten, die ohne Wissen ihrer Regierung für solche Pläne der CIA bereitstehen. Zu diesem Zweck werden in diesen Ländern auch US-Undercover-Agenten platziert oder angeworben, die unter der Legende einer privaten Agenda dort ihren Wohnort nehmen und in unauffälligen Berufen (beispielsweise als Journalist oder Politiker) arbeiten. Auch hier zählt Olof

Palme zu den möglichen, »natürlichen« Zielpersonen für so eine Rekrutierungsaktion. Er könnte also seit den fünfziger Jahren in einer doppelten Geheimfunktion, einmal für die NATO-SBO, einmal für die CIA selbst, unterwegs gewesen sein.

Schon bald wird Colby selbst nach Skandinavien versetzt, als Stationschef der CIA. Und wohin? Nirgends anders als in die unmittelbare Nähe Palmes, in die schwedische Hauptstadt Stockholm. Colbys Dienstsitz ist die damals auf der Altstadt-Insel Gamla Stan am Köpmantorget beheimatete US-Botschaft. Eben dort, im Promi-Wohnviertel Gamla Stan, wohnt Palme bis zu seiner Ermordung in einer luxuriösen, zweihundert Quadratmeter großen, über drei Etagen reichenden Stadtwohnung in der Västerlanggatan 31 – ein Geschenk des wohlhabenden Wirtschaftsnobelpreisträgers Gunnar Myrdal. Besondere Aufmerksamkeit verdient, womit sich Colby in seiner Zeit als CIA-Stationschef in Stockholm beschäftigt. Er arbeitet zu diesem Zeitpunkt an einer neuen Strategie der CIA, welche die Durchschlagskraft der antikommunistischen Umtriebe der CIA drastisch verstärken soll. Colby ist auf einen ebenso einfachen wie genialen Gedanken gekommen. Neben der traditionellen Förderung von Rechtsextremisten zur Durchsetzung der CIA- beziehungsweise US-Ziele nimmt er eine neue, gänzlich anders geartete Gruppe von potenziellen Unterstützern in den Blick, welche von der CIA beziehungsweise den Westblock-Geheimdiensten insgesamt bislang sträflich vernachlässigt wurde. Er hat sich nicht weniger zum Ziel gesetzt, als gezielt verdeckte Bündnisse mit den »sozialistischen« beziehungsweise »sozialdemokratischen« Parteien Westeuropas aufzubauen beziehungsweise diese zu infiltrieren. Sein Hintergedanke ist es, den fanatischen Antikommunismus der »sozialdemokratischen« Parteien zu nutzen, um diese als zusätzliche Verbündete im gnadenlosen Kampf an allen Fronten gegen die Sowjetunion einzuspannen. Von einem der scharfsinnigsten Beobachter der Politikgeschichte im 20. Jahrhundert wurden die »sozialdemokratischen« Parteien nicht zu Unrecht die »konterrevolutionärste Kraft der Weltgeschichte« genannt, der auch hinzufügte, er habe sich nicht vorstellen können, dass die »Sozialdemokraten« nach Kriegsbeginn 1914 »einfach vor dem nationalen Militarismus zu Kreuze kriechen würden« (Trotzki). Und wie die weitere Geschichte belegt, hat Colby im Rahmen der Zusammenarbeit mit den derart gestrickten »Sozialdemokraten« eine äußerst erfolgreiche Strategie entwickelt. Möglicherweise sogar das entscheidende Element, das beim Vernichtungskampf gegen die Sowjetunion letztlich den Ausschlag für den Sieg des Westblocks gab. Parallel dazu arbeitet die rechtsgewirkte US-Dachgewerkschaft AFL-CIO daran, die westeuropäischen Gewerkschaften auf US-Kurs beziehungsweise auf eindeutig antikommunistischen Kurs zu bringen.

Und auch wenn einige Herren in der Chef-Etage der CIA anfangs so ihre Zweifel hatten, ob das so mir nichts, dir nichts funktionieren würde: Es funktioniert. Es funktioniert sogar bei weitem besser, als es sich Colby & Co. in ihren kühnsten Träumen hätten ausmalen können. Die »sozialdemokratische Internationale« tritt dem neuen Bündnis mit der CIA beziehungsweise den USA begeistert bei, sie ist über die ebenso unverhofften wie lukrativen Kontaktversuche aus Washington entzückt und gewillt, alles in ihrer Macht Stehende zu tun, um das gemeinsame Ziel zu erreichen: die Vernichtung der Sowjetunion. In Schweden sind es Palme und sein gleichgestrickter Chef, der bisherige Ministerpräsident Tage Erlander, die sich für die neue Strategie engagieren. In der BRD wird der CIA-finanzierte Willy Brandt der geheime Frontmann, samt der von ihm geleiteten »SPD«. Brandts Chefideologe Egon Bahr verdient damals seine Brötchen beim CIA-Tarnsender RIAS in Westberlin, ist also ohnehin schon im Boot. Die BRD-»SPD« engagiert sich von Stund an noch stärker im unerbittlichen Untergrund-Kampf der Westblock-Geheimdienste gegen die DDR beziehungsweise die Sowjetunion. Dazu nutzt sie von ihr schon zuvor geschaffene geheime Untergrundstrukturen wie das Brandt persönlich unterstellte »Büro Ost«, das Sabotage und Verteilung von Westblock-Propaganda in der Deutschen Demokratischen Republik koordiniert. Gleichzeitig bereitet das BRD-Ministerium »für innerdeutsche Beziehungen« den »Tag X«, die »Wiedervereinigung«, die »Rückholung« der DDR und deren Besetzung durch die BRD vor. Vorgesehen ist für diesen Fall von Anfang an die umgehende Zerschlagung der planwirtschaftlichen Errungenschaften, die Reprivatisierung der großen Industriebetriebe, die Verschleuderung des Volkseigentums, die Abschaffung des Rechts auf Arbeit, das in der Verfassung der Deutschen Demokratischen Republik verankert ist, etc. Genau dieser Plan wird dann drei Jahrzehnte später, nach der Kapitulation der Deutschen Demokratischen Republik 1989 buchstabengetreu umgesetzt.

Colbys »Aufbauarbeit« für die SBO trägt Anfang der fünfziger Jahre in ganz Skandinavien Früchte. Also im neutralen Schweden, in den benachbarten NATO-Mitgliedstaaten Norwegen und Dänemark sowie in dem offiziell ebenfalls neutralen Finnland. Schweden ist damals wie heute kein NATO-Mitglied, agiert aber schon vor 1945 als vorgeschobene Spitze der Westblock-Militärdampfwalze gegen die Sowjetunion. Colby rekrutiert auch (wie dies die CIA auch in anderen westeuropäischen Ländern vollzieht) »natürliche Verbündete«, also fanatische Antikommunisten von der rechtsextremen Seite. So unter anderem schwedische Rechtsradikale des 1941 (!) gegründeten »Sveaborg«-Geheimbunds und des Manhem-Verbands, der Veteranenorganisation schwedischer SS-Freiwilliger. Dazu gehörte auch Nazi-Kollaborateur Otto Hallberg, der im Zweiten Weltkrieg mit anderen schwedischen Freiwilligen an deutscher Seite in der Sowjetunion wütete. 1952 fliegt die Untergrundorganisation nach Gerüchten von einem bevorstehenden Nazi-Staatsstreich in Schweden und der »versehentlichen« Verhaftung des schwerbewaffneten Hallbergs fast auf. Das Verfahren gegen ihn wird jedoch nach wenigen Tagen wieder eingestellt, als sich die entsprechenden Geheimdienststellen im Hintergrund einschalten.

Die Aufgabe der geheimen NATO-Stay-Behind-Organisation (SBO) in Schweden ist neben dem Guerillakrieg gegen eine mögliche sowjetische Invasionsarmee von Anfang an auch Spionage und Kampf gegen die vermeintliche »fünfte Kolonne« der »Kommunisten« im eigenen Land. Geleitet wird die schwedische SBO während der nächsten Jahrzehnte von Alvar Lindencrona, im Hauptberuf seit 1947 Vorstandsvorsitzender der mit Palmes Familie eng verbundenen Thule-Versicherung. Deren Hauptsitz ist ein Gebäude am Sveavägen 44, Ecke Tunnelgatan (genau an der Stelle, wo Palme 1986 erschossen wird). Von diesem Gebäude aus wird auch die SBO geleitet, ihr stehen innerhalb der Thule-Räumlichkeiten eigene Büros zur Verfügung, die einen gesonderten Eingang auf der Gebäuderückseite, in der Luntmakargatan besitzen, damit Besucher unauffällig kommen und gehen können. Zu den Teilnehmern der regelmäßigen SBO-Meetings gehören die Vorsitzenden der schwedischen Dachgewerkschaft LO und des Arbeitgeberverbandes, sowie Staatssekretär Carl Persson, zum Zeitpunkt der Ermordung Palmes oberster Polizeichef Schwedens. Das bescheidene militärische

Hauptquartier der SBO befindet sich in einem unauffälligen Bürogebäude hinter dem Stockholmer Hauptbahnhof, in der Bergsgatan 16, Stadtteil Kungsholmen. Oberster Chef der SBO ist Ministerpräsident Tage Erlander, wie dieser in seinem Tagebuch verschiedentlich festhält. Palme erbt auch diese Zuständigkeit von seinem Mentor Erlander, als er 1969 Ministerpräsident Schwedens wird. Niemand anders als Olof Palme, das gilt es festzuhalten, übernimmt also ab 1969 die oberste Führung der schwedischen SBO.

Nach der erfolgreichen Implementierung seiner verschiedenen Agentennetze in Skandinavien zieht Colby 1954 weiter. Und zwar in das westeuropäische Land, das ab den fünfziger Jahren für die nächsten Jahrzehnte im Zentrum von CIA-Manipulationen in Europa steht: nach Italien, wo er in den nächsten Jahren ähnliche Dinge vorantreibt beziehungsweise wo die CIA die nächsten Jahrzehnte im Rahmen der »Strategie der Spannung« mit einer Vielzahl von Aktionen bis hin zu unter falscher Flagge (rechts wie links) durchgeführten Terroranschlägen mit Dutzenden von Toten und der Zusammenarbeit mit der Mafia eine mehrfach unmittelbar bevorstehende Machtübernahme der traditionell starken kommunistischen Partei erfolgreich verhindert. 1959 nach Asien versetzt, in die südvietnamesische Hauptstadt Saigon, kümmert sich Colby nach Kräften um den CIA-geführten Diktator Diem, der 1963 – nach einer Neubewertung der Situation durch Langley – in einem von den USA geförderten Coup gestürzt wird. Colbys künftiger Schwerpunkt wird Asien bleiben, ein weiterer Verbindungspunkt mit Palme, der die meisten seiner offiziellen Reisen diesem Kontinent widmet. 1962 kehrt Colby nach Washington zurück, um dort die Leitung der Fernost-Abteilung der CIA zu übernehmen. 1968 soll er dann als Krönung seiner Laufbahn eigentlich die wichtigste Abteilung der CIA, die antisowjetische übernehmen. Aber Präsident Johnson beordert ihn kurzfristig erneut nach Südvietnam, wo Colby angesichts zahlreicher Erfolge der nordvietnamesischen Armee und ihrer südvietnamesischen Untergrund-Unterstützer vom Vietcong die Operation Phoenix startete, die kaltblütige Ermordung mutmaßlicher Kommunisten beziehungsweise ihrer Sympathisanten auf dem Gebiet Südvietnams. Rund 40.000 Vietnamesen sollen dabei per Kopfschuss beziehungsweise nach unmenschlichen Folterungen umgebracht worden sein. 1971 kehrt Colby erneut nach Washington zurück, in die Zentrale der CIA, und wird 1973 Chef der Abteilung für verdeckte Operationen. Wenig später rückt er sogar auf den Chefposten der CIA auf, den er zwei Jahre später allerdings wieder räumen muss. Sein Nachfolger wird ein weiterer Dunkelmann, George H. W. Bush (senior), der spätere US-Präsident. Angebote, seinen Lebensabend auf »bequemen Posten« wie dem als US-Bevollmächtigter im NATO-Hauptquartier in Brüssel zu verbringen, lehnt der 57-jährige Colby ab, offenbar verärgert über seine Entlassung. 1977 gründet er mit einigen Partnern eine Anwaltskanzlei in Washington, für die er die nächsten beiden Jahrzehnte arbeitet, bis zu seinem merkwürdigen Tod 1996.

Doch zurück zu Palme. Auf Verbindungen zu Geheimdienstkreisen deutet dessen nächste auffällige biographische Entscheidung hin. Kaum zurück aus den USA, heiratet der 22-jährige Palme 1949 in Prag die Tschechoslowakin Jelena Rennerová. Sollte er »von Staats wegen« die Ehe mit der Osteuropäerin schließen, um auf diese Weise Informationen aus dem Ostblock zu beschaffen? Oder wird Jelena von östlichen Diensten auf den Nachwuchs-Karrieristen angesetzt? Wie auch immer – die »Paarung« funktioniert nicht, man trennt sich einvernehmlich drei Jahre nach der

Hochzeit. Dies war jedoch nicht die letzte Verbindung zur Tschechoslowakei in der Biographie Palmes, wie wir noch sehen werden. Es gilt dabei im Blick zu behalten, dass die tschechoslowakischen Kundschafter nächst denen des KGB und der Hauptverwaltung Aufklärung der DDR die erfolgreichsten im östlichen Informationsgewinnungsverbund waren. Währenddessen macht Palme steile Karriere. 1952 wird er mit 25 Jahren zum Vorsitzenden der Schwedischen Studentenvereinigung gewählt und tritt somit erstmals ins »nationale Rampenlicht«. Als deren Spitzenfunktionär intensiviert er die internationalen Verbindungen der Vereinigung und unternimmt zahlreiche Reisen, beispielsweise Anfang 1953 eine Rundreise durch Asien, die ihn nach Indien, Ceylon (Sri Lanka), Burma, Thailand, Singapur, Indonesien und Japan führt. Die konkreten Auswirkungen von Kolonialismus und Imperialismus auf die asiatischen Länder hätten ihn schockiert, sagt er später. Zudem beteiligt er sich als Vorsitzender der schwedischen Studentenschaft am Aufbau der insgeheim von der CIA finanzierten »Internationalen Studentenkonferenz« (ISC), die verhindern soll, dass Studenten aus Drittweltländern den Verlockungen des Kommunismus erliegen. Hier gilt es nochmals festzuhalten, dass Palme schon damals CIA-Auftragsjobs erledigt.

Einmal in der Politszene etabliert, wird er kurze Zeit später (mit freundlicher Unterstützung der CIA?), Staatssekretär im Büro des 25 Jahre älteren sozialdemokratischen Ministerpräsidenten Tage Erlander. Erlander ist ebenfalls Leutnant der Reserve, und verbrachte seine Armeezeit beim Militärischen Abhördienst der schwedischen Armee, also einer Spionageorganisation. 1938 als Staatssekretär in die SDP-Regierung von Per Albin Hansson eingetreten, ist Erlander unter anderem für eine ebenso geheime wie verbrecherische Aktion der schwedischen

Regierung verantwortlich: die Einrichtung von Dutzenden geheimer Internierungscamps, in denen während des Zweiten Weltkriegs ohne Prozess beziehungsweise ohne über die ihnen vorgeworfenen Anklagepunkte informiert zu werden, Tausende von deutschen Flüchtlingen, Anarchisten und schwedische Kommunisten eingesperrt wurden. Diese Lager bleiben auch nach 1945 weiter in Betrieb, die meisten Dokumente dazu unterliegen bis heute der Geheimhaltung. Zur Belohnung wird er 1944 Minister ohne Geschäftsbereich, wenig später Bildungsminister Schwedens. Nach dem plötzlichen Tod des bisherigen Ministerpräsidenten Hansson 1946 im Alter von 60 Jahren (unter Umständen, die weiterer Recherchen bedürfen), wird Erlander Ministerpräsident.

Palme gilt ab 1953 als Protegé Erlanders. Dieser setzt den jungen Mann mit der Elite-Militärausbildung und den exzellenten Geheimdienstverbindungen zunächst als Verbindungsmann zum schwedischen Generalstab ein. 1954 rückt der 27-jährige Palme als Staatssekretär in die Staatskanzlei auf, 1961 bis 1963 fungiert er bereits als Leiter der Staatskanzlei. 1962 platziert ihn Erlander nebenbei im Vorstand des neugegründeten staatlichen Internationalen Hilfskomitees Schwedens (NIB, später SIDA), das eng mit der US-Propagandaorganisation USAID zusammenarbeitet, gerade auch im Hinblick auf Osteuropa. 1956 heiratet Palme – nach der »Mésalliance« mit der Tschechoslowakin diesmal standesgemäß – die heimische Psychologin Lisbet Beck-Friis, wie er selbst adliger Herkunft. Ein Jahr später wird Palme erstmals ins schwedische Parlament, den Reichstag, gewählt. Nach zehn Jahren »Frondienst« als Staatssekretär ernennt ihn Erlander 1963 im Alter von 36 Jahren zum Minister ohne Geschäftsbereich im Amt des Ministerpräsidenten, 1965 mit 38 Jahren zum Verkehrs- und dann 1967 mit 40 Jahren zum Bildungsminister. Palme schärft gezielt sein verlogenes, öffentliches Image als »linker Hardliner«, indem er etwa vor den Kameras der Weltpresse im Februar 1968 als amtierender Minister der schwedischen Regierung gemeinsam mit dem nordvietnamesischen Botschafter in der Sowjetunion an einem Protestmarsch gegen den Vietnamkrieg in Stockholm teilnimmt, was wie beabsichtigt zu »heftigen« diplomatischen Reaktionen der USA führt (die natürlich keinerlei praktische Konsequenzen haben). Während Palme gleichzeitig insgeheim die Vorgaben der CIA innerhalb der schwedischen Militär- und Geheimdienstpolitik umsetzt.

In seine Zeit als Vertrauensperson Erlanders fällt eine ebenso weitreichende wie geheime außen- beziehungsweise verteidigungspolitische Entscheidung der schwedischen Regierung: Diese unterzeichnet 1960 eine geheime Vereinbarung mit den USA, welche die unter anderem »Gladio« umfassende, verdeckte militärischen Kooperation der Nachkriegszeit institutionalisiert, und die der schwedischen Öffentlichkeit erst Jahrzehnte später bekannt wird. Die USA erklären sich in dieser Vereinbarung dazu bereit, Schweden in ihre »nukleare Abschirmung« zu integrieren, und stationieren dazu mit Polaris-Atomraketen bewaffnete U-Boote an Schwedens Westküste. Die dort postierten U-Boote verbessern die Erstschlagsfähigkeit der USA drastisch, aufgrund der geographischen Nähe zur Sowjetunion. Gleichzeitig unterschreibt Schweden internationale Vereinbarungen gegen die Verbreitung von Atomwaffen und verzichtet offiziell auf die Entwicklung eigener Atomwaffen – eine Demonstration politischer Scheinheiligkeit von hohen Graden. Zudem arbeiten schwedische und US-Firmen sowie Institutionen im Bereich der Entwicklung neuer Waffensysteme eng zusammen. Im Gegenzug erklärt die schwedische Regierung Schweden zum »inoffiziellen« NATO-Mitglied. Es ist schlicht unvorstellbar, dass Palme von dieser weitreichenden Geheimvereinbarung nichts mitbekommen haben sollte, angesichts seiner zentralen Stellung in der Erlander-Regierung zu dieser Zeit und seiner engen Verbindung zur militärischen Führungsspitze wie zu den Geheimdiensten. Zudem betreibt er – quasi als Beleg für seine zentrale Verstrickung in diese Irrwege der schwedischen Politik – während seiner nun folgenden Regierungszeit bei allem außenpolitischen Friedensgebimmel eine knallharte Politik extremer militärischer Hochrüstung, die dazu führt, dass die schwedischen Militärausgaben in den siebziger und achtziger Jahren zu den höchsten in der Welt zählen. Man muss also im Gegenteil davon ausgehen, dass Palme zeitlebens ein »aktives« CIA-Asset war, jemand, der aktiv CIA-Direktiven für Schweden umgesetzt hat, der also auch an den Verhandlungen mit den USA aktiv beteiligt war (auch wenn die entsprechenden Dokumente bis heute der Geheimhaltung unterliegen).

1969 übernimmt der 42-jährige Palme nach dem Rücktritt Tage Erlanders den Parteivorsitz der SDP, den er bis zu seiner Ermordung 1986 nicht mehr abgibt, und parallel dazu dessen Amt als Ministerpräsident. Erlander war rekordverdächtige 23 Jahre lang Ministerpräsident Schwedens (von 1946 bis 1969), und hatte seinerseits bereits, beflügelt vom starken Wirtschaftswachstum, – bei offizieller Neutralität – die Streitkräfte Schwedens drastisch vergrößert. Soziale Wohltaten einerseits, drastische Aufrüstung andererseits, das ist das schwedische Rezept dafür, in der Welt klarzukommen, die einstmals starke kommunistische Partei Schwedens zu marginalisieren, den »starken Staat« durchzusetzen, als verschworenes Mitglied des Westblocks. Die schwedische Luftwaffe ist zum Ende seiner Amtszeit die drittstärkste weltweit. Palme setzt vordergründig die Idee von der »gerechten Gesellschaft« fort, die Erlanders »öffentliche«, »sozialdemokratische« »Reformpolitik« der 1950er und 1960er Jahre prägte. Es sei an dieser Stelle nochmals betont, dass gerade die sozialen Wohltaten kein Beweis für die humanistische Grundeinstellung der »Sozialdemokraten« sind, sondern eine gezielt eingesetzte Strategie darstellen, um kommunistischer Konkurrenz im eigenen Land die Argumente und die Wählerbasis zu nehmen. Eine Strategie, wie sie niemand anders als die CIA empfohlen hat. Palme setzt damit für Schweden das um, was gleichzeitig Willy Brandt in der BRD betreibt: direkt an der Block-Konfrontationsgrenze künstlich einen kapitalistischen »Musterstaat« »marktwirtschaftlich-sozialer Prägung« zu erschaffen, der als propagandistisch wichtiges, attraktives, glitzerndes, schickes Gegenmodell zu den grauen Mangelstaaten des Ostblocks herhalten soll: wirtschaftlich scheinbar erfolgreich, wohlhabend-luxuriös, mit hohen Profiten für die obersten zehn Prozent der Gesellschaft, bei gleichzeitiger Vergabe von Almosen an die Arbeitnehmerschaft in Form von einer Flut von kleinen, nicht allzu teuren Wohltaten, die den schuftenden Arbeitnehmern im Ostblock ihre Benachteiligung gegenüber den »Malochern« im Westblock täglich verdeutlichen soll – als Teil der psychologischen Kriegsführung gegen den Osten und gegen die zunehmend verkümmernde kommunistische Konkurrenz im eigenen Land. Zusammengefasst im ebenso berühmten wie falschen Slogan »Im Westen fährt jeder Arbeiter Mercedes«. Nach 1989 werden die während der Blockkonfrontation verteilten Almosen an die Arbeitnehmerschaft sukzessive wieder zurückgenommen, in Schweden, in der BRD, wie auch im Westblock insgesamt (von den USA ganz zu schweigen). Eine kommunistische Konkurrenz ist nach dem Zusammenbruch des Ostblocks nun keine »Gefahr« mehr für die »Sozialdemokraten« beziehungsweise die CIA.

Öffentlich setzt Palme auf eine familienpolitische Agenda, mit Gleichstellung der Geschlechter im Berufsleben, mit umfassender Kinderbetreuung zur Entlastung der Mütter und mit steuerlicher Gleichstellung der Ehepartner. Er setzt die Umstellung des schwedischen Parlamentssystems vom Zweikammern- auf das Einkammerprinzip 1971 durch, lässt 1975 die bisherige Verfassung von 1809 durch eine Neufassung ersetzen, die dem schwedischen Königshaus so gut wie alle formalen politischen Rechte entzieht, wie etwa der Kabinettssitzungen unter Leitung des Monarchen, und Schweden zu einer parlamentarischen Republik macht. Er verstärkt den Kündigungsschutz für Arbeitnehmer und setzt die Erhöhung der Steuersätze für Gutverdiener fort. Er erhöht die Rente auf 57 Prozent des letzten Nettogehaltes und die Lohnfortzahlung im Krankheitsfall auf 90 Prozent, und verbessert das Kindergeld. Eine Schulreform geht einher mit der Abschaffung der Studiengebühren. Zudem setzt er sich für Gleichberechtigung der Geschlechter ein. Um die Luftverschmutzung zu reduzieren, lässt Palme Kohle durch Atomkraftwerke ersetzen; bis heute bezieht Schweden einen Großteil seines Stroms aus Kernkraft. Außenpolitisch kritisiert er in den achtziger Jahren deutlich das südafrikanische Apartheid-Regime, was die schwedischen Rechtsradikalen auf die Palme (!) bringt, und lässt dem oppositionellen ANC um seinen inhaftierten Sprecher Nelson Mandela ebenso finanzielle Hilfen zukommen wie der palästinensischen Befreiungsorganisation PLO (bei gleichzeitiger enger Zusammenarbeit Schwedens mit den israelischen Geheimdiensten).

Wofür Palme wirklich steht, zeigt sich nach dem linken Militärputsch (»Nelkenrevolution«) in Portugal 1974.

Dem Land »droht« nach dem Sturz der jahrzehntelangen rechtsradikalen Salazar-Diktatur eine Machtübernahme durch die traditionell starke kommunistische Partei Portugals, stärkste Partei im Land laut eilig durchgeführten Umfragen, ein Schreckgespenst nicht nur für die CIA und die USA, sondern auch für das »sozialdemokratische« Establishment Westeuropas. In einer idealen Welt hätte das portugiesische Volk die Chance bekommen, sich ohne Beeinflussung von außen eine Regierung ihrer Wahl – frei und selbstbestimmt – zu wählen. Auch wenn diese am Ende kommunistisch gewesen wäre. Doch das freie Selbstbestimmungsrecht der Völker gilt für die CIA wie für die »sozialdemokratischen« Parteien nur so lange, wie es in ihre Geostrategie passt. Portugal darf nicht selbst bestimmen. Das lassen die versammelten Akteure von Westblock-Geheimdiensten und »Sozialdemokraten« nicht zu. Ministerpräsident Olof Palme setzt sofort nach dem Putsch in enger Absprache mit der CIA, zusammen mit der BRD-»SPD« (in Form der »Friedrich-Ebert-Stiftung«, mit Hilfe der BRD-»CSU«-»Hanns-Seidel-Stiftung« vom anderen Ende des politischen Spektrums) alles daran zu verhindern, dass das portugiesische Volk für Portugal eine kommunistische Regierung wählt. Das geostrategisch bedeutsame Land soll koste was es wolle im Westblock-NATO-Lager gehalten werden. Analog zu dem, was seit 1948 in Italien, aber parallel auch in Frankreich und in Spanien ab 1977 betrieben wurde: die psychologische und die verdeckte Kriegsführung in den Ländern Westeuropas, die starke kommunistische Parteien aufwiesen. Zu diesem Zweck organisieren die CIA, die internationalen »Sozialdemokraten« und ihre Helfershelfer von der CSU Geheimaktionen. Im Vorfeld der umgehend angesetzten ersten freien Wahlen Portugals werden unter anderem die nichtkommunistischen Parteien während des Wahlkampfs heimlich mit Millionenbeträgen ausgestattet, um durch dominierendes Wahlkampfgetöse den Ausgang der Wahl in westlichem Sinne zu manipulieren. Die CIA tut mit geheimdienstlichen Winkelzügen zur Diskreditierung der Kommunisten im Land ein Übriges. Alles zusammen erzielt die gewünschte Wirkung. Die »sozialdemokratischen« Parteien erringen den Wahlsieg, Portugal bleibt in der NATO. Der sicher geglaubte Wahlsieg der KP Portugals wird dauerhaft verhindert.

In seinem Heimatland Schweden betreibt Ministerpräsident Palme gleichzeitig eine Politik extremer Hochrüstung, der geheimen Zusammenarbeit mit der NATO, der geheimdienstlichen Überwachung der schwedischen Bevölkerung. Noch während der Regierungszeit Erlanders entsteht 1963 das IB, das Informationsbyrån (Informationsbüro) unter Leitung von Birger Elmér. Dabei handelt es sich um einen illegalen, jeglicher parlamentarischer Kontrolle entzogenen Inlandsgeheimdienst, der Erlander direkt untersteht. Dem IB obliegt die Steuerung der Zusammenarbeit mit der CIA und anderen Westblock-Geheimdiensten gegen den gemeinsamen Feind, die Sowjetunion und ihre Allianzstaaten. Besonders eng arbeitet das IB neben der CIA auch mit dem israelischen Geheimdienst Shin Beth zusammen. Dabei werden etwa von »unverdächtigen« Schweden palästinensische Flüchtlingslager besucht, fotografiert und kartiert, die anschließend »merkwürdigerweise« von der israelischen Luftwaffe gezielt bombardiert werden. Die illegalen Operationen fliegen mitten in der ersten Regierungszeit Palmes auf. Zwei investigative Journalisten, Peter Bratt und der später als Romanautor berühmt gewordene Jan Guillou (er schreibt mittlerweile nahe an der schwedischen Realität und ihrer Schattenseiten angelehnte Kriminalromane) veröffentlichen im Mai 1973 im linken Magazin *Folket i*

Bild / Kulturfront umfangreiche Informationen dazu, was auch international für Aufsehen sorgt.

Die Öffentlichkeit nimmt mit Staunen zur Kenntnis, dass es abseits jeglicher parlamentarischen Kontrolle einen Geheimdienst gibt, direkt Olof Palme und Verteidigungsminister Sven Andersson unterstellt. Dieser illegale Geheimdienst überwacht und führt Unterlagen auch über schwedische Staatsbürger mit »linker Gesinnung«. Als »Gestapo«-ähnliche Organisation hat das IB »linke« Organisationen infiltriert und versucht sie immer wieder durch Einsatz von Agents Provocateurs zu Straftaten zu verleiten. Das IB führt unter anderem Einbrüche in die ägyptische Botschaft in Stockholm durch, sowie weitere Einbrüche in die Büros der schwedischen kommunistischen Partei, bei einer Vietcong-Unterstützungsorganisation und einer maoistischen Partei Schwedens. Zudem wird ein dichtes Agentennetz im benachbarten Finnland (dem »Frontstaat« zur Sowjetunion) aufgebaut, dem auch der damalige finnische Außenminister Leskinen angehört. Palme lässt den Skandal einige Monate vor sich hinsimmern, verweigert jegliche Stellungnahme, und streitet dann im November 1973 alles ab. Die Journalisten werden verhaftet und wegen angeblicher Verleumdung vor Gericht gestellt. Anfang Januar 1974 werden sie zu einem Jahr Haft verurteilt. Ein parlamentarischer Untersuchungsausschuss kommt zu dem vorhersehbaren Ergebnis, dass angeblich von staatlicher Seite keine strafbaren oder illegalen Handlungen vorliegen.

Erst Jahrzehnte später stellt sich heraus, dass Vorläufer des 1973 als IB enttarnten illegalen Inlands- und Auslandsgeheimdienst Schwedens bereits 1939 gegründet worden waren (als *Gränssektionen*/»Grenzamt« zur Überwachung der Außengrenze und der Ein- und Ausreisenden). Seitdem führte dieser Geheimdienst ein

Leben im Untergrund, unter dem Radar des Parlaments und der Öffentlichkeit. Angestellte dieses Dienstes sind dafür verantwortlich, kurz vor der Kapitulation des mit Nazi-Deutschland verbündeten Finnlands 1944 nahezu die gesamte Mannschaft des finnischen Militärgeheimdienstes samt Kopien aller Unterlagen nach Schweden zu schaffen. Die meisten Finnen kehren wenige Monate später wieder in ihre Heimat zurück, arbeiten aber verdeckt weiter für Schweden, wo auch die Unterlagen verbleiben (beziehungsweise der CIA weitergereicht werden). Die GS wird 1946 in »T-Büro« (T-Kontoret) umbenannt, nach weiteren Umorganisationen entsteht als Nachfolgeorganisation 1963 das IB, aus dem dann seinerseits anschließend der neue illegale Geheimdienst *Gemensamma byrån för underrättelser* (GBU) (1973–1982) und anschließend die *Sektionen för särskild inhämtning* (SSI) (1982–1994) hervorgehen. Deren aktueller Nachfolger ist das *Kontoret för särskild inhämtning* (Büro für spezielle Informationssammlung), mittlerweile Teil des schwedischen Militärgeheimdienstes MUST.

Doch die Tage der sorglosen Alleinherrschaft der SDP unter Palme sind bald vorüber. Zum einen entsteht nach den regulären Wahlen 1973 eine Pattsituation, in der die SDP eine Minderheitsregierung stellt und damit permanent vor parlamentarischen Krisensituationen steht, zum anderen generieren die weltwirtschaftlichen Probleme nach der Ölkrise 1973 wie in der BRD, so auch in Schweden ökonomische Probleme. Westblock-Staaten wie Schweden und die BRD durchlebten immer wieder wirtschaftliche Krisen, so schon Ende der vierziger Jahre (der Korea-Krieg half bei ihrer Beseitigung), Ende der fünfziger Jahre (der aufziehende Vietnam-Krieg half), in den siebziger Jahren, in den achtziger Jahren. Dann begann 1989 der neuerliche BRD-»Sonderweg« mit den durch die billig erworbene »Wiedervereinigung« beziehungsweise Besetzung der DDR generierten Milliardengewinnen und der daran anschließenden Ausbeutung Resteuropas im Rahmen der EU mit ungebremstem, Einheitswährungs-gestütztem Exportüberschuss des »Exportweltmeisters« BRD, was umgekehrt einen permanenten Kapitalabfluss, einen *capital drain* aus den Zielländern in die immer reicher werdende BRD bewirkt. Die Weltfinanzkrise 2007/08 bedeutet nur eine kurze Atempause, dann nimmt der BRD-Koloss wieder Fahrt auf, setzt sich die ungebremste Dominanz der BRD im Westblock-Wirtschaftssystem fort, bis heute. Wobei von den jährlich steigenden Milliardengewinnen der Industriekonzerne, der obersten Zehntausend, bei der Masse der depravierten, »globalisierten«, entrechteten, im Niedriglohnsektor und mit befristeten Verträgen gefangenen Prekariatsangehörigen nicht nur nichts ankommt, sondern gleichzeitig mit freundlicher Unterstützung der SPD eine Umverteilungspolitik fortgesetzt wird, bei der munter immer weitere Milliarden von unten nach oben geschaufelt werden. Lohnerhöhungen? Seit Jahren Fehlanzeige. Vollbeschäftigung in regulären Beschäftigungsverhältnissen mit Tariflöhnen? Ebenso Fehlanzeige. Die Masse der Arbeitnehmerschaft wird von dem permanent steigenden Wohlstand am oberen Ende der Gesellschaftspyramide immer weiter abgekoppelt, aus den gentrifizierten ehemaligen Arbeiterwohnbezirken in die Randsiedlungen abgedrängt, ausgegrenzt, zum ewigen Dasein im Mangel beziehungsweise »Hartz IV« verurteilt, bei steigender Kinderarmut und sinkender Lebenserwartung in der ehemaligen, jetzt abrutschenden beziehungsweise abgerutschten Mittelschicht.

Zurück zum schwedischen Exponenten der Westblock-Internationale zur psychologischen Kriegsführung gegen den Osten, zurück zu Palme. Der parallel zu seinem lautstark öffentlich vorgetragenen Antiamerikanismus immer auch einen entschiedenen Antibolschewismus beziehungsweise den »Sozialdemokraten« eigenen fanatischen Antikommunismus vertritt. Zwar spricht er positiv über populäre Gestalten wie Fidel Castro und Salvador Allende, verurteilt gleichzeitig ebenso scharf die sowjetische Intervention in der Tschechoslowakei 1968 sowie das Regime des rechtsextremen spanischen Diktators Franco, aber auch die »Diktatur« Husaks in der Tschechoslowakei nach 1968. 1972 kritisiert er die US-Bombardierung Hanois in scharfen Worten und vergleicht sie mit Verbrechen des »Dritten Reichs« wie der Einrichtung von Vernichtungslagern etwa in Treblinka. Als Reaktion darauf geben sich die USA erneut theatralisch öffentlich empört, man beruft den Botschafter ab, friert die diplomatischen Beziehungen ein, nur um wenige Monate später wieder zum *business as usual* zurückzukehren – weil die geheimen Vereinbarungen zur militärischen und nachrichtendienstlichen Zusammenarbeit die ganze Zeit gültig bleiben und blendend funktionieren. Also auch hier eine Demonstration von Scheinheiligkeit in höchster Perfektion. Palme, so stellt es sich aus heutiger Sicht dar, gibt in einmaliger Verlogenheit öffentlich den »Progressiven«, den überzeugten »Linksliberalen«, betreibt aber gleichzeitig insgeheim, abseits der öffentlichen Aufmerksamkeit eine entschieden reaktionäre, rechtsgerichtete, proamerikanische, pro-NATO-Geheimpolitik. Dass ihm sein öffentliches Auftreten für »linke« Regimes die öffentlichen Anfeindungen von rechten Kreisen einträgt, stärkt seine (auf perfider Täuschung der Öffentlichkeit beruhende) »Glaubwürdigkeit«. Dasselbe Prinzip lässt sich bei der US-Puppe Willy Brandt beobachten, der zwar von Rechts für seine »Verständigungspolitik« angefeindet wird, sich aber gleichzeitig buchstabengetreu an die Vorgaben der

CIA zur psychologischen Kriegsführung gegen die Sowjetunion hält: die »sozialdemokratischen« Parteien stellen dabei die »weiche«, Soft Power nutzende »linke Zangenbacke«, Hochrüstung und öffentliche Schmähungen sowie Neokonservatismus die Hard Power nutzende »rechte Zangenbacke« im Rahmen des Doppelangriffs des Westblocks Marke Colby auf die Sowjetunion dar. Zwei Seiten einer Medaille, die untrennbar zusammengehören, auch wenn man sich öffentlich als angeblich unversöhnliche Gegner geriert. Der »öffentliche« und der »geheime« Palme vertreten also diametral entgegengesetzte Positionen, eine Form der Schizophrenie, die gerade bei »Sozialdemokraten« in der Weltpolitik extrem häufig vorkommt.

Palme baut frühzeitig enge persönliche Beziehungen zu anderen Spitzenvertretern der internationalen »Sozialdemokratie« wie Willy Brandt (BRD) und Bruno Kreisky (Österreich) auf, mit denen er zeitweise die »Heilige Dreifaltigkeit« der »Sozialdemokratischen Internationalen« bildet. Bei den vorgezogenen Neuwahlen zum Schwedischen Reichstag 1976 erzielte die SDP unter Palme allerdings »nur noch« 43 Prozent der Stimmen, das schlechteste Ergebnis seit 1932. Die mit ihren Kinderbüchern zur Millionärin gewordene Autorin Astrid Lindgren gilt als Mitbegründerin des konservativen Wahlsiegs 1976. Sie hatte kurz vor der Wahl in einer ätzenden Satire das angeblich so ungerechte Steuersystem des Landes angeprangert. Als moralische Instanz wird ihr natürlich besonderer Glauben geschenkt. Obwohl die Sache an sich höchst lächerlich ist. Sie beklagt darin, dass sie angeblich 102 Prozent Steuern zahlen müsse. Und verschweigt dabei, dass es sich um einen Grenzsteuersatz handelt, der nur für über das normale Einkommen hinausgehende Einkünfte zu bezahlen ist. Ab einer bestimmten Höhe mussten diese Einkünfte dann tatsächlich komplett samt einer Strafsteuer von zwei

Prozent an den schwedischen Staat abgeführt werden. Dass Lindgren sich auf diese dümmliche Weise am Wohlfahrtsstaats-Bashing beteiligte, wirft ein bedenkliches Licht auf ihren Status als angeblich so menschenfreundliche Autorin. Denn letztlich sollte es die selbstverständliche, nicht in Frage zu stellende, moralische Verpflichtung reicher Menschen sein, den ihnen durch eigene Tätigkeit, durch Glück oder durch Erbe zugefallenen Wohlstand zumindest ansatzweise mit den weniger Wohlhabenden zu teilen, beziehungsweise mit ihren Steuerzahlungen (ohne Ausnutzung der zahllosen Schlupflöcher) für die Funktionsfähigkeit des Staates, für seine Pflege der Infrastruktur beispielsweise, die ja von den Reichen gern genutzt wird (Flughäfen, Autobahnen, das Straßenverkehrssystem insgesamt, das Schulsystem etc.) zu sorgen.

Gewerkschaftliche Forderungen nach Einführung von aus Unternehmensgewinnen gespeisten Arbeitnehmer-Aktienfonds zur Umverteilung der Besitzverhältnisse in der Wirtschaft verschärfen in der zweiten Hälfte der siebziger Jahre die Gegensätze zu den bürgerlichen Parteien und zur Kapitalseite. Die vom schwedischen Arbeitgeberverband gezielt strategisch mit »Spielgeld« in Millionenhöhe versorgten bürgerlichen Parteien erreichen 1976 erstmals seit Jahrzehnten die Mehrheit und regieren das Land, bis Palme bei vorgezogenen Wahlen 1982, bei der die Sozialdemokraten 46 Prozent erzielen, an die Macht zurückkehrt. Er bleibt von nun an Regierungschef bis zu seinem Tod Anfang 1986. Seine letzten beiden Lebensjahre sind gekennzeichnet von öffentlichen Reibereien mit militärischen Führern wie dem Oberkommandierenden Hans von Hofsten, die Palme auf dem Höhepunkt der angeblichen sowjetischen U-Boot-Inkursionen für politisch zu schwach gegenüber der Sowjetunion halten und erklären, dass sie kein Vertrauen mehr zu ihm hätten.

Doch Palme sorgt auch selber für negative Schlagzeilen. So »vergisst« er 1985 das lukrative Harvard-Stipendium seines Sohnes bei der Steuererklärung anzugeben, wie ihm einmal mehr Jan Guillou nachweist. Ein gefundenes Fressen für die konservative Presse des Landes, die damit Stimmung gegen Palme macht – in Schweden gelten Steuervergehen als besonders abscheuliche Verbrechen, zumal von Politikern. Außereheliche Affären, Bordellbesuche, Korruption etc. gelten dagegen als »lässliche« Sünden. Solange man brav seine Steuern zahlt.

Doch das *Annus horribilis* 1985 hält für Palme noch weitere Unannehmlichkeiten bereit. Ein weiterer Skandal kocht hoch. Diesmal geht es um die schwedische Rüstungsindustrie. Claes-Ulrik Winberg ist Vorstandsvorsitzender des Rüstungskonzerns Bofors während einer Phase, in der die Firma wirtschaftliche Schwierigkeiten hat. Die Zivilsparte des Konzerns schwächelt und Winberg sucht verzweifelt nach zusätzlichen Absatzmöglichkeiten für die eigentlich florierende Militärsparte, die unter anderem Geschütze herstellt. Da die schwedische Armee im Zuge des angesichts steigender Staatsverschuldung sinkenden Rüstungshaushalts weniger Geschütze abnimmt als früher, verschärft sich die Lage noch. Winberg sucht daher im Export sein Heil, genau wissend, dass er sich hier auf vermintes (!) Gelände begibt. Hat Schweden doch aufgrund seiner nominellen »Neutralität« eine strikte Gesetzgebung, welche Waffenlieferungen in Spannungsgebiete, und zumal an kriegsführende Parteien (die lukrativsten Kunden, die man sich vorstellen kann) rundheraus untersagt. Winberg setzt nun Lobbyisten mit wohlgefüllten Brieftaschen ein, um im schwedischen Parlament freundliche Stimmung für Rüstungsexporte zu machen.

Erste Berichte über angebliche Missetaten des Bofors-Rüstungskonzerns finden bereits im Mai 1984 ihren

Weg in die Presse. Die schwedische Friedensgesellschaft wirft Winberg vor, über den nominellen Zielort Singapur Geschütze in die Spannungsregion am Persischen Golf zu exportieren, nach Dubai und Bahrain. Was streng verboten ist. Nun kommt eine zunehmend anschwellende Lawine von Enthüllungen ins Rollen, der »Bofors-Skandal« ist geboren. Winberg muss im Juni 1985 als Vorstandsvorsitzender des schwedischen Arbeitgeberverbands zurücktreten. Das neuerliche Skandalgebräu bietet bislang ungekannte Einblicke in bis dahin mehr oder weniger hermetisch abgeschirmte Bereiche der schwedischen Wirtschaft und Gesellschaft. Die düsteren Seiten der angeblich moralisch führenden, neutralen schwedischen Society geraten ins Scheinwerferlicht der Öffentlichkeit. Dabei geht es – parallel zu dem, was Bruno Kreisky zeitgleich (!) als »Noricum-Skandal« vor die Füße fällt – um milliardenschwere Lieferungen von Kriegswaffen (in beiden Fällen hochmoderne, weittragende Artilleriegeschütze) an allen gesetzlichen Vorschriften vorbei in Spannungsgebiete und an kriegführende Staaten. Im Zentrum des Bofors-Skandals steht der mehrere Milliarden Euro umfassende Großauftrag zur Lieferung solcher Geschütze nach Indien. Hierfür hat sich Palme selbst bei seinem Jugendfreund, dem indischen Staatschef Radshiv Ghandi stark gemacht.

Doch die auf den üblichen Wegen eingefädelten Deals geraten außer Kontrolle. Dilettantisch durchgeführte Bestechungsmaßnahmen, bei denen indische wie schwedische Offizielle mit vielen Dollarmillionen geschmiert werden, fliegen auf. Zusätzlich nimmt die Presse jetzt die weiteren Rüstungsgeschäfte der angeblich sich immer an Recht & Gesetz haltenden schwedischen Industriekonzerne unter die Lupe. Es kommt, wie es kommen muss: Es kommt zu weiteren Toten, die unvermittelt aus dem Leben scheiden. Es trifft neben dem Bofors-Generaldirektor Claes-Ulrik Winberg, der mit seiner Frau bei einem merkwürdigen »Autounfall« 1989 stirbt, und Konteradmiral Carl-Fredrik Algernon, den Chefermittler im Bofors-Skandal (obwohl freundschaftlich mit dem Bofors-Aufsichtsratsvorsitzenden verbunden), der im Januar 1987 vor eine einfahrende U-Bahn in Stockholm stolpert (offiziell wird von Selbstmord gesprochen), auch die in Richtung Rüstungsskandale recherchierende Fernseh-Journalistin Cathryn »Cats« Falck, 31. Sie verschwindet Ende 1984 spurlos. Ihre Leiche wird gemeinsam mit der ihrer Freundin Lena Gräns ein halbes Jahr später, im Mai 1985, aus dem im Süden Stockholms gelegenen Hammerby-Kanal gezogen. Angeschnallt in Lenas Auto, das ansonsten keinerlei Beschädigungen aufwies. Angeblich recherchierte sie über den Schmuggel von schwedischen Waffen nach Osteuropa beziehungsweise an Drittländer, und kommt dabei gefährlichen Gruppierungen zu nahe. Natürlich wird einmal mehr die vermeintliche »Stasi/ KGB-Sau« durchs Dorf beziehungsweise durch den Blätterwald der zentralgesteuerten Westblock-Medien getrieben, östliche Killerkommandos hätten demzufolge die beiden Mädels ermordet und versenkt. Höchst unglaubwürdig. Für die östlichen Nachrichtendienste besteht zu diesem Zeitpunkt keine Notwendigkeit, eine mögliche Enthüllungszeugin zu beseitigen. Zum einen, weil die Schmuggelwege mit wenig Aufwand anderweitig organisiert werden können, mit anderen Partnern, zum anderen, weil immer Kosten gegen Ertrag abgewogen werden. Ein Mord in einem westlichen Drittland birgt immer ein hohes Risiko, das nur im äußersten Notfall eingegangen wird. Palme kann sich nur mit Mühe den Auswirkungen des Skandals entziehen, und immer wieder darauf plädieren, von den im Hintergrund ablaufenden Bestechungsmaßnahmen nichts gewusst zu haben.

Palmes Tod am 28. Februar 1986 samt seinen ungeklärten Details ist es, der dem ohnehin an Merkwürdigkeiten reichen Leben Palmes dann die Krone aufsetzt. Die Geschichte der mittlerweile jahrzehntelangen erfolglosen polizeilichen Ermittlungen macht das Land und die Mehrheit der Bevölkerung sprachlos. Die Ermittlungsarbeit präsentiert sich rückblickend als einmalige, auch im internationalen Vergleich außergewöhnliche Serie von Pleiten, Pech und Pannen. Der damalige Stockholmer Polizeichef Hans Holmér, vorher beim Inlandsgeheimdienst SÄPO tätig, übernimmt aus unerfindlichen Gründen persönlich die Ermittlungen, obwohl er dazu als Verwaltungsjurist gar nicht qualifiziert ist. Holmérs Karriere ist bis zu diesem Zeitpunkt geradlinig nach oben verlaufen. Nach Jurastudium mit 33 Jahren 1963 Bezirksstaatsanwalt, 1966 Büroleiter der Reichspolizei, SÄPO-Chef 1970, Polizeichef in Stockholm 1976 und Polizeichef der Region Stockholm 1984. Holmér stirbt 2002 kurz vor Fertigstellung eines Manuskripts, das die Wahrheit zum Fall Palme zum Inhalt haben sollte. Das Manuskript wurde nie gedruckt. Doch zurück zu dem Zeitpunkt, zu dem er die Ermittlungen in Sachen Palme-Mord übernimmt. In der Polizeizentrale Kungsholmen lässt Holmér als erste Maßnahme einen eigenen Bürotrakt für die Palme-Mordkommission freiräumen. Die Räumlichkeiten werden zusätzlich aufwendig renoviert und mit schussicheren Fenstern versehen. Zudem lässt er für die Beamten der Palme-Kommission kugelsichere Westen und spezielle Schusswaffen beschaffen. Alles in allem Maßnahmen in Höhe von mehreren Millionen Kronen, die von keiner übergeordneten Stelle genehmigt waren. Teure Maßnahmen, die entweder einem kranken Hirn entspringen, oder gezielt zur Ablenkung der Öffentlichkeit durchgeführt werden. Nach dem Motto, viel Wind auf Nebenschauplätzen machen, um die Hauptsache nicht anpacken zu müssen.

Zudem verwickelt Holmér sich bald selbst in Widersprüche. Er bekundet beispielsweise, zum Zeitpunkt des Attentats in einem Hotel außerhalb Stockholms übernachtet zu haben, obwohl er dort nie gewesen ist, wie ihm neugierig nachfragende Journalisten umgehend nachweisen können. Stattdessen werden Zeugenaussagen bekannt, dass er sich in der Mordnacht in Tatortnähe aufhielt, wofür er keine Erklärung hat, und was er rundheraus abstreitet. Seine später in Buchform veröffentlichte Darstellung der Ermittlungen im Mordfall Olof Palme muss nach heftiger Kritik, und nachdem die Presse ihm zahlreiche Falschdarstellungen nachweist, zurückgezogen werden. Wenige Tage nach dem Mord wird ein erster Verdächtiger verhaftet, jedoch nach kurzer Zeit mangels Beweisen entlassen. Die Ermittlungen nehmen die absurdesten Richtungen, keine extremistische Bewegung dieser Erde bleibt unerwähnt im Wirbel der immer neuen Vermutungen und Unterstellungen. Neben dem Erzfeind Sowjetunion werden nacheinander beziehungsweise gleichzeitig die Kurdenbewegung PKK, der US-Geheimdienst CIA, das Apartheid-Regime in Südafrika, wahlweise südamerikanische Links- oder Rechtsextremisten, asiatische Terroristen, radikale Umweltschützer, die BRD-Terrorgruppe RAF, die Stasi, spanische Faschisten, chilenische Rechtsradikale, der britische Geheimdienst MI6, die IRA, die Roten Brigaden, italienische Mafiosi, die französische *Action Direct*, der »Top-Terrorist« Carlos, Jugoslawien, aber auch rechtsextreme kroatische Exilanten verdächtigt beziehungsweise in den Kreis derer aufgenommen, gegen die ermittelt wird.

Diese scheinbar grenzenlose, kuriose Vielfalt an Verdächtigungen folgt einem nur allzu bekannten Muster. Hat man von vornherein vor, die wahren Hintermänner eines Verbrechens zu schützen, hat es sich in den vergangenen Jahrhunderten immer wieder bewährt, in schneller Abfolge eine möglichst große Vielzahl unterschiedlichster Verdächtiger zu präsentieren. Hat man die Öffentlichkeit erst einmal komplett verwirrt, kann man wie im Fall Palme am Ende, nach einer über dreißigjährigen Fahndung, die bisher über 50 Millionen Euro gekostet und rund 230 Aktenmeter Papier produziert hat, ungestraft beziehungsweise ohne einen Aufstand befürchten zu müssen, eingestehen, dass es leider nicht gelungen sei, den Mörder zu finden. Zwar wird zwischendurch gegen den voller Aplomb als Täter präsentierten Alkoholiker und Totschläger Christer Petterson, einen Penner aus den Slums von Stockholm, also ein als Sündenbock seit jeher beliebter »durchgeknallter Einzeltäter« ohne bestimmtes Motiv, ein Verfahren eröffnet. Petterson (ohne Findus) wird sogar im Sommer 1989 wegen des Palme-Mordes verurteilt. Allerdings nur, um aufgrund eklatanter Verfahrungsfehler schon nach vier Monaten wieder freigelassen werden zu müssen. Anderthalb Jahrzehnte später ist er tot.

Angesichts der erfolglosen polizeilichen Ermittlungen schießen zahlreiche Verschwörungstheorien ins Kraut. Die prominenteste dreht sich um das südafrikanische Apartheid-Regime, gegen das sich Palme wiederholt aussprach. Die in Südafrika zu diesem Zeitpunkt noch regierenden weißen Rassisten werden verdächtigt, als Rache für Palmes Anfeindungen und dessen finanzielle Unterstützung der »Neger-Bewegung« ANC und ihres charismatischen Anführers Nelson Mandela die Ermordung Palmes in Auftrag gegeben zu haben. Genährt wird diese These durch »Geständnisse« ehemaliger südafrikanischer Geheimagenten in den 1990er Jahren. Darüber hinaus findet die schwedische Polizei heraus, dass sich zum Zeitpunkt des Attentats tatsächlich ein südafrikanischer Geheimagent in Stockholm aufhält. Gerichtsfest erhärten ließen sich diese Spuren bisher nicht. Es gibt aber noch mehr Merkwürdigkeiten rund um den Tod Palmes. So stirbt sein politischer Ziehsohn Bernt Carlsson, frischernannter UN-Hochkommissar für Namibia (!) seit Juli 1987, knapp drei Jahre nach dem Anschlag auf Palme beim Attentat auf den Pan-Am-Flug 103 über Lockerbie, Schottland, am 21. Dezember 1988, gerade auf dem Weg nach New York. Angeblich wollte Carlsson zu diesem Zeitpunkt sein Wissen über die Hintermänner des Palme-Mordes an die Polizei weitergeben. Offiziell wird das Attentat Libyen in die Schuhe geschoben, und der dortige Machthaber Ghaddafi spielt diese Schmierenkomödie so weit mit, dass er sogar vermeintliche Attentäter ausliefert und dreistellige Millionen-Entschädigungen bezahlt, nur um die internationalen Sanktionen gegen sein Land wieder loszuwerden, die nach dem Anschlag von den USA und ihrer gefolgssamen Westblock-Herde verhängt worden waren. Der kurzzeitig als Palme-Mörder verurteilte Petterson stirbt 2004 unter merkwürdigen Umständen im Alter von 57 Jahren. Und zwar kurz nachdem er einerseits einen der Palme-Söhne angerufen hatte, um ihm etwas »Entscheidendes« zum Tod von dessen Vater mitzuteilen, und sich andererseits gegenüber Bekannten darüber beklagt hatte, von der Polizei zuletzt wiederholt belästigt worden zu sein. Todesursache sind Kopfverletzungen, die er sich angeblich bei einem Sturz zugezogen hatte, wobei die genauen Umstände, wie es zu diesem »Sturz« gekommen sein soll, nie geklärt werden.

Wenden wir uns noch einmal den bei näherer Betrachtung aufschlussreichen Details des Mordanschlags zu. Die Entscheidung, abends ins Kino zu gehen, fällt sehr kurzfristig. Lisbet Palme telefoniert dazu mit ihrem Sohn Morten um 17 Uhr, Olof Palme stimmt zu, als er um 18.30 Uhr nach Hause kommt, um 20 Uhr entscheiden sich Lisbet und Olof, den Film »Die Gebrüder Mozart« im Grand-Kino auf dem Sveavägen anzuschauen. Die Attentäter müssen also sehr flexibel gewesen sein, so dass sie kurzfristig alle Vorbereitungen für den geplanten Mordanschlag auf dieses Szenario umstellen konnten. Wanzen werden bei späteren polizeilichen Untersuchungen in der Wohnung Olof Palmes und der seines Sohnes nicht gefunden (falls man überhaupt richtig gesucht hatte). Aber das war auch nicht nötig. Es genügt, die Leitungen extern abzuhören, was im Rahmen der Fähigkeiten schwedischer und ausländischer Dienste liegt. Diese großangelegte Operation zur Ermordung Palmes muss notwendigerweise schon länger vorbereitet gewesen sein, inklusive Überwachungsteams sowie Organisation der Fluchtwege und Fluchtfahrzeuge. Dazu muss ein größeres Team über einen längeren Zeitraum Stand-by gehalten worden sein, was immer ein gehöriges Risiko mit sich bringt, vorfristig aufzufallen. Dazu später mehr. Zunächst der weitere Ablauf.

Das Ehepaar Palme verlässt seine Wohnung an der Västerlanggatan um 20.30 Uhr und schlendert Richtung der nur rund hundert Meter entfernten U-Bahn-Station Gamla Stan. Passanten fallen an diesem Abend zahlreiche Männer mit Walkie-Talkies auf, die entlang der Route, die das Ehepaar Palme nimmt, postiert zu sein scheinen. Palme scheint keinen Verdacht geschöpft zu haben, ebenso wenig Frau Lisbet (die ja möglicherweise auch keinen Grund dazu hatte, siehe unten). Erstaunlich für jemanden, der seit mindestens anderthalb Jahrzehnten ständig von SÄPO(!)-Personenschützern umgeben ist, und genau weiß, wie sich diese bei einem solchen Spaziergang verhalten, wonach sie Ausschau halten (verdächtige Personen). Eigensicherung scheint überhaupt kein Thema für Palme gewesen zu sein, er fühlt sich offenbar sehr sicher, möglicherweise nicht zuletzt dank seiner geheimen

»Rückversicherungsverträge« mit der CIA und anderen US-Diensten. Olof und Lisbet Palme steigen in den nächsten Zug Richtung Rådmansgatan und laufen von dort bis zum nahe gelegenen Kino, nach Zeugenaussagen jeweils gefolgt von mindestens zwei Personen. Sie treffen Sohn Morten und dessen Freundin um 21 Uhr vor dem Kino.

Als der Film zu Ende ist, verabschieden sich die Palmes von Sohn & Freundin und treten gegen 23.15 Uhr den Heimweg zu Fuß an. Wieder folgen ihnen merkwürdige Gestalten, werden laut Zeugenaussagen entlang der Route Männer mit Walkie-Talkies gesehen. Das Ehepaar Palme schlendert den Sveavägen in südlicher Richtung hinunter, Richtung der nächsten U-Bahn-Station Hötorget. An der Ecke Sveavägen/Tunnelgatan, vor dem Thule-Verwaltungsgebäude (aber auch, wie gesehen, der Zentrale der geheimen schwedischen NATO-SBO), wartet der Killer auf das Ehepaar. Als Palmes an ihm vorbeilaufen, tritt er hinter sie und gibt einen einzigen, tödlichen Schuss auf Olof Palme ab – einen »one shot kill«, wie es in Fachkreisen heißt, einen einzigen Schuss, der seinem Opfer den sicheren Tod bringt. Der Schuss fällt aus kürzester Entfernung, quasi aufgesetzt. Der Killer zielt dabei auf die Mitte des Rückens, etwas unterhalb der Schulterblätter. Um das gewünschte Ergebnis, den umgehenden Tod des Opfers, noch besser abzusichern, benutzt der Killer eine großkalibrige HiEnergy-Waffe, die sich durch besonders hohe Mündungsgeschwindigkeit im Überschallbereich auszeichnet, sowie eine an der Spitze abgeflachte Patrone, die großräumige innere Verletzungen hervorruft. Die Kugel durchschlägt Palmes Rückgrat, er ist sofort immobilisiert und fällt paralysiert zu Boden. Auf seinem weiteren Weg durch Palmes Oberkörper zerreißt das Geschoss Speise- und Luftröhre sowie – das ist entscheidend – die Aorta. Aus Mund und Austrittswunde Palmes ergießen sich sofort Blutströme in den festgefrorenen Schnee am Tatort. Eine große Blutlache bildet sich. Der Ministerpräsident verblutet binnen kürzester Zeit.

Bei der Tatwaffe handelt es sich um einen Revolver, der im Gegensatz zu einer Pistole die Patronenhülse nicht auswirft. Daher können am Tatort keine Patronenhülsen gefunden werden. Doch zumindest die beiden abgefeuerten Projektile müssen zwangsläufig am Tatort zurückgeblieben sein. Sie werden trotz der »intensiven« kriminaltechnischen Tatortuntersuchung, die kurz nach dem Anschlag beginnt, erst am nächsten Tag gefunden, und zwar von Passanten. Es gelingt in den nun folgenden Jahrzehnten bis heute nicht, die Tatwaffe zu finden. Eine ionenisotopische Untersuchung der Projektile ergab, dass sie aus derselben Produktionscharge stammen wie Patronen, die zusammen mit einem .357-Revolver 1983 im nordschwedischen Luleå gestohlen und kurz darauf bei einem Banküberfall bei Dalarna benutzt werden. Diese Waffe wird nach einem anonymen Hinweis 2007 von der Polizei in einem See bei Dalarna gefunden. Die Waffe kann anhand der Seriennummer identifiziert werden, ist allerdings zu sehr vom Rost zerfressen, um noch auf ihre Eignung als Tatwaffe im Palme-Mord überprüft werden zu können.

Wenige Minuten nach den Schüssen trifft eine Ambulanz am Tatort ein, sowie verschiedene Streifenwagen der Stockholmer Polizei. Die sofortige Suche nach dem Attentäter verläuft im Sande, er wird zuletzt gesehen, wie er die Tunnelgatan hinunter, die Treppenanlage an ihrem Ende mit über hundert Stufen hinauf zur Querstraße Malmskillnadsgatan, und in der Verlängerung der Tunnelgatan auf der David Bagares Gatan wieder hinunter joggt, um dort spurlos zu verschwinden. Die Ambulanz nimmt den sterbenden Palme auf, seine Frau steigt ebenfalls ein.

Der Krankenwagen fährt zum nahe gelegenen Sabbatsberg-Krankenhaus, wo er wenige Minuten später eintrifft.
Allerdings ist Palme zu diesem Zeitpunkt schon klinisch
tot. Die Notfallärzte versuchen ihn zwar noch wiederzube-
leben, allerdings erfolglos, die Verletzungen sind zu schwer.
Die Obduktion führt der in der Tschechoslowakei geborene Chefarzt des Krankenhauses, Milan Rastislav Valverius,
durch. Dieser hatte auch schon ein halbes Jahr zuvor den
Leichnam der Investigativjournalistin Cats Falk obduziert
(Valverius wird acht Jahre später, im Alter von 69 Jahren,
tot aufgefunden. Ebenso seine Frau; offizielle Todesursache:
Doppelselbstmord). Die offizielle Todeserklärung Palmes
erfolgt eine halbe Stunde später, um 0.06 Uhr, mittlerweile ist der nächste Tag angebrochen, der 1. März 1986. Die
weiteren polizeilichen Ermittlungen verlaufen ebenfalls im
Sande. Trotz 130 »Geständnissen«, der nach wie vor offenen Belohnung von sieben Millionen Euro und der nach
wie vor ermittelnden Mordkommission der schwedischen
Polizei, gibt es seitdem keine neuen validen Spuren.

Nachdem schon deutlich wurde, dass Palme nicht die
Lichtgestalt war, als die er damals und teilweise bis heute in der Öffentlichkeit wahrgenommen wird, soll es im
Folgenden um die andere Seite gehen, um den oder die
möglichen Täter, sowie die Gründe dafür, dass der Fall bis
heute ungeklärt ist. Nehmen wir uns jetzt also einen Moment Zeit, die weiteren Merkwürdigkeiten rund um den
Tod Palmes etwas näher zu betrachten. Da ist zunächst
der vermeintliche Täter, der drogenabhängige Alkoholiker
und Totschläger Petterson. Wie in der Revisionsverhand-
lung festgestellt wird, hatte dieser auch nicht den Hauch
eines Motivs. Zudem kann die Tatwaffe nie zweifelsfrei
identifiziert geschweige denn ihm zugeordnet werden.
Und schließlich passen mehrere Dinge überhaupt nicht

zu Petterson: als erstes der in Profi-Manier aufgesetzte »One-shot-kill«-Schuss; des Weiteren die professionelle Handhabung der Tatwaffe (vermutlich eine.357 Magnum mit erheblichem Rückstoß, der untrainierte Schützen wie Petterson völlig überfordert hätte), sowie zuguterletzt die Tatsache, dass der völlig unsportliche Petterson identisch sein soll mit dem offenbar äußerst durchtrainierten Täter, der die hundert Treppenstufen am Ende der Tunnelgatan leichtfüßig hinaufjoggte, und dabei einen jungen Mann, der ihm zu folgen versuchte, so weit abhängte, dass ihn dieser in der Verlängerung der Tunnelgatan, am Ende der David Bagares Gatan, Ecke Regeringsgatan, aus den Augen verlor.

Eine weitere Merkwürdigkeit betrifft die polizeiliche Alarmauslösung. Obwohl nach wenigen Minuten schon von Polizeibeamten vor Ort an die Zentrale durchgegeben wird, dass es sich bei dem Anschlagsopfer um den amtierenden Ministerpräsidenten Olof Palme handelt, wird der zu erwartende Großalarm (in Schweden »Reichsalarm«) mit Straßensperrungen und der Überwachung von Bahnhöfen und Flughäfen erst mehrere Stunden (!) später ausgelöst, was dem Täter genügend Zeit verschafft, sich in aller Ruhe aus dem Großraum Stockholm abzusetzen und irgendwo in der Provinz in einem Versteck abzuwarten, oder etwa per Boot Schweden zu verlassen. Zudem sucht die Polizei als Tatverdächtige zunächst aus unerfindlichen Gründen zwei jugoslawisch aussehende Männer, während die Zeugen einen einzelnen, skandinavisch aussehenden Mann als Täter beschrieben hatten. Ganz abgesehen davon, dass der Notruf der Stockholmer Polizei von 23.22 Uhr bis 23.26 Uhr, also genau rund um den Tatzeitpunkt, aus bis heute ungeklärten Gründen nicht erreichbar ist. Als nächstes sticht die Tatsache ins Auge, dass der Killer im Gegensatz zu Palme die Augenzeugin Lisbet Palme – von der er eine Identifizierung befürchten musste, da sie ihn aus nächster Nähe sah – verschont. Sie kommt mit einem harmlosen Streifschuss davon, wie ihn ein Profischütze leicht gezielt setzen kann, um ihr eine Art Alibi zu geben, und das Verschonen etwas weniger auffällig zu machen. Obwohl er in den Sekunden nach dem Schuss auf Palme noch genug Zeit gehabt hätte, auch Lisbet Palme mit einem sicheren Schuss zu erledigen, tut er dies nicht, sondern begnügt sich mit dem Streifschuss. Der ganz offenbar nicht zum Ziel führt beziehungsweise ganz offensichtlich Lisbet Palme nur sehr leicht verletzt. Diese ist weiterhin in der Lage, sich um ihren Mann zu kümmern und mit den Umstehenden zu kommunizieren. Das heißt im Umkehrschluss, dass der Täter sie ganz augenscheinlich bewusst verschont hat. Aber warum? Weil er genau weiß, dass von ihr keine Gefahr ausgeht, dass sie ihn aufdecken könnte? Weil sie – seine Komplizin ist?

Zu den Merkwürdigkeiten rund um den Anschlagsablauf, die eine derartige Mitwirkung, Mittäterschaft oder Mitwisserschaft Lisbet Palmes nahelegen und die in schwedischen Foren für reichlich Verschwörungstheorien gesorgt haben, zählt folgender Umstand. Lisbet Palme steigt vor den Augen der Zeugen am Tatort in den Krankenwagen, der ihren Mann zum Krankenhaus bringen soll. Kommt aber wenige Minuten später, wie zeitgenössische Fotografien belegen, in einem Streifenwagen am Sabbatsberg-Krankenhaus an, und hat in dieser Zeit auch den Mantel gewechselt. Statt dem vom Streifschuss durchschlagenen Ledermantel mit Pelzkragen trägt sie jetzt einen Parka. Sie muss also in den wenigen Minuten zwischen der Abfahrt im Krankenwagen vom Tatort und der Ankunft am Krankenhaus bei einem nicht dokumentierten Zwischenhalt des Krankenwagens ausgestiegen sein, den Mantel gewechselt haben und in den Streifenwagen eingestiegen sein, der sie dann zum Krankenhaus brachte. Sehr merkwürdig und nie gänzlich aufgeklärt. Lisbet Palme hat dazu bisher unerschütterlich geschwiegen. Wenn sie denn tatsächliche eine Helfershelferin des Anschlags war, so verhält sie sich in der Folge, wie von ihr erwartet. Sie identifiziert bei einer polizeilichen Gegenüberstellung vorschnell den unwahrscheinlichsten aller Verdächtigen. Ausgerechnet den geistig verwirrten Alkoholiker und Totschläger Petterson will sie als Schützen erkannt haben. Damit macht sie sich nicht nur in Teilen der schwedischen Öffentlichkeit unglaubwürdig, sondern damit legt sie offenbar auch ganz bewusst eine falsche Spur: eine außerordentlich wirksame, auffällige Schutzmaßnahme für den eigentlichen Killer. Zudem ist sie in ihrer Täterdeutung nicht konzis: neben der »eindeutigen« Identifizierung der falschen Person, Petterson, der mit der Tat überhaupt nichts zu tun hatte, behauptet sie seitdem öffentlich, sie sei nach wie vor davon überzeugt, dass letztlich kroatische Faschisten ihren Mann umgebracht hätten – und nährt damit eine weitere falsche Spur. Will sie auch damit die eigentlichen Täter schützen? Das wäre zumindest eine plausible Erklärung für ihr erratisches Verhalten.

Anzunehmen, dass Palmes eigene Ehefrau in den Anschlag verwickelt sein könnte, wirkt zunächst hanebüchen und überzogen. Doch wie schon das erläuterte Doppelleben von Palme selbst müssen hier auch über weitere Doppelexistenzen als Möglich angenommen werden. Über die Annahme einer Mittäterschaft Lisbet Palmes würden sich eine ganze Reihe von Rätseln rund um den Fall lösen lassen, so dass es lohnenswert erscheint, dieser Spur weiter nachzugehen. Falls Lisbet Palme in das Komplott involviert war, stellt sich die Sache ganz anders dar. Dann können die Hintermänner den Ablauf in Ruhe vorbereiten, für einen bestimmten, mit Lisbet Palme vereinbarten

Tag, ohne ein Team über längere Zeit stand-by halten zu müssen. Um diese bis jetzt sehr theoretische Annahme abzusichern, muss eine zentrale Frage beantwortet werden. Was für ein Motiv könnte Palmes »brave« Ehefrau Lisbet gehabt haben? Was könnte sie nach 30 Jahren Ehe dazu bewogen haben, in einem Komplott mitzuarbeiten, das die Ermordung ihres Ehemannes vorsieht? Oder ist sie über die geplante Tatausführung getäuscht worden, ist ihr versprochen worden, Palme sollte nur »erschreckt«, sprich: gewarnt werden? Bei der Frage eines möglichen Motivs für Lisbet scheidet die »Schizophrenie« ihres Mannes – tagsüber linker Gutmensch, nachts böser Reaktionär – aus. Sie selbst entstammt dem reaktionären schwedischen Adel. Warum soll sie mit einer Politik, welche die Standesgrenzen zementiert und die Besitzstandsverhältnisse perpetuiert, nicht einverstanden sein? Zumal sie als Persönlichkeit nicht ganz einfach gestrickt zu sein scheint, wie folgendes Beispiel belegt. Einige Jahre nach dem Tod ihres Mannes wird sie 1990 für ein Jahr zur UNICEF-Vorsitzenden gewählt. Nachdem sie aus dem Amt wieder ausgeschieden ist, beklagen sich Mitarbeiter dort über ihren autoritären und cholerischen Führungsstil, der so gar nicht zur »lieben, netten Lisbet« passt, als die sie ansonsten in der Presse beschrieben wird.

Wenn Olof Palmes Politik also als Motiv für Lisbet ausscheidet, gerät zwangsläufig sein Privatleben in den Blick. Auch hier präsentiert sich der »Gutmensch« Palme weniger als Lichtgestalt, denn als Hedonist, der sich das Vergnügen nimmt, wo es sich ihm bietet. Da gibt es zum einen zahlreiche außereheliche Affären ihres zum Doppelleben auch in dieser Hinsicht wie geschaffenen Ehemannes. Diese werden zwar von der staatstreuen schwedischen Presse weitgehend unter dem Deckel gehalten, sind innerhalb der Oberen Zehntausend aber wohlbekannt. Eine jahrelange Demütigung für Lisbet. Und die Liste der Palmeschen Affären ist lang. Da treten zum einen schwedische Schauspielerinnen wie Lena Nyman auf (1968 bekannt geworden durch den freizügigen »Aufklärungsstreifen« *Ich bin neugierig*, Palme sitzt neben ihr bei einer Preisverleihung für diesen »mutigen« Film, und unterhält sich vor den Augen der Journalisten angeregt mit der Nacktdarstellerin), zum anderen (angeblich) internationale Stars wie Shirley MacLaine, die nach eigenen Angaben allerdings mit der halben, linksliberalen Politprominenz der damaligen Welt verkehrt haben will, vom kanadischen Posterboy-Ministerpräsidenten Trudeau, dem Vater des heutigen Posterboys vulgo Mogelpackung Trudeau jr., bis hin zu australischen Außenministern. Es treten prominente Damen der schwedischen Gesellschaft auf sowie weitere Geschlechtsverkehrspartnerinnen bis hin zu Palmes Privatsekretärin Anne-Marie Willsson und der prominenten »Menschenrechtlerin« Emma Rothschild aus der milliardenschweren Bankiersdynastie.

Auch in seiner Eigenschaft als sexueller Praedator ist Palme seinem deutschen Seelenverwandten Willy Brandt (geboren 1913 als Herbert Frahm), und seinem österreichischen Amtskollegen Bruno Kreisky (geboren 1911) zum Verwechseln ähnlich. Brandt, ebenfalls CIA-affin und gerade wegen seiner 1971 mit dem »Friedensnobelpreis« prämierten »Verständigungspolitik« nach Osten in bestem Einvernehmen mit seiner Führungsmacht USA (auch wenn das viele Rechtskonservative bis heute nicht verstehen oder nicht verstehen wollen), bumst sich bekanntlich seit frühen Nachkriegsjahren durch die BRD-Journalistinnen- und Sexworkerinnenszene, bis es seiner norwegischen (!) Frau Rut zu viel wird und sie sich 1980 von ihm scheiden lässt. Angeblich tritt Brandt 1974 auch weniger aus politischen Gründen hinsichtlich des

DDR-Spions Guillaume zurück, als vielmehr wegen dessen Wissen um pikante Einzelheiten der Brandt'schen Geschlechtsverkehrschronik. Guilleaume ist unter anderem jahrelang für die Bezahlung der Brandt verschiedentlich »zugeführten« Prostituierten zuständig, wenn diesen mal wieder der Geschlechtstrieb plagt. Zu den bekannteren Affären Brandts, bei denen er für Sex nicht bezahlen muss, gehören angeblich die Journalistinnen Heli Ihlefeld und Wibke Bruhns, eine in der Westblock-Presse nur mit dem Pseudonym »Erika Schulz« genannte BND-Mitarbeiterin, und weitere Damen aus Politik und Gesellschaft.

Kreisky, ebenfalls in hohen Graden der Schizophrenie fähig, eine scheinbar linksliberale Politik mit geheimer enger Anbindung des »neutralen« »Frontstaats« Österreich an die USA zu verbinden, unterhält seinerseits jahrzehntelang außereheliche Beziehungen, so zu der drallen Schauspielerin Senta Wengraf, zu Marietta Torberg, Gertrude Wondrack und anderen Damen. Mit Brandt und Palme verbindet Kreisky unter anderem auch ein längerer Aufenthalt in Schweden, von 1938 bis 1950. Da Teile seiner Familie in Schweden ansässig sind, hat der vor den Nazis geflüchtete Kreisky keine Probleme, sich dort den Lebensunterhalt zu sichern. Kreisky gelingt es unter anderem (wie von der CIA beziehungsweise den USA gewünscht), als Teil der österreichischen Delegation in Moskau 1955 zu verhindern, dass die künftige Neutralität des Landes im österreichisch-sowjetischen Staatsvertrag verbindlich verankert wird. Sie ist somit nie wirklich völkerrechtlich bindend (und kann nach 1989 leichterdings mit dem EU-Eintritt beendet werden). Wie Brandt ist Kreisky einige Jahre (1959–1966) Außenminister, bevor er Bundeskanzler seines Landes wird. Wie Palme konzentriert sich Kreisky in seiner Politik lange Jahre auf Osteuropa und die Dritte Welt. Auch in seinem Umfeld gibt es Mitte der achtziger Jahre (wie bei Palme, siehe unten) ungeklärte Todesfälle im Rahmen eines Skandals um illegale Rüstungsexporte (die »Noricum-Affäre«), so den des Generals Lütgendorf (ehemaliger Mitarbeiter der »Organisation Gehlen« beziehungsweise des BND), der sich selbst durch den geschlossenen Mund geschossen haben soll, sowie des am »überraschenden« Herztod verstorbenen Botschafters Amry (der sich in Sachen illegaler Waffenexporte zu weit vorwagte), und des Rüstungsmanagers und Voest-Alpine Generaldirektors Apfalter, der in den illegalen Export von Artilleriegeschützen an Irak und Iran verwickelt war.

Schon Mitte der siebziger Jahre werden Palme seine sexuellen Abenteuer fast zum Verhängnis. Nach dem IB-Skandal von 1973, den er durch pures Ableugnen abwettern kann, gerät er 1976 in einen erneuten, diesmal gefährlicheren Skandal, den er bis zu seiner Ermordung allerdings ebenfalls halbwegs unter dem Deckel halten kann. Es geht um eine unappetitliche Episode, die als »Geijer-Affäre« in die Geschichtsbücher eingegangen ist. Dabei wird dem schwedischen Justizminister Geijer Anfang 1976 in einem geheimen, aber natürlich der Presse zugespielten SÄPO-Memorandum vorgeworfen, als Kunde der berühmten schwedischen »Bordell-Madame« Doris Hopp in deren Etablissement am Ruddamsvägen 6 am Rand der Stockholmer Innenstadt die Dienste osteuropäischer, aber auch minderjähriger schwedischer Prostituierter in Anspruch genommen zu haben. Angesichts der angeblichen Verbindung der aus Ländern wie Rumänien und Bulgarien stammenden Prostituierten zum sowjetischen Geheimdienst KGB geben sich die schwedischen (und weitere westliche) Geheimdienste »alarmiert«, hier liege ein erhebliches Sicherheitsrisiko vor. Den Missbrauch von Minderjährigen thematisieren sie nicht, das interessiert die Polizei in diesem Zusammenhang nicht.

Palme, der kurz vor vorgezogenen Neuwahlen steht (daher wahrscheinlich auch die Indiskretion), gehört nicht zu den direkt Beschuldigten, auch wenn in der Presse von angeblich insgesamt siebzig Namen aus der schwedischen Polit- und Gesellschaftsprominenz die Rede ist, die im Adressbuch der Puffmutter aufgeführt seien. Diese Namen werden allerdings – damals besteht noch ein entsprechendes »Gentlemen's Agreement« innerhalb der schwedischen Medien – nicht publik gemacht. Erst über zwei Jahrzehnte später versuchen einige der damals minderjährigen schwedischen Mädchen, die gezwungen worden waren, im Hopp'schen Puff anzuschaffen und ihren berühmten Freiern zu Diensten zu sein, durch eine Schadensersatzklage gegen den schwedischen Staat wenigstens eine kleine finanzielle und große moralische Entschädigung zu bekommen. Unschwer vorhersehbar wird die Klage als »völlig unglaubwürdig« abgewiesen. Doch diesmal fällt Palmes Name. Er gehört in den siebziger Jahren – so die Aussage der ehemaligen Prostituierten – zu den Kunden, die regelmäßig von den Minderjährigen befriedigt werden müssen. Von hier aus führt ein kurzer Weg zu Stieg Larssons *Millennium*-Trilogie mit ihrer Darstellung finsterer Netzwerke innerhalb der nach außen hin so propperen schwedischen Gesellschaft, die den sexuellen Missbrauch kleiner Kinder durch hochrangige Gesellschaftsgrößen organisieren. Palme beschränkt sich 1976 im Hinblick auf Geijer & Co. einmal mehr aufs Abstreiten, lässt dann aber Geijer als Bauernopfer über die Klinge springen, um die Wogen zu glätten. Doch die heraufdämmernde Wahlniederlage der SDP 1976 lässt sich damit nicht mehr verhindern. Zwar wird Palme 1982 nochmals Ministerpräsident, aber sein Nimbus ist ihm abhandengekommen, mittlerweile gilt er in Schweden als zwielichtige Gestalt, einen Ruch, den er von nun an nicht mehr loswird.

Doch zurück zu Lisbet Palme und ihrer möglichen Verwicklung in das Attentat. Welche anderen Indizien deuten auf eine mögliche Mittäterschaft? Da ist beispielsweise ihre aktive Mitwirkung an der Gestaltung des Attentatsabends. Sie initiiert Verabredung zum Kino, sie legt den Zeitpunkt fest, sie beeinflusst die Entscheidung, nach dem Kino zu Fuß nach Hause zu gehen, etc. Ohne ihre Mitwirkung wäre der Anschlag in dieser Form vermutlich gar nicht möglich gewesen. Die weitere Reihe von Merkwürdigkeiten, die von ihr ausgehen beziehungsweise sie betreffen, wie ihre nur marginale Verletzung bei gleichzeitiger hochprofessioneller Tötung ihres Mannes, der seltsame Vorfall mit dem unbeobachteten Umstieg vom Krankenwagen in den Streifenwagen und dem Wechsel ihres Mantels, und schließlich ihre die Ermittlungen auf den Kopf stellende Identifizierung Pettersons als Täter, lassen sie in einem sehr ungünstigen Licht erscheinen. Doch die Merkwürdigkeiten sind damit noch nicht erschöpft. So weigert sich Lisbet Palme bis heute, die Tagebücher ihres Mannes herauszugeben, die Aufschluss über mögliche Hintermänner des Anschlags geben könnten. Weil sie befürchtet, darin als mögliche Mittäterin deutlich hervorzutreten? Aber auch ihr Verhalten am Tatort lässt manches Rätsel zurück. So schlägt sie auf die junge Augenzeugin Anna Hage ein, als diese unmittelbar nach dem Anschlag Mund zu Mund Beatmung bei ihrem Mann durchführen will. Gleichzeitig murmelt Lisbet Palme nach den Schüssen für die Umstehenden hörbar vor sich hin: »Der Kleine … er hat sich schlecht verhalten … er war ein böser Mensch.« Das wurde von dem umstehenden Augen- und Ohrenzeugen automatisch auf den Killer bezogen. Weit mehr Sinn machen diese Äußerungen aber, wenn man sie als Worte einer zutiefst enttäuschten, traumatisierten Ehefrau nimmt, die damit ihren eigenen Ehemann, Olof Palme, beschreibt, dessen Verhalten sie so weit brachte, bei seiner Ermordung mitzuwirken. Falls sie tatsächlich mitgewirkt hat, dürfte sie den Killer sogar gekannt haben, da es sich – wofür einiges spricht – um einen der SÄPO-Polizisten handelt, die normalerweise als Personenschützer für die Regierung tätig sind.

Waren Lisbet Palme die außerehelichen Beziehungen ihres langjährigen Ehemanns zuviel geworden? Hatte sich tödlicher Hass entwickelt auf einen Mann, der von ihr verlangt, als »First Lady« zu funktionieren, egal wie er sie privat behandelt? Sind die Gerüchte um den Missbrauch minderjähriger schwedischer Mädchen durch ihren Mann bei gleichzeitiger Verweigerung ehelichen Geschlechtsverkehrs der Tropfen, der das Fass zum Überlaufen bringt? Stand die Ehe möglicherweise vor dem Ende, wollte sich Olof Palme gar scheiden lassen, um für eine neue, jüngere Frau frei zu sein? Hat sich Olof Palme bei der Auswahl seiner GV-Partnerinnen einmal mehr im Kreis der »Freundinnen« von Lisbet bedient? Fand sie Spuren ehelicher Untreue in der eigenen Wohnung? Was auch immer den letzten Ausschlag gegeben haben sollte. Die These, dass Lisbet Palme in den Anschlag verwickelt gewesen sein muss, macht immer mehr Sinn, je länger man sie sich durch den Kopf gehen lässt. Mit Lisbet Palme wäre ein äußerst wichtiger Baustein für das Exekutionskomplott gewonnen. Aber sie allein reicht natürlich nicht aus. Denn nun gilt es die Frage zu beleuchten, wer möglicherweise hinter der Operation stand, wer sie durchgeführt haben könnte. Es ist schon fast banal, darauf hinzuweisen, dass in Schweden keine Operation dieser Größenordnung und dieser Brisanz ohne das Wissen beziehungsweise die Tolerierung durch die CIA hätte durchgeführt werden können. Die Verbindungen zwischen Stockholm und Langley waren und sind äußerst eng, die Infiltrierung der schwedischen Gesellschaft durch US-Agenten umfassend. Es ist schlicht unvorstellbar, dass Planung, konkrete Vorbereitung, Durchführung und anschließende Vertuschung des Anschlags ohne jegliche Mitwisserschaft beziehungsweise Mittäterschaft der CIA vor sich gegangen sein soll.

Als weiterer zentraler Baustein bei der Anschlagsorganisation bietet sich der viel Irritation verbreitende Polizeichef Hans Holmér an. Betätigte er sich als »edler Ritter«, der die Ehre von Lisbet Palme wiederherstellen wollte? Er hätte die Möglichkeiten dazu gehabt, und verfügte zusätzlich über ein Netzwerk rechtsextremer, gewaltbereiter Polizisten, die für die praktische Ausführung in Frage kommen. Aus dieser Perspektive würden dann auch die »Fahndungspannen«, die Hartnäckigkeit, mit der falsche Spuren verfolgt werden, die Vertuschung der eigentlichen Tatumstände, die komplette Verwirrung der Öffentlichkeit durch einen unaufhörlichen Reigen immer neuer Verdächtiger verständlich. Betrachten wir einen Augenblick die genannten, von Holmér ausgehenden Irritationen etwas genauer. Fahndungslaie Holmér gibt seiner Fahndungsgruppe von Beginn an eine »PKK«-Spur vor, der zufolge extremistische Kurdenkämpfer Palme umgebracht hätten, weil dieser der Verhaftung mehrerer hochrangiger Kurdenführer im Jahr zuvor zugestimmt und zugelassen habe, dass die PKK in Schweden statt als politische Partei als »terroristische Organisation« eingestuft wird. Es werden zahlreiche PKK-Anhänger in ganz Schweden verhaftet. Die Spur endet allerdings trotz hohem Ermittlungsaufwand im Nichts. Weil keinem der Verhafteten ein konkretes Motiv nachgewiesen werden kann, und die meisten ein stichhaltiges Alibi für die Mordnacht haben.

Holmér muss nach diesem und weiteren Fehlschl(l)üssen bald darauf die Leitung der Palme-Mordkommission abgeben. Er hat sich zuvor schon verdächtig gemacht, weil er angibt, am Anschlagstag außerhalb Stockholms in Borlänge genächtigt zu haben, um am nächsten Tag am Wasalauf teilzunehmen. Kann dafür aber keinen Beleg beibringen. Journalisten, die im angeblich von ihm gebuchten Hotel nachfragen, finden heraus, dass er in der Mordnacht gar nicht dort gewesen ist. Stattdessen wird er von Zeugen im zeitlichen Zusammenhang mit dem Anschlag in der Nähe des Tatorts gesehen. Bis heute sind weder Holmér noch andere verantwortliche Polizeiführungskräfte für ihre fehlerhafte Arbeit bei der Fahndung nach dem Palme-Mörder vor Gericht gestellt worden. Die Arbeit ist so eklatant fehlerhaft, dass man schon von einer bewussten Abschirmung des tatsächlichen Killers durch die Polizeiführung sprechen muss. Die Person Holmér führt zu einer ganz anderen Spur, zu einer ganz anderen Verdächtigengruppe, die über alle Möglichkeiten verfügt, sowohl einen solchen Anschlag durchzuführen, wie auch ihre Spuren nach allen Regeln der Kunst zu verwischen. Gemeint ist die seit vielen Jahren in Kreisen von Verschwörungstheoretikern genannte, bestimmte Abteilung der schwedischen Polizei beziehungsweise des schwedischen Inlandsgeheimdienstes SÄPO (dessen Angestellte im Gegensatz zum BRD-Verfassungsschutz auch über polizeiliche Vollmachten verfügen und die berechtigt sind, Waffen zu tragen).

Holmér selbst hat lange Jahre bei der SÄPO gearbeitet, bevor er zur Polizei von Stockholm wechselt. Er ist zudem bekennender »Sozialdemokrat«. Wie in jeder Partei gibt es allerdings auch in der SDP verschiedene Flügel, und Holmér gehört zum äußerst rechten Flügel der Partei. Holmér ist allerdings noch in einer ganz anderen Gruppierung Mitglied, die in diesem Zusammenhang äußerste Bedeutsamkeit beanspruchen kann: die geheime NATO-Stay-behind Organisation (SBO) in Schweden.

Holmér hat dadurch Zugang zu geheimen Waffenlagern, zu nirgendwo registrierten Waffen, zu großen Munitionsvorräten, zu einem verschworenen Untergrund-Netzwerk, das eisern zusammenhält, und für die »Nachsorge« nach dem Anschlag ideal in Frage kommt. Etwa bei der Ausschleusung des Täters, bei der Beseitigung von Spuren etc. Rund um den Tatort identifizieren Augenzeugen vermeintliche Bekannte, allesamt Angehörige der schwedischen Polizei beziehungsweise der SÄPO. An der Haltestelle Eriksbergsgatan, rund 500 Meter östlich des Tatorts, hält wenige Minuten nach dem Anschlag ein Bus der Linie 43. Dem Busfahrer fällt ein augenscheinlich nervöser, abgehetzter Mann auf, der eine graublaue Plastiktasche mit Reißverschluss in der Hand hält. In solchen Taschen tragen Stockholmer Polizisten außerhalb des Dienstes ihre Schusswaffen. Einen Tag später sieht ein Augenzeuge, der ebenfalls im Bus war, den Mann mit der Plastiktasche wieder, diesmal in einem Gerichtssaal, wo der Mann als Polizeibeamter in einem anderen Verfahren aussagt.

Dieser Polizist und ein weiterer Walkie-Talkie-Mann in Tatortnähe werden als Polizisten des Stockholmer Bezirks Norrmalm identifiziert, in dem auch der Tatort und das Kino Grand liegen. Beide Männer sind ehemalige Angehörige einer Sondereinheit der Polizei des Bezirks Norrmalm, der sogenannten Baseball-Liga, initiiert von keinem anderen als dem nachmaligen Polizeichef Holmér. 1982 gegründet, um die Straßen- und Drogenkriminalität einzudämmen, muss die Sondereinheit nach zahlreichen Übergriffen und Körperverletzungen ein Jahr später wieder aufgelöst werden. Die Polizisten arbeiten allerdings weiter im Bezirk Norrmalm zusammen. Die rechtsradikalen Mitglieder der Baseball-Liga verachten und hassen den vermeintlichen »Linken« Palme. Sie haben natürlich keinen Zugang zu Informationen über die geheimen, pro-amerikanischen Umtriebe Palmes. Das spielt sich mehrere Etagen höher ab. Auch die Personenschützer von Holmér selbst während seiner Amtszeit sind ehemalige Mitglieder der Baseball-Liga. Als mehrere Journalisten wegen der immer offensichtlicher werdenden Indizien, die auf eine Tatmitwirkung der Polizei deuten, öffentlich nachfragen, übernimmt der Inlandsgeheimdienst SÄPO die weiteren Ermittlungen in diese Richtung – jahrelang ohne Erfolg, bis sie wieder eingestellt werden. Man will ganz offensichtlich die wirklichen Täter nicht belangen. Zeugen, die mit der Presse sprechen oder die sehr nachlässigen Ermittlungen der SÄPO gegenüber anderen Amtsstellen kritisieren, werden anonym bedroht und eingeschüchtert.

Auch in der SÄPO gibt es eine große Gruppe von Rechtsextremen und Palme-Hassern. Natürlich ist auch diesen Menschen aufgrund der vertikalen Abschottung vermutlich die proamerikanische, rechtsgerichtete Hintergrundarbeit Palmes nicht bekannt. So gesehen wäre Palme – wenn die oben aufgeführten Annahmen zutreffen – offenbar tragischerweise seiner eigenen Schizophrenie zum Opfer gefallen, beziehungsweise hätte er keine ausreichenden Absicherungsmaßnahmen getroffen, um solches *Friendly Fire* zu verhindern. Die SÄPO jedenfalls besitzt nicht weniger als 15 Revolver des Kalibers.357 Magnum, jenem Kaliber also, mit dem Palme erschossen wurde. Zudem gilt der Stockholmer Polizeidistrikt Norrmalm insgesamt als rechtsradikal dominiert. Bei »Kameradschaftstreffen« wird der »Hitlergruß« gezeigt, deutsche Marschmusik gehört, werden rechtsextreme Lieder gesungen. Einen Tag nach Palmes Ermordung wird bei einem Fest der Polizei Norrmalm ein Toast auf die Ermordung Palmes ausgebracht, ohne dass dieses Konsequenzen hätte. Norrmalm-Polizisten versahen in der Mordnacht

»freiwillig« auch innerhalb anderer Distrikte Dienst, und haben so entscheidenden Einfluss auf die weiteren Ermittlungen. Die rechtsradikalen Polizisten treffen sich häufig bei einem ihrer Gönner und Sponsoren, der eine Wohnung an der Ecke David Bagares Gatan und Regeringsgatan besitzt, genau am Fluchtweg des Killers, an der Ecke, wo ihn der verfolgende Zeuge endgültig aus den Augen verliert. Hat er sich in die konspirative Wohnung gerettet?

Auf der David Bagares Gatan steht auch Streifenwagen Nr. 1520 unmittelbar nach der Tat. Von Zeugen angesprochen, erwidern die beiden Insassen, sie seien auf der Jagd nach dem Mörder des Ministerpräsidenten. Dies passiert allerdings Minuten, bevor der offizielle Alarm ausgelöst wird. Woher wissen die Insassen schon vorher von der Tat? Hinterher präsentiert die SÄPO ein Computerprotokoll der Einsätze und Alarme, die allerdings um einige Minuten vordatiert werden, um zu erklären, wie die Insassen von Nr. 1520 schon zum genannten Zeitpunkt von der Tat wissen konnten. Die Fälscher des Protokolls werden dafür nie haftbar gemacht. In der Polizeifunkzentrale tut an diesem Abend außer der Reihe ein Mann Dienst, der zum Bezirk Norrmalm gehört, und der zusammen mit zwei weiteren Polizisten Geschäftsführer eines privaten Sicherheitsdienstes ist, in dem viele Baseball-Liga Angehörige zusätzliches Geld verdienen. Einer der beiden anderen Polizisten ist Schießlehrer. Insgesamt sollen sich zum Zeitpunkt des Anschlags nach Presserecherchen mindestens 30 Polizisten in Zivil nahe des Tatorts aufgehalten haben – ohne offiziellen Auftrag. Selbst der Mörder ist angeblich erkannt worden. Zeugen wollen ihn als finnisch- oder estnisch-stämmigen schwedischen Polizisten erkannt haben, der in einem von Polizisten gern besuchten Fitness-Studio Sport trieb, wo ihn die Zeugen wiedererkannt haben wollen. Dieser Spur wird ebenso wenig nachgegangen wie allen anderen Richtung Polizei weisenden Spuren. Acht Jahre nach dem Anschlag und nach vielen enttäuschten Hoffnungen, doch noch eine Aufklärung zu erfahren, setzt das schwedische Parlament 1994 einen Untersuchungsausschuss ein, der sich damit beschäftigen soll, warum es in all den Jahren so viele Pannen und so wenige Ergebnisse gegeben hat. Auch dieser Ausschuss kommt natürlich zu dem erwünschten Ergebnis, dass alles mit rechten Dingen zuging.

*

Aber wer war es denn nun? Wer waren die Protagonisten, die beschlossen, dass der schwedische Ministerpräsident sterben müsse? Und zwar nicht anonym im Hinterzimmer oder an einer angeblichen Krankheit im Krankenhaus, sondern öffentlich, in einer vor aller Augen durchgeführten Exekution. In welche Richtung deuten also die in den letzten drei Jahrzehnten mühsam zusammengetragenen Fakten und Hinweise? Um das zu erläutern, müssen wir uns kurz noch einmal in die erste Hälfte der achtziger Jahre zurückversetzen. In den USA ist 1980 mit Ronald Reagan jemand zum US-Präsidenten gewählt worden, der sich gemäß den Vorgaben seiner Hintermänner vom militärisch-industriellen Komplex, der rechtsradikalen Hochfinanz und Großindustrie der USA, ein ganz klares Ziel aufs Panier schreibt: die Zerstörung der UdSSR und des gesamten osteuropäischen Bündnissystems innerhalb weniger Jahre. Die Zersetzungs- und Unterminierungsarbeit der Westblock-Geheimdienste und der mit ihnen verbündeten Westblock-Industrie- und Finanzkonzerne wird umgehend deutlich intensiviert. Zum ökonomischen und militärischen Druck, der immer stärker auf das östliche Bündnissystem ausgeübt wird – etwa mit

Hilfe Saudi-Arabiens durch künstliche Absenkung des Ölpreises, der Haupteinnahmequelle der Sowjetunion für Devisen – kommt eine intensivierte psychologische Kriegsführung. Hierzu gehört auch die westeuropäische »Verständigungspolitik« unter Führung der BRD, die durch die intensivierte Vorführung des westlichen Reichtums die östliche Arbeitnehmerschaft zunehmend demotivieren und zersetzen soll. Hierzu gehören auch Verunsicherungsmaßnahmen im Westen, die den Verteidigungswillen stärken und die Erhöhung der westlichen Verteidigungsbudgets herbeiführen sollte. Dazu zählt die perfide »Nachrüstungspolitik« des Westens, in Wahrheit eine aktive Aufrüstungspolitik ungeachtet der östlichen Vorschläge zur Abrüstung, sowie Psycho-Maßnahmen wie die legendären, bis in die Gegenwart gern zu antisowjetischen beziehungsweise antirussischen Zwecken genutzten »U-Boot-Vorfälle« in den östlichen schwedischen Hoheitsgewässern, die von westlichen Geheimdiensten beziehungsweise Westblock-Marineeinheiten durchgeführt werden, wie man aus heutiger Sicht feststellen kann, zur Verunsicherung der schwedischen Bevölkerung.

Die U-Boot-Vorfälle in den schwedischen Gewässern südlich des Bottnischen Meerbusens beginnen in den sechziger Jahren, und intensivieren sich in den achtziger Jahren ganz erheblich. Hat es in den zwei Jahrzehnten zuvor nur insgesamt vier Vorfälle gegeben, so beginnt 1980 eine auffällige Serie, eine außerordentliche Häufung solcher Sichtungen. In den fünf Jahren bis zu Palmes Tod kommt es zu acht Sichtungen, darunter auch der berühmteste Vorfall, als 1981 das sowjetische U-Boot S-363 bei Karlskrona auf Grund läuft. Die schwedische Marine stellt daraufhin ihre Taktik um. Bisher hat sie sich darauf beschränkt, festgestellte feindliche U-Boote durch Annäherung mit Zerstörern und Hubschraubern zu vertreiben. Nun wird eine richtige Show daraus, werden Warnschüsse abgefeuert, jagen Schnellboote hin und her, werden Wasserbomben geworfen. Die verängstigte schwedische Bevölkerung soll den Eindruck gewinnen, permanent perfiden feindlichen Angriffen unter Wasser ausgesetzt zu sein. Hauptverdächtiger Nr. 1 – natürlich – die Sowjetunion. 1982 richtet die schwedische Marine eine förmliche U-Boot-Falle ein, in die im Herbst des Jahres tatsächlich wie erhofft ein »ausländisches« U-Boot tappt, mit allem Brimborium, feuernden Hubschraubern, explodierenden Wasserbomben, kriegsähnliche Szenen in unmittelbarer Nähe der schwedischen Hauptstadt. Zwar kann das »feindliche« U-Boot am Ende angeblich entkommen, doch der gewünschte Effekt der permanenten Verunsicherung der Bevölkerung ist erreicht. Das Crescendo wird anschließend immer schriller. 1983 gibt es nicht weniger als vier Sichtungen und Bombardierungen innerhalb eines Jahres, 1984 folgte eine weitere Runde »munteres U-Boot-Jagen« mit Bombeneinsatz.

Nach Palmes Tod beruhigt sich die Lage zunächst, um dann 1987 wieder aufzuflammen. Nach dem Zusammenbruch der Sowjetunion tritt eine längere Pause bei den U-Boot-Sichtungen ein. Dann geht es 2011 wieder los, ein vermeintliches U-Boot stellt sich am Ende allerdings als eingefrorenes Kanu heraus. 2014 kommt es erneut zu wilden Jagdszenen, diesmal im Stockholmer Schärengarten. Es wird erneut ein havariertes russisches U-Boot vermutet, das aber letztlich nicht geortet werden kann. Doch die tagelange Jagd samt Wasserbomben zieht erneut die Aufmerksamkeit der Öffentlichkeit auf sich, und sorgt wenig später wie gewünscht für eine drastische Erhöhung des Marine-Etats. Zwei Jahre später muss die schwedische Marine zugeben, dass die damals in die Welt posaunten Gerüchte von den aufgezeichneten russischen Notsignalen, von Funkkommunikation mit der russischen Exklave

Kaliningrad frei erfunden waren, und dass es sich bei dem »Eindringling« um ein U-Boot der eigenen Marine handelt, das im Rahmen einer Übung gejagt wurde. Insgesamt sind im Lauf der Zeit immer mehr Hinweise publiziert worden, dass es sich beim Gros der vermeintlichen »U-Boot-Sichtungen« entweder um NATO-Übungen oder um Maßnahmen der NATO zur psychologischen Kriegsführung gegen die Sowjetunion handelt.

Von den drei Dutzend Vorfällen kann letztlich nur einer, das gestrandete Sowjet-U-Boot von 1981, als tatsächlich feindliches Eindringen belegt werden. Alles andere ist offenbar nur Show. Im Gefolge der Vorfälle aus der ersten Hälfte der achtziger Jahre äußert der damalige schwedische Außenminister Bodström seine Zweifel, ob das wirklich alles sowjetische U-Boote gewesen seien, und erregt damit einen Sturm der Entrüstung. Er übersteht zwar ein Misstrauensvotum der Opposition, tritt dann aber 1985 von seinem Amt freiwillig zurück und wird von Palme stattdessen mit dem Bildungsministerium betraut. Und natürlich wird der 2001 vorgelegte, NATO-kritische vorläufige Abschlussbericht zu den U-Boot-Vorfällen der achtziger Jahre vom schwedischen Spitzendiplomat Rolf Ekeus umgehend von zwei gefälligen ehemaligen Staatssekretären des schwedischen Außenministerium als »Sowjetpropaganda« in Grund und Boden kritisiert – mit der Folge, dass die beiden ehemaligen Spitzenbeamten sich somit als willige Dienstboten der CIA zu erkennen geben. Palme wird gerade während seiner zweiten Regierungszeit ab 1984 ob seiner angeblich zu »soften« Haltung gegenüber der Sowjetunion aus rechtskonservativen Kreisen Schwedens vehement kritisiert. Kritik an seiner »nachgiebigen Haltung« gegenüber der Sowjetunion äußern auch hohe Offiziere des schwedischen Heeres, die erstmals mit Budgetkürzungen konfrontiert werden.

Zur psychologischen beziehungsweise verdeckten Kriegsführung gegen die Sowjetunion zählt auch die zwei Monate nach dem Anschlag auf Palme Ende April 1986 von westlichen Geheimdiensten gezielt herbeigeführte Nuklearkatastrophe von Tschernobyl (durch die Lieferung fehlerhafter Teile), die neben den direkten Kosten und Schäden vor allem einen immensen psychologischen Tiefschlag für das östliche System darstellt, das vor der Weltöffentlichkeit einmal mehr als inkompetent und unfähig vorgeführt wird. Die CIA hat dabei die östlichen Versuche, auf nachrichtendienstlichen Wegen an Embargo-Güter aus dem HighTech-Bereich zu kommen, benutzt, und den Ostspähern gezielt »defekte« beziehungsweise manipulierte Hochtechnologieprodukte, Software, Chips etc. zugespielt. Ein ähnlicher Erfolg, ebenfalls durch die Lieferung bewusst mangelhafter Westteile, wird mit der Explosion der sibirischen Erdgaspipeline bei Tobolsk im Jahre 1982 erzielt. Neben einer (weiteren) ökologischen Katastrophe und deren ökonomischen Folgekosten sinken damit auch die sowjetischen Einnahmen aus dem Gasverkauf weiter ab, da große Mengen des begehrten Energieträgers nun nicht oder nur mit großer Verzögerung geliefert werden können und der Osten einmal mehr Absatzgebiete und Abnehmer an die westlich dominierten Ölfördergebiete im arabischen Raum beziehungsweise an das aufstrebende Erdgasförderland Norwegen verliert.

Doch noch ist das Bild nicht vollständig. Es muss im Hintergrund noch eine weitere Konstellation gegeben haben, wo mächtige Gruppierungen sich einig waren, dass die Zeit Palmes abgelaufen ist, dass man künftig besser ohne ihn zurechtkommt. Hatte er angedroht, für den Fall einer Anklage im Zusammenhang mit dem Bordell- oder dem Bofors-Skandal (oder beiden) auszupacken und die gesamte »wohlanständige« Fassade Schwedens zum Einsturz zu bringen? Hatte er angekündigt, dann alle anderen Beteiligten ebenfalls über die Klinge springen zu lassen? Die Kindesmissbrauchsszene soll sich bis in die Spitzen der schwedischen Gesellschaft, bis kurz vors (oder einschließlich des) Königshaus(es) erstreckt haben. Alle bislang vorgebrachten, vermeintlichen Gründe für die Ermordung Palmes vermögen einzeln für sich genommen eher nicht zu überzeugen. Erst wenn man alles zusammendenkt, und die Verbindung herstellt zwischen den verschiedenen Epizentren der Skandale, die die schwedische Gesellschaft damals erschütterten, kommt man in die Nähe dessen, was man als »kritische Konstellation« ansehen muss. Als Zusammenwirken von mächtigen und an der Aufrechterhaltung ihrer öffentlichen unbescholtenen Reputation interessierten Kreisen, die über ausreichende Entschlusskraft und ausreichende Fähigkeiten verfügen, eine solche Operation durchzuziehen. Denn das Risiko ist hoch. Es geht um nicht weniger als darum, einen amtierenden Ministerpräsidenten, und noch dazu eine »internationale Lichtgestalt« aus dem Weg zu räumen. Und zwar nicht auf die geräuschlose Art (Rücktritt bei gleichzeitiger Versorgung mit wohldotierten Sinecuren), sondern auf eine eklatante, drastische, dramatische, öffentliche Art, nach Marke John F. Kennedy. Die Hinrichtung eines Staatsmanns vor den Augen der Welt. Zwar etwas weniger dramatisch als beim vor laufenden Fernsehkameras erschossenen Kennedy, doch noch immer vor den Augen von Zeugen, in aller Öffentlichkeit, mitten im Zentrum Stockholms.

Ahnt Palme etwas von der Gefahr, in der er schwebt? Offenbar nicht. Zu sorglos verhält er sich, zu wenig Sicherheitsvorkehrungen trifft er, zu selbstbewusst geht er davon aus, dass ihm keiner was kann. Dass das gesammelte Geheimwissen ausreicht, um als Lebensversicherung herzuhalten.

Und hier steckt möglicherweise der Denkfehler Palmes. Er ist sich zu sicher. Er ist zu abgehoben, um die kritischen Anzeichen wahrzunehmen und richtig zu interpretieren, er unterschätzt seine Frau und seine sonstigen Feinde (sprich: seine ehemaligen Parteifreunde und sonstigen Verbündeten aus der Spitze der schwedischen Gesellschaft), mit deren Hilfe er bisher so erfolgreich die Fäden zog. Er hat zwar die Einführung der Arbeiterinvestmentfonds als Beginn der Umverteilung von Aktienkapitalmehrheiten verhindern können. Und damit gleichzeitig verhindert, dass die Gewerkschaften Einfluss auf die Eigentümerstruktur der Großkonzerne und der mittleren Betriebe bekommen. Die SDP und die Gewerkschaften hätten damit den Beweis antreten können, dass eine massive Änderung der Eigentumsverhältnisse zugunsten der Arbeitnehmerschaft möglich ist und für eine menschenfreundlichere Industriepolitik genutzt werden kann. Wobei die Konzernherren auch nach der Einführung des Modells noch genügend Milliarden verdient hätten.

Doch die Propagandisten der Arbeitnehmerfonds übersehen, dass der Wind sich gedreht hat. Der Ostblock ist im Abrutschen, es braucht jetzt keine sozialdemokratischen Wohltaten im Westblock mehr, um die eigene Arbeitnehmerschaft von der Wahl kommunistischer Konkurrenzparteien abzuhalten beziehungsweise die Ostblock-Arbeitnehmerschaft von den Vorzügen des Kapitalismus zu überzeugen. Die Eigendynamik des Niedergangs im Osten hat sich unter der tätigen Mithilfe des »nützlichen Idioten« Gorbatschow schon so weit entwickelt, dass das Ende, die Selbstzerstörung der Sowjetunion und ihrer Bündnispartner absehbar wird. Die Gewerkschaften und die linken SDPler sind unversehens zu Ewiggestrigen geworden, zu jemandem, der die Zeichen der Zeit nicht mehr zu deuten versteht, der noch an einer Strategie festhält, die ihren

Zenit schon längere Zeit zuvor überschritten hat. Alles, was jetzt noch getan werden muss, ist abzuwarten, bis der absehbare Niedergang den westlichen Konzernherren, der westlichen Generalität, und den Westblock-Politikspitzen in den Schoss fällt.

Thatcher, Kohl, Mitterand haben schon verstanden, dass es keiner weiteren Wohltaten an die eigene Arbeitnehmerschaft bedarf. Thatcher hat ohnehin schon seit Anfang der achtziger Jahre begonnen, mit mächtigen Hieben den britischen Sozialstaat zu zerschlagen, unter dem Beifall der oberen Zehntausend in London und Washington. Mitterand wartet ab, was die weitere Entwicklung bringen wird, ihm macht die Vorstellung eines wiedervereinigten Deutschlands Angst. Daher ist er am skeptischsten. Kohl wiederum sitzt auf wohlgefüllten D-Mark-Schatzkammern in Milliardenhöhe, die er zur definitiven Zerschlagung des Ostens einzusetzen gedenkt, da man – wie er später nicht müde wird zu wiederholen – nie mehr so billig (sprich: zu einstelligen Milliardenbeträgen und ohne Krieg) zu Wiedervereinigung und zur völligen Zerschlagung des östlichen Bündnissystems kommen würde. Palme seinerseits setzt nach seinem erneuten Wahlsieg 1982 alles daran, das Arbeitnehmerfonds-Projekt soweit zu entschärfen, dass vor allem von der Umverteilungskomponente, von künftigen Aktienmehrheiten im Besitz der Gewerkschaften nichts übrig bleibt. In der Weltöffentlichkeit wird er allerdings etwas anders, nämlich als Exponent der »Bolschewisierung« Schwedens wahrgenommen. Im internationalen Blätterwald der Westblock-Presse rauscht es kräftig: die New York Times schreibt in einem Artikel zum Wahlsieg Palmes 1982, nun stehe offenbar die Verstaatlichung der schwedischen Industrie bevor, Arbeitnehmer und Gewerkschaften würden künftig die Steuerung der großen Konzerne übernehmen, Schweden werde damit Teil des osteuropäischen Kommunismus. Die Arbeitgeberseite munitioniert ihr Arsenal auf, Unterschriftenaktionen gegen die Arbeitnehmerfonds wurden gestartet, abweichende Gewerkschaftler hofiert und in den Medien gefeiert (sie wollen lieber Lohnerhöhungen statt Aktien, sehr kurzsichtig). Arbeitgeberverbände und Industriellenverband organisieren großangelegte Werbe- und Marketingkampagnen gegen die Arbeitnehmerfonds (und unterstreichen damit indirekt deren Bedeutung). Horrorszenarien werden in bewährter Manier an die Wand gemalt, von der Abwanderung ganzer Großkonzerne aus Schweden, der Verlegung des Steuersitzes etc. pp. Der Konflikt zerreißt erstmals für alle sichtbar den vermeintlichen Grundkonsens der schwedischen Gesellschaft, der friedlichen Aufteilung der Profite zwischen den Konzernherren und der Arbeitnehmer, der die vergangenen vier Jahrzehnte so harmonisch funktioniert hatte. Eben solange, wie die Arbeitnehmerschaft, SDP und Gewerkschaften die von der Gegenseite, den Arbeitgebern gesetzte Grenze (Eigentumsstruktur) nicht antasten. Nun ist diese Grenze aus Arbeitgebersicht überschritten, und beflügelt von der internationalen Kehrtwendung inklusive Reaganomics und Thatcherismus wagen sie jetzt den Frontalangriff auf die von Palme geführte Regierung, auf die SDP.

Die SDP ist nach anfänglichem Zögern unter Palmes tätiger, proarbeitgeberfreundlicher Mithilfe durchaus zu Konzessionen bereit. Doch je umfangreicher die Kompromissvorschläge werden, umso mehr verschärft die Gegenseite ihre Kampagnen, ihre öffentlichen Schmähungen und Drohungen gegenüber der Regierung. Ursprünglich ist die zentrale Tarifbindung von Arbeitnehmern und Gewerkschaften im berühmten Abkommen von Saltsjöbaden (1938) vereinbart worden, die Grundlage für die weitere Entwicklung der schwedischen Industriegesellschaft.

Je mehr die Auseinandersetzungen zunehmen, umso schärfer werden die Drohungen von Arbeitgeberseite, falls die Gewerkschaften und die SDP das Projekt der Arbeitnehmer-Fonds nicht aufgeben. Es gipfelt 1983 in der Drohung, das Abkommen von Saltsjöbaden aufzukündigen, das seinerseits 1938 ein ganzes Jahrzehnt von Streiks und gewalttätigen Auseinandersetzungen zwischen den Gewerkschaften und den Arbeitgebern beendet hatte, indem es Gremien schuf, in denen beide Seiten versuchten, friedlich ihre Differenzen beizulegen, ohne dass sich die Politik einmischen musste.

Bei abschwächendem Wirtschaftswachstum ist mittlerweile das Interesse der Arbeitgeberseite an Streikverhinderung abgeschwächt, verstärkt sich das Interesse am Drücken der Lohnkosten, am Lohndumping, also am Gegenteil dessen, was bisher als stark propagiertes, neid erweckendes »schwedisches Modell« gilt. Einmal mehr zeigt sich, dass solch »modellhafte« friedliche Koexistenz von Kapital und Arbeit immer nur temporär beziehungsweise imaginär sein kann. Weil die Gegensätze letztlich immer dominieren zwischen der Profitgier der Kapitalseite einerseits und dem Interesse des Eigenschutzes und Eigennutzes auf der Arbeitsseite andererseits. Der zaghafte Versuch einer schrittweisen Vergesellschaftung des Aktienkapitals, einer Ermächtigung der Gewerkschaften zu Partnern auf Augenhöhe der Kapitalseite, ist der Wendepunkt. Basierend auf erprobten Modellen der neuseeländischen Arbeitgeberschaft, die es vermochte, sich eine starke Gewerkschaftsfront »elegant« vom Hals zu schaffen, beginnen die Arbeitgeber Schwedens nun eine erfolgreiche, multiinstrumentelle Kampagne. Vordergründig gegen die Arbeitnehmerfonds, tatsächlich aber gegen das gesamte »schwedische Modell« stetiger steigender Einkommen und Absicherungen der ArbeitnehmerInnen.

Mit der Ölkrise 1973 bricht die Exportquote vorübergehend ein, was aus Sicht der Arbeitgeberseite dringend Maßnahmen zur Lohnkostensenkung notwendig macht. Das vorhandene Milliardenkapital der großen Konzerne hätte das natürlich eigentlich bei weitem und auf Jahrzehnte hinaus unnötig gemacht, aber an dieses »Pfund« wollten natürlich weder die Kapitalseite noch die SDP wirklich heran. Während der guten Jahre sinken die Lohnstückkosten trotz Tariferhöhungen und sonstiger Almosen bei steigendem Automatisierungs- und Rationalisierungsgrad immer weiter, steigen die Profite bei steigenden Verkaufspreisen der nachgefragten schwedischen Produktion stetig an. Die Verdummungskampagne unter Leitung Palmes gegen die geplanten Arbeitnehmerfonds zeitigt bald die gewünschte Wirkung. Die Zustimmung zu den Arbeitnehmerfonds lässt nach. Die ursprünglich in den Händen der Gewerkschaften liegenden Arbeitnehmerfonds werden 1983 per Gesetz den Rentenfonds zugeordnet und ihrer politischen, strategischen Wirksamkeit in der Auseinandersetzung mit der Kapitalseite komplett beraubt. Zudem sollen sie nur noch maximal acht Prozent des Aktienkapitals eines Betriebes ausmachen. Eigentlich könnte die Kapitalseite nun aufatmen, zumal das Projekt ohnehin von Palme nur eine begrenzte Laufzeit bis 1990 zugestanden bekommt.

Gleichzeitig lanciert die Kapitalseite zusätzlich massive, millionenschwere Kampagnen, um im Land generell Stimmung für eine kapitalfreundlichere Wirtschaftsordnung zu machen, geht das Problem also von einer fundamentaloppositionellen Seite aus an. Es geht also einmal mehr um psychologische Manipulation via PR, um das Einhämmern von Botschaften in die naiven Arbeitnehmerhirne, um deren Konditionierung, dass Milliardenprofite der Konzerne und Eignerfamilien letztlich im Interesse der

Arbeitnehmer sind und ähnlicher Unfug mehr. Diesen massiven Manipulationen von der Kapitalseite haben Gewerkschaften und SDP nichts entgegenzusetzen. Mittlerweile ist in den USA allerdings wissenschaftlich nachgewiesen worden, dass es keine »Trickle-down-Effekte« gibt. Was die Reichen an zusätzlichem Kapital erhalten, behalten sie, es kommt der Gesellschaft nicht zugute. Höchstens in Form von Almosen einer steuerbegünstigten Stiftung, wie sie Multimilliardär Bill Gates (Microsoft) immer wieder mit großem PR-Getöse unters Volk bringt. Statt diese Almosen zu spenden, sollten er und seine Gesinnungsgenossen lieber regulär Steuern bezahlen. Was sie nicht tun. Unter den »Sozialdemokraten« picken sich die Arbeitgeber den künftigen Finanzminister Kjell-Olaf Feldt heraus, der nun dazu dienen soll, diese Politik auch innerhalb der SDP zu propagieren und durchzusetzen beziehungsweise das Meidner-Vorhaben der Arbeitnehmerfonds zu zerstören. Die Arbeitgeberseite radikalisiert ihre Querschüsse und Unterminierungsversuche ab 1976 unter dem charismatischen neuen Industrieverbandsvorsitzenden Nicolin, einem Abgesandten der Milliardärsfamilie Wallenberg, die über einen Großteil des Industriekapitals in Schweden verfügt. So ist in ihren Betrieben knapp die Hälfte der schwedischen Arbeitnehmerschaft beschäftigt, besitzt sie knapp die Hälfte des an der Stockholmer Börse gehandelten schwedischen Aktienkapitals, kontrolliert sie knapp ein Drittel des schwedischen Bruttosozialprodukts. Es ist nicht übertrieben zu sagen, dass die Wallenberg-Familie im Prinzip Schweden besitzt. Die Wallenbergs sind die treibende Kraft hinter dem Kampf gegen die Arbeitnehmerfonds, die ihre Machtbasis, das Aktienkapital der von ihnen kontrollierten Unternehmen, direkt bedrohen.

Da Ende der 1970er Jahre ein direkter Angriff auf das Lohnniveau, sprich: die von den Arbeitgebern gewünschte

Senkung der Löhne, (noch) nicht durchsetzbar ist, verlegt die Kapitalseite den Kriegsschauplatz (zunächst) auf die Lohnnebenkosten. Ähnliches wird in den Neunzigern in der BRD praktiziert, als die Bezugsdauer und die Höhe des Arbeitslosengeldes sowie der Rente gekürzt werden, und parallel dazu der Arbeitgeberanteil an der Arbeitslosen- beziehungsweise Rentenversicherung innerhalb der Monatsgehälter gesenkt wird und der Anteil der Arbeitnehmer erhöht wird. Wie in der BRD werden die nächsten Kampagnen unter dem Slogan »(Unternehmerische) Freiheit oder Sozialismus« gefahren. Da Franz Josef Strauß im Bundestagswahlkampf 1980 eine wörtlich identische Devise verwendet, sollte man mal der Frage nachgehen, wer hier europaweit diesen Slogan verbreitet beziehungsweise angeboten hat. Man wird bei der Annahme, es handle sich um die Abteilung für psychologische Kriegsführung der US-Geheimdienste, nicht besonders falsch liegen. In Zusammenarbeit mit der Londoner Denkfabrik des britischen Ölmultis Shell entwickeln die schwedischen Arbeitgeber währenddessen neue Kampagnen, um das Land und die Mandatsverteilung im Parlament insgesamt nach rechts zu rücken. Gleichzeitig soll die Macht der Gewerkschaften und der linken SDP-Fraktion drastisch beschnitten werden. Als besonders wirkungsvoll haben sich »Entweder-oder-Slogans« wie der oben genannte »Freiheit oder Sozialismus« herausgestellt. Begriffe besetzen beziehungsweise setzen, die Meinungsführerschaft übernehmen und nicht mehr abgeben, das sind die weiteren Eckpunkte der Kapital-Kampagne zur Manipulation der schwedischen Öffentlichkeit. Die Gewerkschaften und die SDP werden als Teil eines negativen Überwachungsstaates diffamiert, während die Unternehmerseite in leuchtendsten Farben dargestellt wird, und in verlogenen Spots als Vertreter eines kreativen, weltoffenen, erfolgreichen

246

Schweden. Als Zeichen ihrer Entschlossenheit, auch kein noch so geringes Zugeständnis zu machen, organisieren die Arbeitgeber am 4. Oktober 1983 eine Großdemonstration in Stockholm, zu der mit Sonderzügen, gecharterten Bussen und sogar Flugzeugen willige Demonstrantendarsteller aus ganz Schweden herangekarrt werden. Schließlich kommen rund 75.000 Menschen zusammen, die mit vorgefertigten Bannern und Plakaten mit Losungen gegen die Arbeitnehmerfonds durch die Innenstadt Stockholms ziehen. Marktwirtschaft statt Planwirtschaft, stand auf einigen von ihnen. Hätten die Menschen wirklich nachgedacht, hätten sie die Losung umgedreht. Es dauert dann noch neun Jahre, bis die rudimentären Restformen der Arbeitnehmerfonds 1992, sechs Jahre nach dem Tod Palmes, endgültig beerdigt werden. Gleichzeitig wird mit dem Abschluss spartenspezifischer Tarifverträge das schwedische Modell insgesamt begraben.

Nach diesem kurzen Exkurs zur Beleuchtung des damals vorherrschenden reaktionären »Zeitgeistes«, der industriefinanzierten »geistig-moralischen Wende« à la Kohl in der schwedischen Variante, wollen wir uns nun wieder den Merkwürdigkeiten rund um den Anschlag auf Palme zuwenden und der Frage, wer die eigentlichen Hintermänner gewesen sein könnten. Dabei ist eines besonders aufschlussreich. Betrachten wir einen Augenblick die prägenden Kennzeichen des Palme-Mordes. Da ist zum einen der Ort des Anschlags. Von allen möglichen Attentatsorten wählen die Anschlagsplaner ausgerechnet die Ecke Sveavägen / Tunnelgatan. Dafür gibt es natürlich vordergründig überzeugende, sachliche Gründe. Die Tunnelgatan bietet einen hervorragenden Fluchtweg über die große Treppenanlage. Verfolgungen per Streifenwagen sind damit in dieser ersten Fluchtphase des Täters ausgeschlossen. Aber war das wirklich das Hauptmotiv für die

Wahl des Anschlagsortes? Zweifel sind hier naheliegend. Aus einem bestimmten Grund. Denn dieser Anschlagsort weist auf erschreckend vielfältige Weise Bezüge zur Person Palme auf. Fassen wir diese nochmals kurz zusammen. An der Ecke Sveavägen/Tunnelgatan befindet sich der Hauptsitz des eng mit der Familie Palme verbundenen »Thule«-Versicherungskonzerns. Als deutscher Historiker denkt man bei dem Firmennamen »Thule« natürlich unmittelbar an die rechtsradikale »Thule-Gesellschaft«, die kurz nach dem Ersten Weltkrieg in München ihr Unwesen treibt, den Attentäter auf den linken Ministerpräsidenten Kurt Eisner stellt, und den Hitlerismus samt Hakenkreuz und »Sieg-Heil«-Gruß vorbereitet. Auch wenn die schwedische Versicherung offenbar nichts mit den deutschen Rechtsextremisten zu tun hat: Im Gebäude logiert noch ein weiterer, geheimer Untermieter. Bekanntlich beherbergt die Thule-Versicherung als Untermieter seit Jahrzehnten das geheime Sekretariat der NATO-SBO in Schweden, die Palme direkt untersteht. Der Thule-Konzern ist die Quelle des Reichtums, der öffentlichen Macht der Familie Palme, die NATO-SBO beziehungsweise die CIA die Quelle geheimer Macht für den Politiker Olof Palme. Diese beiden Faktoren sind zu auffällig, als dass man wirklich annehmen könnte, es sei ein Zufall gewesen, dass der Anschlag gerade an dieser Straßenecke ausgeführt wurde. Haben sich also die beiden Mietparteien im Gebäude Sveavägen 44, symbolisierend die Finanzaristokratie Schwedens und die internationalen Westblock-Geheimdienste gegen Palme verbündet?

Zu den prägenden, auffälligen Kennzeichen des Palme-Mordes gehört aber neben dem Ort insbesondere die Art des Attentats. Wenn Anschläge immer auch Kommunikation darstellen, so ist die Frage, welche Botschaft mit dem Anschlag auf Palme an diesem Ort ausgesandt werden soll. Palme wird öffentlich hingerichtet. Ähnlich dem Anschlag auf John F. Kennedy soll damit offenbar ein Signal ausgesendet werden. Aber an wen? Wer ist der Adressat? Hier sind mehrere Antworten naheliegend. Da ist natürlich zum einen die schwedische Bevölkerung. Diese soll durch den mitten in ihrer Hauptstadt durchgeführten Anschlag einmal mehr verunsichert und den rechtskonservativen Parteien in die Fänge getrieben werden. Da ist zum anderen aber auch die schwedische Politkaste. Ihr soll offenbar demonstriert werden, dass niemand sakrosankt ist, dass selbst jemand von der Statur und den Hintergründen Palmes dran glauben muss, wenn er sich mit den eigentlichen Machthabern Schwedens anlegt. Warum aber warten die Feinde Palmes nicht in Ruhe ab, bis der in diverse Skandale und Skandälchen verwickelte Palme sich selbst aus dem Amt befördert? Warum sollten sich bestimmte Gruppierungen innerhalb der schwedischen Gesellschaft stattdessen dazu verbündet haben, ihn kurzfristig aus dem Weg zu schaffen? Offenbar wird dieses Mysterium von einem Kartell des Schweigens gehütet, gebildet von den Profiteuren des Anschlags. Diese Frage gilt es als nächstes zu beleuchten: *cui bono?* Wer profitiert direkt und indirekt von dem Attentat? Auch hier ist die Antwort eigentlich einfach. Fangen wir an mit seiner Ehefrau Lisbet, welche von ihrem ewig öffentlich fremdgehenden, als Freier mit Minderjährigen verkehrenden Stenz-Ehemann befreit wird. Dieser wird zudem auf die schlimmstmögliche Art, mit der öffentlichen Hinrichtung bestraft. Zu den Profiteuren zählt natürlich auch die Exekutive des Landes, Polizei, Geheimdienste, Armee, die sich alle über prächtige Budgeterhöhungen angesichts der »gestiegenen Gefahrenlage« freuen können. Zu den Profiteuren zählt auch die Kapitalseite, die erleichtert über die Tatsache gewesen sein dürfte, dass mit Palme einerseits ein andauernder

Unruheherd beseitigt wurde, andererseits die »konservative Wende« im Land mit dem Anschlag entscheidend vorangetrieben werden kann. Gefreut hat sich wohl auch die NATO insgesamt, sprich: das ausführende Organ, die Exekutive von USA und Bilderbergern (um es abzukürzen). Denn angeblich wollte Palme 1986 gemeinsam mit Gorbatschow öffentlich vorschlagen, ganz Skandinavien zur entmilitarisierten Zone zu erklären, die NATO-Mitgliedschaft von Dänemark und Norwegen beenden, Schwedens geheime NATO-Mitgliedschaft beenden, und die US-Geheimdienste um wichtige Abhörposten hoch im Norden bringen. Doch ist das wirklich vorstellbar, dass das NATO-U-Boot Palme vorhatte, an dem Ast zu sägen, auf dem er selber saß? Dazu müsste es schon eine massive Überzeugungsänderung bei dem jahrzehntelangen geheimen NATO-Exponenten Palme gegeben haben. Bei jemand also, der fast vier Jahrzehnte lang zu den wichtigen und erfolgreichen CIA-Assets gehörte, der sich seit 1950 als getreuer Diener der US-Herren erwiesen hatte. Nicht auszuschließen auch, dass der über den Haufen geschossene Palme ein Wink mit dem Zaunpfahl Richtung dem CIA-Asset Gorbatschow war, dass nämlich jemand, der vom »rechten«, proamerikanischen, Pro-Westblock-Weg abweicht, erbarmungslos aus dem Weg geräumt wird.

Palme war offenbar auch nach mehrfachen »Ermahnungen« vorab nicht zum Einlenken bereit, muss selbst zu dieser Eskalation beigetragen haben. Die Zusammenhänge sind unschwer herstellbar: Palme muss seinerseits gedroht haben, auszupacken beziehungsweise viele andere mit in den Abgrund zu reißen. Der von Palme potenziell anzurichtende Schaden muss also um vieles höher gewesen sein als das Risiko, mitten in Stockholm einen öffentlichen Mordanschlag zu begehen. Dieser »Schaden« muss so groß gewesen sein, dass die Hintermänner und -frauen sich also dazu entschlossen, den amtierenden Minister-präsidenten aus dem Weg zu räumen. Und das nicht still und heimlich, sondern ihn in aller Öffentlichkeit exekutieren zu lassen. Um mit einer solch öffentlichen Exekution maximale Signalwirkung zu erzielen. Sonst würde man sich nicht zu einer solch öffentlichen Tat auf öffentlicher Bühne entschließen. Palme sollte zum Schweigen gebracht werden. Doch Palme ist in den achtziger Jahren nicht der einzige Fall dieser Art. Auch ein Uwe Barschel kommt knapp zwanzig Monate nach Palme Anfang Oktober 1987 unter merkwürdigen Umständen ums Leben. Auch er ein »U-Boot«, ein heimlicher Kostgänger der US-Dienste, der offenbar auf Abwege geriet und gestoppt werden musste. Doch dazu später in diesem Buch mehr.

Wer hat den Mord also vermutlich durchgeführt? Als Attentäter braucht es keine ausländischen Killer, die extra eingeflogen werden. Dafür kommt eigentlich nur eine Personengruppe in Frage: jemand aus der rechtsradikalen Polizeitruppe an der Schnittstelle SÄPO / Stadtpolizei Stockholm. Teile der SÄPO, hauptsächlich die bekennenden Rechtsradikalen, sind auch bei der NATO-SBO eingebunden. Die SÄPO ist als die Einheit, welche die Personenschützer für alle schwedischen Spitzenpolitiker stellt, bestens über das tägliche Tun & Treiben Palmes informiert. Über die SBO hat sie Möglichkeiten, an unregistrierte Waffen und Munition zu kommen. Zudem sind die Beamten bestens trainierte, hochspezialisierte Schützen. Und als wäre das nicht genug, findet sich ein Beleg für die Verwicklung von CIA und der NATO-SBO in den Mordanschlag in den Untersuchungsakten zum italienischen Skandal um die Geheimloge P2, die zur italienischen SBO Gladio zählte. Im Verlauf dieser Ermittlungen wird ein Telegramm sichergestellt, das P2-Chef und Gladio-Mitstreiter Licio Gelli an den US-Scharfmacher

Philipp Guarino und Vizepräsident George Bush schickte, und Anfang Februar 1986 kurz mitteilt: »Die schwedische Palme wird gefällt.« Eine Verwicklung in den Iran-Contra-Skandal, der die US-Politik in den 1980er Jahren erschütterte, kann allerdings anhand der heute bekannten Fakten ausgeschlossen werden, da sich die wesentlichen Handlungen innerhalb des Skandals nach Palmes Ermordung abspielten und eine Verbindung zum schwedischen Bofors-Skandal bislang nicht erhärtet werden konnte. Am Rand sei darauf hingewiesen, dass auch der Iran-Contra-Skandal zahlreiche ungeklärte Todesfälle nach sich zog, so den Flugzeugabsturz des abtrünnigen israelischen Geheimagenten Amiram Nir im Alter von 38 Jahren. Auch die Ermordung des amtierenden israelischen Ministerpräsidenten Jitzchak Rabin (»Sozialdemokrat«) 1995 durch einen »verwirrten Rechtsradikalen« ist bis heute von Mysterien umgeben. Gleiches gilt für die Ermordung der schwedischen Außenministerin Lindt 2003.

Abschließend muss es einmal mehr verwundern, dass die grundsätzlich als so vorbildlich geltende Gesellschaft Schwedens mit ihrem öffentlich emphatisch beglaubigten solidarischen Grundgedanken derartige Abgründe aufweisen sollte. Aber die weitere Geschichte belegt, dass es offenbar ein schwedisches Modell »Doppelleben« gibt. Öffentliche liberale Solidar-Bekundungen, und geheime Bestrebungen, das Gegenteil durchzusetzen. Nämlich reaktionäre, rechtsradikale Westblock-Politik. Aufgezählt sei an dieser Stelle nur die prominente Verwicklung schwedischer Rechtsradikaler in den Staatsstreich in der Ukraine Anfang 2014 und den anschließenden Krieg gegen die russische Minderheit in der Ostukraine an der Seite der Hooligans aus Lwow. Es ist aus dieser Perspektive auch kein Zufall, dass Julian Assange, legendärer Gründer von Wikileaks, ausgerechnet in der US-Sonderwirtschaftszone

Schweden in die »Honigfalle« tappt, die ihm ganz augenscheinlich von US-Diensten mit aller gebotenen Sorgfalt gestellt worden ist. Die dazugehörige, klassische Strategie psychologischer Kriegsführung gegen ideologische wie militärische Gegner nennt sich »verleumden, beschmutzen, zersetzen«. Nun sitzt er, gebrandmarkt als Vergewaltiger und Frauenfeind, seit fast acht Jahren im »Exil« in der Ecuadorianischen Botschaft in London und wartet auf einen Ausweg – sobald er das Botschaftsgebäude physisch verlässt, wird er von den britischen Behörden verhaftet und umgehend an die USA ausgeliefert. Und in den USA, wo viele seit Jahren seine Exekution fordern, droht ihm seit den Irak-Leaks die Todesstrafe.

Der seit 2017 regierende ecuadorianische Präsident Lenin (!) Moreno, seit einem Attentat 1998 auf den Rollstuhl angewiesen, hat vor kurzem zugesichert, dass Assange weiterhin in der Londoner Botschaft bleiben kann, bis sein Fall geklärt ist (das war im ecuadorianischen Wahlkampf ein Streitthema). Bereits 2016 wird von einer Expertengruppe des UN-Menschenrechtsrats öffentlich festgestellt, dass die britische Blockierung Assanges in der Botschaft illegal und menschenrechtswidrig ist. Die Regierungen Schwedens und Großbritanniens werden aufgefordert, die Ermittlungen gegen ihn einzustellen und ihm eine Entschädigung zu zahlen. Doch das ändert an Assanges Lage – natürlich – nichts. Beide Länder weisen die Aussagen des Gutachtens zurück, der britische Außenminister Hammond bezeichnet das Urteil der UN-Abteilung als »lächerlich«. Zudem sterben beide US-Anwälte Assanges 2016 einen vorzeitigen Tod. Assange versetzt das US-Establishment zusätzlich in Rage, als er während des US-Präsidentschaftswahlkampfs 2016 Tausende von peinlichen Emails veröffentlicht, die zwischen Clinton und der Demokratischen Partei gewechselt worden waren, welche beide einen Erfolg des (etwas) »linkeren« Kandidaten Bernie Sanders (aus BRD-Sicht entsprechen seine Überzeugungen denen der CDU) nach Kräften zu verhindern trachteten. Assange sprach sich öffentlich – zu Recht – gegen Hillary Clinton als bekannter Kriegstreiberin aus und bezeichnete die Wahl zwischen Clinton und Trump als Wahl zwischen Pest und Cholera. Vonseiten der Demokraten wurde daraufhin behauptet, Assange habe bei dem Hack der Demokratischen Partei mit russischen Geheimdiensten zusammengearbeitet, um den Ausgang der US-Wahl in russischem Sinne (Trump) zu beeinflussen. Ein komplett unbewiesener Vorwurf, der seitdem unaufhörlich in den US-Medien wiedergekäut wird, und der mittlerweile zur Einsetzung eines Untersuchungsausschusses des US-Kongresses führte.

Aber auch aus anderem Blickwinkel sorgt Schweden für Besorgnis. Der ebenso scharfzüngige wie rechtskonservative britische Gesellschaftskolumnist Christopher Hitchens hielt es vor seinem Tod 2011 sogar für möglich, dass Bestsellerautor Stieg Larsson (*Die Millennium-Trilogie*) am 9. November (!) 2004 mit 50 Jahren keines natürlichen Todes starb, sondern wegen seiner gesellschaftskritischen und entlarvenden Romane um die Ecke gebracht wurde. Offizielle Todesursache war »Koronarthrombose«. Bei einem Menschen unter 80 eher ungewöhnlich. Für Hitchens war der Spiegel, den Larsson der schwedischen Gesellschaft vorhielt, zu klar, zu wenig verschwommen, zudem hatte Larsson angekündigt, noch mindestens sieben weitere Bände über die nur allzu realen Abgründe der schwedischen Gesellschaft zu schreiben. Vielleicht wollte man das verhindern. Wenn man das allerdings annimmt, muss man sehr hoch greifen in der gesellschaftlichen Pyramide, um auf ein Netzwerk zu kommen, das über solche Möglichkeiten verfügt. Ein Trupp durchgeknallter

Rechtsradikaler reicht dazu nicht aus. Es geht hier um die obersten Entscheidungsträger eines Landes. Und es ist aus dieser Perspektive einmal mehr kein Wunder, dass sich der oberste schwedische Polizeichef Göran Lindberg 2014 als Kinderschänder und Vergewaltiger herausstellt. Damit wird ein Mann als perverser Verbrecher entlarvt, der jahrzehntelang Gleichstellungsbeauftragter (!) und preisgekrönter Ombudsmann in Geschlechterfragen (!) bei der schwedischen Polizei war. Insgesamt ergibt sich für Schweden so das Bild eines Landes, das in einzigartiger Weise die Doppelzüngigkeit des Westblocks verkörpert. Die lautstarke Propagierung von Zivilgesellschaft und Menschenrechten einerseits und einer »Realpolitik« andererseits, die dem Hohn spricht.

Uwe Barschel –
Selbstmord oder Mord

Uwe Barschel, geboren am 13. Mai 1944 in Glienicke (jenseits der Stadtgrenzen am nördlichen Rand Berlins, nicht im gleichnamigen Ortsteil Berlins), macht die größten Schlagzeilen seines an Skandalen nicht armen Lebens mit seinem rätselhaften Tod am 11. Oktober 1987 in einer Hotelbadewanne in Genf. Fünf Jahre lang, von 1982 bis 1987, ist er Ministerpräsident des Landes Schleswig-Holstein. Zeitweise gilt der CDU-Politiker als beste Nachwuchskraft seiner Partei. Doch am Ende stürzen die überschwer gewordenen Teile des von ihm errichteten, monströsen, schwindelerregenden Lügengebäudes über ihm zusammen. Es stellt sich heraus, was Kritiker schon seit Jahren behauptet hatten: dass bei ihm öffentlicher Schein das eher armselige Sein bei weitem überstrahlten.

Barschel wächst mit seinen Geschwistern elternlos bei den Großeltern in einer Barackenanlage für Flüchtlinge in Börnsen bei Geesthacht auf. Seine Mutter arbeitet auswärts als Näherin. Barschels Vater Heinrich, ein Mathematiker, gilt als kriegsvermisst. Er fiel vermutlich im April 1945 bei Berlin. Sohn und Halbwaise Uwe Barschel lädt als Schulsprecher kurz vor seinem Abitur 1963 auf Vorschlag seines rechtsextremen Geschichtslehrers den ehemaligen Admiral und kurzzeitigen »Reichskanzler« in den letzten Tagen »Großdeutschlands«, Karl Dönitz, zu einem Vortrag an der Schule ein. Der während der Nürnberger Prozesse als Kriegsverbrecher verurteilte Dönitz erhält damit Gelegenheit, vor der versammelten Schülerschaft über das »Dritte Reich« zu schwadronieren. Das Problem: Der unbelehrbare Dönitz vertritt auch nach 1945 eine positive Sicht des Nationalsozialismus und gilt als Ikone der Rechtsradikalen in der BRD. Sein von Barschel eingefädelter Schuldbesuch samt Hakenkreuz-Schwärmereien führt zu einem politischen Skandal, europaweiter Medienresonanz und Ermittlungen des Kultusministeriums. Im Nachgang der Affäre begeht der beteiligte Schulleiter Selbstmord. Die Einwohner von Geesthacht geben der Presse die Schuld. Als Innenminister Schleswig-Holsteins lässt es sich Uwe Barschel 17 Jahre später nicht nehmen, am Begräbnis des lebenslangen Rechtsradikalen Dönitz teilzunehmen.

Mit 16 Jahren tritt Barschel der Jungen Union in Schleswig-Holstein bei (1960). Zwei Jahre später, gerade volljährig geworden, wird er Mitglied der CDU. In der CDU-Nachwuchstruppe macht er schnell Karriere, und ist von 1967 bis 1971 der Vorsitzende der Jungunionisten. Dazu wird der 25-Jährige 1969 zum stellvertretenden Landesvorsitzenden der Partei im nördlichsten Bundesland gewählt. 1971 schließt er mit 27 Jahren sein Jura-Studium mit der Promotion ab. In seiner Doktorarbeit beschäftigt sich Barschel mit der »Stellung des Ministerpräsidenten von Schleswig-Holstein unter besonderer Berücksichtigung der Lehre von der Gewaltenteilung«. Die Partei befördert ihn weiter planmäßig nach oben. Ebenfalls 1971 zieht er über die Landesliste in den Landtag ein. Nebenbei arbeitet er als Rechtsanwalt, und tritt 1976 der Kieler Sozietät Moll bei. Die gesellschaftliche Stellung des 29-jährigen Barschel verbessert sich schlagartig durch die 1973 geschlossene Ehe mit einer Tochter der bis heute einflussreichen und zu den BRD-Milliardären zählenden Adelsfamilie von Bismarck. 1979 ernennt Ministerpräsident Gerhard Stoltenberg den damals als Fraktionsvorsitzender fun gierenden Barschel zum Finanzminister des Landes, ein halbes Jahr später zum Innenminister. Barschel nimmt in dieser Zeit an Sitzungen der »Nordatlantischen Versammlung« der NATO, einem »Konsultativ-Gremium« (sprich: Schwatzbude) des Militärbündnisses teil und kann so ein Netzwerk im Bereich der internationalen Politik und des Militärs aufbauen. Stoltenberg wird nach der Bundestagswahl 1982 unter dem neuen Bundeskanzler Helmut Kohl Finanzminister. Sein Nachfolger als Ministerpräsident in »SH«: niemand anderer als der 38-jährige Barschel, einer der jüngsten Ministerpräsidenten aller Zeiten. Ein Jahr später kann die CDU dort unter seiner Führung bei den Landtagswahlen die absolute Mehrheit verteidigen. 1985 zählt er zu den Mitgründern eines sehr erfolgreichen Kulturprojekts, des Schleswig-Holstein Musikfestivals. Ein erster Schatten legt sich über sein Leben, als er im Mai 1987, im Alter von 43 Jahren, zu Beginn des nächsten Landtagswahlkampfs, den nächtlichen Absturz einer von ihm benutzten Privatmaschine nur knapp überlebt. Beide Piloten und ein Barschel begleitender Personenschützer kommen bei dem Flugzeugunglück ums Leben. Trachtete ihm schon damals jemand nach dem Leben?

Bei der bevorstehenden Landtagswahl 1987 droht den Analysen der Umfrageinstitute zufolge eine Niederlage der CDU, die damit nach fast vier Jahrzehnten die Herrschaft im Bundesland verlieren würde. Die Landes-CDU sucht verzweifelt nach Wegen, doch noch den Wahlsieg zu erringen, während die SPD in den Wahlbarometern von Woche zu Woche zulegt. Barschel engagiert einen neuen Presseberater namens Reiner Pfeiffer, zuvor Journalist beim Axel-Springer-Verlag (Bild-Zeitung), der ihm dabei helfen soll, im Endspurt des Wahlkampfs den Trend zu Barschels Gunsten zu drehen. Doch der erweist sich als feindliches U-Boot. Pfeiffer steckt dem Magazin *Der*

Spiegel kurz vor dem Wahltermin, dass er von Barschel die Anweisung bekommen habe, den SPD-Spitzenkandidat bei der Landtagswahl, den später nach 15 Minuten Ruhm wieder in der Versenkung verschwundenen Björn Engholm, auszuspionieren und zu verleumden. Pfeiffers Auftrag sei es gewesen, eine anonyme Steuerhinterziehungsanzeige gegen Engholm zu lancieren und dessen angebliche Homosexualität zu thematisieren. Pfeiffer sagt auch, er habe den Auftrag bekommen, Abhöreinrichtungen in Barschels Telefon anzubringen, und diese dann »zu entdecken« und als SPD-Komplott anzuprangern. Diese Skandalstory wird vom *Spiegel* einen Tag vor der Landtagswahl veröffentlicht. Die CDU verliert die Wahl, die SPD wird erstmals seit Jahrzehnten stärkste Partei in Schleswig-Holstein. Die CDU nimmt dennoch Koalitionsverhandlungen mit der FDP auf. Fünf Tage nach der Wahl, am 18. September 1987, streitet Barschel die Anschuldigungen des *Spiegel* in einer Pressekonferenz ab und schickt dem seine »Ehrenwort-Erklärung« hinterher, er bürge mit seinem Ehrenwort dafür, dass diese Anschuldigungen völlig haltlos seien. Doch der Skandal ist nicht mehr aufzuhalten, Barschel selber gerät in eine unhaltbare Position, nachdem die FDP erklärt, mit der CDU zu verhandeln, aber nicht mit Barschel. Er tritt daraufhin am 2. Oktober 1987 als Ministerpräsident zurück. Zwei Untersuchungsausschüsse, die sich später mit den Vorwürfen gegen Barschel beschäftigen, kommen zu keinem eindeutigen Ergebnis. Die Schuld Barschels, gemäß Pfeiffers Aussage der Anstifter für die illegalen Handlungen gewesen zu sein, lässt sich nicht erhärten. Letztlich steht Aussage gegen Aussage. In einem auf 3. Oktober 1987 datierten Brief Barschels beschuldigt dieser Stoltenberg der Mitwisserschaft bei den Aktionen gegen Engholm. Der Brief wird im April 1988 dem *Spiegel* zugespielt, stellt sich 1991 aber als angebliche Fälschung der Abteilung X der Hauptverwaltung Aufklärung des Ministeriums für Staatssicherheit der DDR heraus. Doch auch Gegenspieler Engholm wird mit der Pfeiffer-Intrige nicht froh. Er muss seinerseits 1993 zurücktreten, als ihm nachgewiesen wird, schon wochenlang vor der Wahl von Pfeiffer über die Umtriebe Barschels informiert worden zu sein, diese Information aber für sich behalten zu haben, um mit einer Veröffentlichung zum spätestmöglichen Zeitpunkt (was Barschel die Möglichkeit nimmt, noch darauf zu reagieren) die Wahl zu gewinnen.

Doch der größte Knall, der Höhepunkt der Schmierenkomödie kommt neun Tage nach Barschels Rücktritt. Am Sonntag, den 11. Oktober 1987, einen Tag bevor er vor dem Untersuchungsausschuss des schleswig-holsteinischen Landtags aussagen soll, wird Barschel mittags, kurz vor 13 Uhr, von zwei Journalisten des Magazins *Stern* in der Badewanne seines Hotelzimmers in einer Genfer Luxusabsteige tot aufgefunden – und fotografiert. Auf dem Foto zu sehen ist der vollständig angekleidete Barschel, der leblos in einer mit Wasser gefüllten Badewanne liegt, den Kopf auf den Rand gelegt, die Augen geschlossen. Das Ganze spielte sich in Zimmer Nr. 317 im Hotel *Beau-Rivage* ab. Bis heute ist seine Todesursache umstritten. Untersuchungen in der Schweiz und in der BRD können keine Klarheit hierzu herstellen. Offiziell wird Selbstmord konstatiert. Doch die Frage, ob er in einer ausweglosen Situation Selbstmord beging oder ob er aus Gründen, die noch zu betrachten sein werden, umgebracht worden sein könnte, ist bis heute ungeklärt. Der ehemalige Mossad-Agent und Buchautor Victor Ostrowski äußert die schlagzeilenträchtige These, Barschel sei von gedungenen Mördern des israelischen Geheimdienstes umgebracht worden. Grund sei gewesen, dass Barschel zuviel über den israelisch-iranischen Waffenhandel gewusst habe. 1994 legt Ostrowski nach, ein Team israelischer Mörder habe Barschel vergiftet. Der BRD-Geheimdienst »BND« habe dabei mitgeholfen.

Demnach sei Barschel durch den Telefonanruf eines gewissen Roloff, einem Mossad-Agenten, von seinem Ferienaufenthalt in Gran Canaria nach Genf gelockt worden. Barschel sei in Aussicht gestellt worden, Informationen über das angebliche Komplott gegen ihn zu erhalten. Im Hotel *Beau-Rivage* habe er sich mit einem weiteren Abgesandten des israelischen Geheimdienstes Mossad getroffen. Dieser habe ihm ein Glas Wein servieren lassen, dem ein starkes Beruhigungsmittel beigemischt worden sei. Der angeschlagene Barschel habe daraufhin sein Hotelzimmer aufgesucht und sei dort ohnmächtig geworden. Nun seien laut Ostrowski die Mörder ins Zimmer eingedrungen, und hätten Barschel über einen in seine Speiseröhre eingeführten Schlauch weitere starke Sedativa und einen Giftcocktail eingeflößt. Zudem habe Barschel rektal ein fieberauslösendes Mittel bekommen. Als das Fieber die gewünschte erhöhte Körpertemperatur erzeugt habe, sei Barschel in die mit eiskaltem Wasser gefüllte Badewanne gelegt worden. Der Temperaturschock habe einen Herzstillstand ausgelöst. Ostrowski behauptet, der »BND« sei Mitwisser und Mitorganisator der israelischen Waffenlieferungen an den Iran gewesen. Zudem habe der BRD-Geheimdienst iranische Piloten auf BRD-Luftwaffenstützpunkten trainieren lassen. Damit sollte der Krieg zwischen Iran und Irak verlängert werden, bis zur völligen Entkräftung beider Länder, mit dem Endziel einer Senkung des Ölpreises der beiden ölreichen Länder, welcher den Konjunkturboom im Westblock in den achtziger Jahren ausgelöst habe.

Über die genauen Todesumstände Barschels haben

sich in den vergangenen Jahrzehnten eine Vielzahl von Theorien und Verschwörungstheorien entwickelt. Dabei geht es im Kern um die Frage, ob sein Tod Selbstmord oder Mord war. Anhand zahlreicher Indizien vom Tatort, die wir weiter unten genauer betrachten wollen, schließen viele Beobachter, dass außer Barschel noch weitere Personen in seinem Hotelzimmer zur Zeit seines Todes anwesend waren. Wer diese Personen waren, die offenbar weitreichende Anstrengungen unternahmen, um einen Mord wie einen Selbstmord aussehen zu lassen, ist bis heute offiziell ungeklärt. Während des Iran-Irak-Kriegs (1980–1988) versorgten Israel und die USA den Iran mit Waffennachschub. Die USA verfolgten damit mehrere Interessen. Aus den mit überteuerten Waffenverkäufen an die dringend auf Nachschub angewiesenen Religionsfanatiker in Teheran erzeugten Profiten konnte eine vom Parlament nicht kontrollierte Einnahmequelle generiert werden, die Millionen zusätzlicher, amtlich nicht registrierter US-Dollar in die Taschen der CIA spülte. Damit konnten wiederum illegale CIA-Aktivitäten wie die Ausrüstung und Finanzierung der antinicaraguanischen Contras und anderer »Todesschwadronen« in Zentral- und Südamerika bezahlt werden. Außerdem konnte man so einen Tauschhandel »Waffen gegen Geiseln« mit der Iran-finanzierten Terrororganisation Hisbollah aufziehen, die mehrere US-Geiseln im Libanon gefangenhielt. Israel war daran interessiert, dem Iran militärische Hilfe zu leisten, um den Erzfeind, den Iraker Saddam Hussein, von Aktionen gegen Israel abzuhalten, und mit dem Krieg gegen Iran beschäftigt zu halten. Die ursprünglich bald nach seinem Tod 1987 abgeschlossenen Ermittlungen im Fall Barschel werden 2011 auf Antrag der Staatsanwaltschaft Lübeck im Auftrag der Familie Barschels, die immer einen Selbstmord bestritt und von einem Mord ausgeht, wieder aufgenommen. Man erhofft sich vom Einsatz moderner DNA-Analysemethoden neue Erkenntnisse über Ablauf und Hintermänner des Ablebens von Barschel. Das gilt besonders, seitdem der Schweizer Toxikologe Hans Brandenberger 2010 einen Aufsatz publizierte, in dem er zu der Feststellung kommt, dass Barschel durch Fremdeinwirkung zu Tode gekommen sei.

Doch wie verlaufen die letzten Lebenstage, die letzten Lebensstunden Barschels nun genau? Hier die Fakten, soweit sie bis heute öffentlich gemacht wurden: Am 8. Oktober hält sich Barschel mit seiner Frau nach der turbulenten Wahlschlacht, der verlorenen Wahl, dem Rücktritt zu einem Kurzurlaub in Gran Canaria auf. Er erkundigt sich an diesem Tag nach einer Flugverbindung nach Zürich, da er dort jemanden treffen wolle. Als ihm gesagt wird, dass der einzige Flug an diesem Tag nach Zürich ausgebucht sei, fragt er nach einem Platz in einem anderen Flug, der in den nächsten Tagen Gran Canaria verlässt, etwa nach Madrid oder Genf. Eine Hotelangestellte bucht daraufhin für Barschel einen Flug nach Genf. Dort trifft er am 10. Oktober 1987 nachmittags ein. Gegner der Mordthese gehen davon aus, dass Barschel, zu diesem Zeitpunkt in einer ausweglosen Lebenssituation, seinen Suizid plant und dafür einen anonymen Ort sucht. Die Witwe Barschels, Freya Barschel, weist dagegen daraufhin, dass schon die Hinreise nach Gran Canaria über Genf ging, und dass ihr Mann in Genf einen Informanten treffen wollte. Barschel sollte von ihm Entlastungsmaterial erhalten, darunter auch Fotos. Der Informant hatte mehrfach telefonisch Kontakt mit Barschel. Barschel wollte die Vorwürfe widerlegen, er sei der Hauptschuldige in der Bespitzelungsaffäre gegen Engholm. Er habe sich unbedingt Entlastungsmaterial verschaffen wollen. Am 10. Oktober abends habe Barschel sie angerufen, erzählt, dass er »Roloff« am Flughafen getroffen und sich für 20 Uhr mit ihm verabredet habe. Von den von »Roloff« in Aussicht gestellten Dokumenten habe er sich eine umfassende Rehabilitierung erhofft.

Barschel nimmt schon seit 1980 in zunehmend stärkeren Dosen das Beruhigungsmittel Tavor zu sich. Er ist möglicherweise schon davon abhängig. Der Stress in der Landes- und Bundespolitik ist offenbar zu viel für ihn – oder sollte er schon damals ein nervenaufreibendes Doppelleben geführt und nur mit medikamentöser Hilfe den Stress ertragen haben? Bei der Obduktion seiner Leiche werden insgesamt acht Beruhigungsmittel in seinem Blut gefunden. Darunter ein Barbiturat, das Schlafmittel Persedon, ein stark sedierendes Antihistaminikum, ein schlafinduzierendes Beruhigungsmittel und Valium, also eine Mischung aus hochwirksamen Sedativa und einem Neuroleptikum. Die Genfer Staatsanwaltschaft geht in ihrem Abschlussbericht davon aus, dass Barschel diese Mittel selbst eingenommen, sich bekleidet in die gefüllte Badewanne gelegt hat, dort eingeschlafen und schließlich mehrere Stunden später an überdosierten Schlafmitteln gestorben ist. Dieses Vorgehen entspricht angeblich einer Anleitung zum Suizid, wie sie von der »Deutschen Gesellschaft für Humanes Sterben « herausgegeben worden sei. Barschels Hinterbliebene beauftragen den pensionierten Zürcher Toxikologen Hans Brandenberger, die Ergebnisse der Gerichtsmedizin in Genf zu analysieren. Er kommt zu dem Schluss, dass die unterschiedliche Konzentrationsverteilung der Tablettenwirkstoffe im Magen, Blut und Urin Barschels einen Beweis für Fremdeinwirken darstellt. Das Cyclobarbital befand sich noch in der »Anflutungsphase«, während die anderen Beruhigungsmittel bereits im Blutkreislauf angekommen seien. Barschel wäre Brandenberger zufolge aufgrund der Zusammenstellung und Dosierung der Sedativa physisch nicht mehr in der Lage gewesen, nach der Einnahme der sedierenden Substanzen das tödliche Cyclobarbital noch selbst zu sich zu nehmen. Daher geht Brandenberger davon aus, dass das tödliche Cyclobarbital Barschel im Zustand der Bewusstlosigkeit von einer Fremdperson verabreicht wurde. Andere Gutachter kommen jedoch zu dem Ergebnis, dass die Reihenfolge der Einnahme der verschiedenen Medikamente nicht mehr exakt feststellbar sei. Man könne nicht mehr zweifelsfrei feststellen, ob Barschel zu einem bestimmten Zeitpunkt handlungsunfähig gewesen sei. Brandenberger entgegnet, dass der Abgleich der chemischen Analysedaten seines 1994 erstellten Gutachtens mit den Angaben zum Ablauf des Barschel-Todes, wie ihn der ehemalige Mossad-Agent Ostrowski schildert, bis in Details hinein übereinstimmt. Toxikologe Meyer findet bei einer zusätzlichen Nachuntersuchung in den erhaltenen Blutproben Barschels den bis dahin übersehenen Wirkstoff Methyprylon, auch als »K.-o.-Tropfen« bekannt. Meyer sagt, der Befund sei »grundsätzlich geeignet«, die Mordtheorie zu stützen.

Von der erwähnten »Gesellschaft für Humanes Sterben« wird allerdings darauf hingewiesen, dass Cyclobarbital als Mordwaffe ungeeignet sei. Das ebenfalls in Barschels Blut gefundene Schlafmittel Pyrithyldion ist seit 1983 in Deutschland nicht mehr zugelassen. Verkauft wird es allerdings noch hinter der unweit von Barschels Wohnort verlaufenden Grenze in Dänemark, aber auch in der DDR, wohin Barschel während seiner Amtszeit des Öfteren reiste. Der Anlass dieser Reisen ist bis heute nicht vollständig geklärt. Allerdings reserviert Barschel bei diesen Reisen in Warnemünde im Hotel *Neptun* jeweils die »Spezialsuite«, ein Zimmer mit runder Bettlandschaft, das ringsum verspiegelt ist, und bestellt sich dorthin Prostituierte, die es vor den versteckten Kameras der Stasi, die im bei Westtouristen beliebten Hotel eine eigene Büroflucht belegt, mit dem Ministerpräsidenten treiben. Die Schweizer Polizei stellt im Genfer Hotelzimmer Barschels Verpackungen von Medikamenten sicher. Dabei handelt es sich aber weder um in Barschels Körper gefundene Medikamente noch um Medikamente, die er generell einnimmt. Der genaue Verbleib der im weiteren Verlauf der Ermittlungen verschwundenen Packungen ist ungeklärt, offiziell wurden sie durch die Schweizer Polizei entsorgt. Weitere Ermittlungspannen sind, dass die Polizeikamera, mit der der Tatort fotografiert wird, sich im Nachhinein als defekt herausstellt, so dass alle Bilder aus dem Hotelzimmer unscharf sind und die einzigen verwertbaren Fotos von dessen ursprünglichem Zustand die der *Stern*-Reporter sind.

Die in Deutschland zuständige Staatsanwaltschaft Lübeck überlässt das Ermittlungsverfahren zunächst den Schweizer Behörden. 1993 eröffnet der Lübecker Oberstaatsanwalt Heinrich Wille, dem der Bundesgerichtshof den Fall zuweist, ein Ermittlungsverfahren gegen Unbekannt wegen Mordes. Dieses Verfahren bleibt über drei Jahre weitgehend ergebnislos. Daher plädiert Generalstaatsanwalt Ostendorf 1997 für die Einstellung des Verfahrens, Landesjustizminister Walter weist Wille jedoch an, seine Ermittlungen fortzusetzen, worauf Ostendorf zurücktritt. Die Ermittlungen werden dann 1998 offiziell abgeschlossen. Begründung: Es gebe keine erfolgversprechenden Ermittlungsansätze. Wille bleibt allerdings bei seinem Mordverdacht. Der Anwalt der Familie Barschel vermutet »Staatsräson«, also die besonderen Beziehungen zu Israel, als Grund für die Zurückhaltung der deutschen Behörden, im Fall Barschel weiterzuermitteln. Im Juni 2011 kündigt die Staatsanwaltschaft Lübeck zusammen mit der Generalstaatsanwaltschaft Schleswig-Holsteins an, die Kleidung Barschels erneut, diesmal nach modernsten Methoden, auf DNA-Spuren zu untersuchen. Wenige Tage später wird bekannt, dass unter den in Lübeck gelagerten Beweismitteln auch ein Haar gefunden wurde, das auf dem Bett des Hotelzimmers sichergestellt wurde und zweifelsfrei nicht von Barschel stammt. Allerdings verschwindet dieses Haar im weiteren Verlauf der Untersuchungen 2011 unter ungeklärten Umständen. Spezialisten des Kieler Landeskriminalamts finden 2012 DNA-Rückstände einer fremden Person auf der damals sichergestellten und in der Todesnacht von Uwe Barschel getragenen Kleidung (Socken, Krawatte und Strickjacke) sowie an einem Hotelhandtuch. Nach der langen Zeit seit dem Vorfall sind die Genspuren nicht mehr detailliert genug, um sie mit den Datenbanken des BRD-Bundeskriminalamts abgleichen zu können. Allerdings könne das Material mit Daten möglicher Verdächtiger verglichen werden. Bei den festgestellten Spuren handelt es sich um sogenannte »Mischspuren«, also um Daten, die von mindestens zwei Personen stammen – eine dieser beiden Personen ist nach Erkenntnis der Spezialisten Uwe Barschel selbst. Also muss mindestens eine weitere Person anwesend gewesen sein. Die Staatsanwaltschaft Lübeck beschließt jedoch, diese neue Spur nicht weiterzuverfolgen. Da sie keine zureichenden Anhaltspunkte biete, eine Linie zu eventuell tatverdächtigen Personen zu ziehen, wie der Oberstaatsanwalt mitteilt.

Schon bald nach seinem merkwürdigen Ableben kommt der Verdacht auf, Barschel sei ermordet worden. Dies stützt sich auf folgende Unklarheiten in der Spurenlage: Barschel bestellt vor seinem Tod telefonisch beim Zimmerservice eine teure Flasche Wein (1985er Beaujolais Le Chat-Botté). Diese wird ihm gegen 18.30 Uhr mit zwei Gläsern aufs Zimmer gebracht. Barschel öffnet die Flasche im Beisein des Kellners und probiert. Nach seinem Tod ist die Flasche nicht mehr auffindbar. Generalstaatsanwalt Rex hält es für möglich, dass ein Zimmerkellner die Flasche entfernt hat, ohne ins Badezimmer zu schauen. Oder dass Barschel die Flasche selbst entsorgt hat. Allerdings hätte auch der Mörder die Flasche entsorgt haben können, um eine unbemerkte Anreicherung des Weins mit Medikamenten zu vertuschen. Eines der Gläser findet die Polizei unbenutzt, das andere zerbrochen im Mülleimer des Badezimmers. Auf dem zerbrochenen Glas ist nur ein Fingerabdruck Barschels. Entweder wurde das Glas abgewischt, oder Barschel hielt es so, dass er keine weiteren Abdrücke hinterließ.

Weitere Merkwürdigkeiten: Ein aus der Minibar des Hotelzimmers stammendes Whiskyfläschchen ist offenbar vor Barschels Auffindung ausgespült worden. Dennoch kann nachgewiesen werden, dass die Flasche Spuren des Beruhigungsmittels Diphenhydramin enthält. Von Gegnern der Mord-These wird erwidert, diese Spuren seien an die Flasche gekommen, als Barschel aus der Flasche trank, nachdem er das Diphenhydramin eingenommen hatte. Barschel, der sonst keinen Whisky konsumierte, habe die entleerte Flasche mit Wasser gefüllt und nochmals ausgetrunken. Auf dem Boden des Hotelzimmers wird bei der kriminaltechnischen Untersuchung des Tatorts ein ausgerissener Hemdknopf gefunden, mit Garn. Der Knopf stammt vom Hemd, das Barschel in der Badewanne noch anhat, vom zweiten Knopfloch von oben. Barschels Krawatte ist jedoch noch ordnungsgemäß gebunden. Mordthesengegner erklären den ausgerissenen Knopf mit unkontrollierten Bewegungen, die unter dem Einfluss von starken Schlafmitteln auftreten können. Vertreter der Mordtheorie schließen dagegen auf ein Handgemenge Barschels mit den unbekannten Tätern, die ihn anschließend wieder sorgsam zurechtmachten und dann in die

Wanne legten, den fehlenden Knopf allerdings übersahen. Außergewöhnlich ist die Position der Schuhe Barschels. Der rechte Schuh liegt mit geschnürten Schnürsenkeln im Hotelzimmer, der andere nass und mit geöffneten Schnürsenkeln vor der Badewanne. Im vorderen Bereich des im Badezimmer aufgefundenen Schuhs wird Dimethylsulfoxid nachgewiesen. Der Badewannenvorleger weist einen großen Fleck auf, der von Abfärbungen dieses Schuhs stammt. Die skeptische Oberstaatsanwaltschaft deutet das als Ergebnis »unplanmäßigen Handelns eines bereits bewusstseinsgetrübten zum Suizid Entschlossenen«. Ein planvoll vorgehender Mörder hätte darauf geachtet, die Schuhe unauffällig anzuordnen.

Auch auf einem der vorgefundenen Handtücher findet sich Dimethylsulfoxid – einem Mittel, das unter anderem ermöglicht, eine beliebige andere Substanz durch die Haut zu verabreichen. Das Tuch liegt in der Kofferablege-Nische des Zimmers, neben Barschels Koffer an der Eingangstür, und nicht im Badezimmer. Anhänger der Mordtheorie deuten dies so, dass der Täter dieses Handtuch dort hinwarf, um im Hotelflur nicht mit einem Handtuch in der Hand aufzufallen. Da sich auf dem Handtuch auch Farbanhaftungen von Barschels Schuh finden, schließen Gegner der Mordthese, dass Barschel mit dem Handtuch seinen Schuh, auf den eine Flüssigkeit gelangt war, abwischte. Nicht zu erklären bisher ist die auf dem Badewannenvorleger gefundene Spur. Es handelt sich offenbar um einen Schuhabdruck, der nicht zu Barschels Schuhen passt. Ob diese Spur von einem der *Stern*-Reporter stammt oder von einem der Schweizer Polizisten, die den Tatort sicherten, konnte bislang nicht geklärt werden. Auf den Fotos des *Stern*-Fotografen ist die Matte nur unklar zu erkennen. Bei der Obduktion von Barschels Leiche wird ein Hämatom auf der rechten Stirnseite festgestellt, das durch Gewaltanwendung entstanden sein könnte. Ein Schweizer Gutachter befindet, das sehr oberflächliche Hämatom könne »beim Stoß des Kopfes gegen den Badewannenrand bei einem Krampf während des Komas entstanden sein«.

Blicken wir nun auf Merkwürdigkeiten in Barschels Biographie, die schon vor seinem denkwürdigen Ableben auftraten. So reist Barschel während seiner Amtszeit als Ministerpräsident für einen BRD-Politiker auffällig oft in die DDR und die Tschechoslowakei. Generell wird von BRD-»Sicherheitskreisen« zu diesem Zeitpunkt von unnötigen Reisen in den Ostblock abgeraten, da dies von den osteuropäischen Geheimdiensten zu Anwerbungs- oder Kompromittierungsversuchen benutzt werden könne. Dass Barschel entgegen diesen Ratschlägen so häufig die Blockkonfrontationsgrenze Richtung Osten überquert, lässt entweder den Schluss zu, dass er in bislang unbekanntem Auftrag sozusagen »dienstlich« in den Osten reist (offizielle Gründe für diese Reisen wurden bislang nicht bekannt). Oder dass er dies zu seinem Privatvergnügen beziehungsweise aus privaten Gründen tut. Möglicherweise spielt er eine bis heute nicht bekannt gewordene Rolle im Ost-West-Konflikt. Dass Barschel eine besonders intensive Beziehung zur DDR hat, bestätigte auch Günter Bohnsack, Oberst im Ministerium für Staatssicherheit der Deutschen Demokratischen Republik. Er sagte nach der »Wende« aus, dass Barschel mit Einverständnis der Staatssicherheit häufige Autoreisen von Lübeck (BRD) aus ins nahe gelegene Rostock und nach Warnemünde unternahm. Das wird von Barschels Chauffeuren Horst Rissmann und Karl-Heinz Prosch bestätigt. Barschel nimmt stets im Warnemünder Hotel *Neptun* Quartier, das von der Staatssicherheit als Treffobjekt genutzt wird. Die Lübecker Staatsanwaltschaft trägt Hinweise zusammen, wonach dort Waffen- und Embargogeschäfte eingefädelt worden sein könnten. Etwa mit der »Imes Import-Export GmbH«, einer Firma des Ministeriums für Außenhandel der DDR, Unterabteilung Kommerzielle Koordinierung, KoKo, Geschäftsführer: der notorische Alexander Schalck-Golodkowski. Diese Firma sei mit internationalen Handelsgeschäften befasst gewesen, auch mit Rüstungsprodukten. Ex-Bundeskanzler Helmut Kohl streitet zeitlebens eine Kenntnis der DDR-Reisen Barschels ab. Auch eine mögliche Verwicklung von Barschel in die noch zu erläuternde U-Boot-Affäre wird als mögliches Mordmotiv genannt.

Die Witwe Uwe Barschels, Freya Barschel, gab im Hinblick auf ein mögliches Mordmotiv an, dass ihr Mann ihr gegenüber von Waffen und von Entscheidungen gesprochen habe, die vor seiner Amtszeit getroffen worden seien, über die er bei Amtsübernahme 1982 als Ministerpräsident nicht in Kenntnis gesetzt worden sei, und die er erst nach und nach in Erfahrung gebracht habe. Dazu habe er im Kieler Untersuchungsausschuss aussagen wollen. Geheime Waffengeschäfte zwischen Israel und dem Iran seien im Rahmen der »Operation Hannibal« im Transit über Schleswig-Holstein abgewickelt worden. Barschel habe sich zuletzt der Ausbildung von iranischen Piloten durch Israel auf norddeutschen Sport-Flugplätzen widersetzt. Nach seinem Rücktritt habe er damit gedroht, mit seinem Wissen über die Angelegenheit an die Öffentlichkeit zu gehen. Auch Hassan Banisadr, bis zu seiner Absetzung 1981 Staatspräsident des Iran, ist davon überzeugt, dass Barschel eine wichtige Rolle im Waffenhandel mit dem Iran gespielt habe. Der schleswig-holsteinische Ministerpräsident sei in Waffengeschäfte mit Ahmad Chomeini, dem jüngeren Sohn von Ajatollah Ruhollah Chomeini, verwickelt gewesen. Barschel habe in diesem Zusammenhang Waffenverkäufe nach Teheran organisiert und regelmäßig an Treffen in der Schweiz teilgenommen. Vor seinem Tod habe Barschel versucht, die Gegenseite zu erpressen.

Und natürlich gab es auch in diesem Skandal eine Reihe »merkwürdiger« Todesfälle während der Ermittlungen. Der südafrikanische Waffenhändler Dirk Stoffberg gab 1994 im Entwurf zu einer eidesstattlichen Versicherung an, Barschel sei von CIA-Direktor Robert Gates nach Genf bestellt worden. Während Barschels Aufenthalt in Genf sollen dort zwei Treffen von Waffenhändlern stattgefunden haben. Barschel habe Geld gefordert und andernfalls mit Enthüllungen gedroht, die mehrere Regierungen und Waffenhändler in Verlegenheit bringen würden. Stoffberg konnte die geplante eidesstattliche Versicherung nicht mehr abgeben, da er im Juni 1994 überraschend verstarb. Als offizielle Todesursache wurde ein Doppelselbstmord von ihm und seiner Freundin festgestellt. Für Stoffbergs Angabe, dass CIA-Direktor Gates am fraglichen Wochenende in Genf war, gibt es weitere Belege. So steht auf der Passagierliste des Flugzeugs, mit dem Barschel am 10. Oktober 1987 von Frankfurt nach Genf flog, auch ein Robert Gates. Die Liste erhielten die Lübecker Ermittler vom Flugkapitän der Lufthansa-Maschine. Der inzwischen pensionierte Pilot äußert sich nicht mehr zu dem Thema, da er und seine Frau anonym bedroht wurden.

Der BRD-»Privatdetektiv« und »Regierungsspezialagent« Werner Mauss hielt sich zum Zeitpunkt von Barschels Tod in einem benachbarten Genfer Hotel auf. Er sagte bei einer Vernehmung hierzu aus, dass er wegen Verhandlungen über eine Geiselbefreiung im Libanon am 9. und 10. Oktober 1987 zweimal nach Genf gereist sei, und erst am 12. Oktober 1987 aus der Presse vom Tod Barschels erfahren habe. Als ihm vorgehalten wurde, in den Tagen unmittelbar vor Barschels Tod Zimmer im

Barschel-Hotel *Beau-Rivage* angemietet zu haben, erklärte Mauss, das habe nicht im Zusammenhang mit Barschel gestanden. Allerdings sagte ein von Mauss beauftragter »Subunternehmer«, der Schweizer Privatdetektiv Jean-Jacques Griessen, aus, er habe 1987 für Mauss gearbeitet. Am Vormittag nach Barschels Tod habe er mit Mauss telefoniert. Dieser habe ihn aufgefordert, sich bereitzuhalten, da »etwas passiert sei«. Griessen gab an, im Auftrag von Mauss die von diesem angemieteten Zimmer im *Beau-Rivage* mit Wanzen und Kameras präpariert zu haben. Griessen konnte vom Untersuchungsausschuss allerdings hierzu nicht mehr befragt werden, da er am 9. November 1992 in einem Züricher Bordell »an Herzversagen« starb. Griessen wollte sich am selben Tag mit einem BKA-Abgesandten und einem Mossad-Agenten treffen. Gegner der Mordthese entkräften alle diese Hinweise mit der Behauptung, Barschel habe möglicherweise mit Helfern gezielt falsche Spuren gelegt.

Schleswig-Holsteins Generalstaatsanwaltschaft veröffentlichte im Oktober 2007 einen 63seitigen Bericht mit dem Ermittlungsergebnis, dass die meisten Mordtheorien sich während der Ermittlungen als haltlos herausgestellt hätten und der Suizid Barschels nach wie vor die wahrscheinlichste Erklärung für dessen Tod sei, sich jedoch letztlich die tatsächlichen Umstände, die zum Tode Barschels führten, nicht mehr klären ließen. Barschel sei an einer Vergiftung mit insgesamt acht verschiedenen Medikamenten verstorben. Für die These, wonach Barschel in Waffengeschäfte verstrickt und in diesem Zusammenhang ermordet worden sei, gebe es seinerseits keinerlei verwertbare Indizien. Kein einziger Zeuge habe konkret eine Verstrickung Barschels in Waffengeschäfte bezeugen können. Jeder Hinweisgeber habe sich auf einen anderen Zeugen berufen, der wiederum ein Zeuge vom Hörensagen war, der sich wiederum auf einen anderen Zeugen berief, der entweder eine Beteiligung bestritt oder aber sich wiederum auf einen weiteren Zeugen vom Hörensagen berief. Die Generalstaatsanwaltschaft schrieb abschließend, Selbstmord sei »langweilig« und Mord sei »interessant«. Wer Geld verdienen wolle, setze Mordtheorien in die Welt, blende Belege für einen Suizid aus. Ein »interessantes« Verbrechen steigere die Auflage, erhöhe die Einschaltquote. Ein »einfacher« Selbstmord wirke nicht verkaufsfördernd für die Auflagenhöhe eines Buches. Auf die 2010 veröffentlichten Befunde des Zürcher Toxikologen Hans Brandenberger äußerte Generalstaatsanwalt Rex, es sei bedauerlich, dass die Gerüchteküche immer dann brodele, wenn ein Prominenter unter ungeklärten Umständen stirbt. Nach dem durch die Weltpresse gegangenen mysteriösen Tod von Barschel hätten sich Glücksritter, Geschichtenerzähler, Abenteurer, Aufschneider und Wichtigtuer in den Vordergrund gedrängt.

Der ehemalige ermittelnde Staatsanwalt Heinrich Wille ist bis heute davon überzeugt, dass Barschel ermordet wurde. Eine von ihm geplante Buchveröffentlichung wurde ihm zunächst von Behördenseite untersagt. Gegen eine Entscheidung des Verwaltungsgerichts Schleswig, dass das Buch Willes erscheinen dürfe, legte Generalstaatsanwalt Erhard Rex Berufung ein. Er kündigte eine Dokumentation der Ermittlungsgeschichte in der Schriftenreihe des Generalstaatsanwalts an, samt einem Beitrag des Leitenden Oberstaatsanwalts Wille. In seinem später in einem Schweizer Verlag veröffentlichten Buch berichtet Wille von gezielten Indiskretionen, »Verfahrenstricks« und Schikanen seitens der vorgesetzten Justizbehörden. Durch diese Vorkommnisse sei verhindert worden, in denkbare Täterkreise einzudringen und erfolgversprechende Ermittlungen zu führen. BRD-Geheimdienste hätten Anfragen der Lübecker Staatsanwaltschaft zwar grundsätzlich beantwortet, die Qualität der Antworten sei jedoch zweifelhaft gewesen. Brandenberger betonte, dass die narkotisierenden, sedierenden Substanzen Pyrithyldion, Diphenhydramin und Perazin zuerst verabreicht und dann die tödliche Dosis Cyclobarbital zugefügt wurde, sehr wahrscheinlich im Zustand der Handlungsunfähigkeit; dass das starke Hypnotikum Noludar mit an Sicherheit grenzender Wahrscheinlichkeit kurz vor Todeseintritt rektal verabreicht wurde, was mit der Hypothese eines Selbstmordes mit fremder Hilfe (»humanes Sterben«) unvereinbar sei; und dass schließlich aufgrund der Komplexität des Mordgeschehens davon ausgegangen werden müsse, dass ein Profiteam am Werk war, nicht eine Einzelperson. Brandenberger zählte in einem Zeitungsbeitrag auf, welche wissenschaftlichen Mängel und Nachlässigkeiten es seiner Meinung nach in den forensischen und toxikologischen Untersuchungen und Stellungnahmen gab. So etwa seitens der Genfer Gerichtschemie und -pathologie, deren Vorstand zugab, wesentliche Asservate weggeworfen zu haben. Aber auch seitens der Hamburger Gerichtsmedizin, welche die Organe Barschels nachuntersuchte, und seitens des Instituts für Rechtsmedizin der Universität München, das vom Lübecker Oberstaatsanwalt Wille mit einem zusätzlichen Gutachten beauftragt worden war. Er kritisierte insbesondere, dass der Nachweis von Metaboliten sowie von Methyprylon (Wirkstoff von Noludar) nicht schon bei den ersten Untersuchungen erfolgte; beides hätte frühzeitig Rückschlüsse auf Fremdeinwirkung im Zusammenhang mit der Todesursache liefern können.

Im November 2013 verweigerte der BRD-Geheimdienst »BND« der *Bild* Einsicht in die Ermittlungsakten zum Fall Barschel. Eine Klage vor dem Bundesverwaltungsgericht auf Akteneinsicht blieb erfolglos. Das Gericht entschied, die Schutzfrist von 30 Jahren gemäß Bundesarchivgesetz sei einzuhalten. *Die Zeit* veröffentlichte 2016 ein Interview mit dem Hamburger Rechtsmediziner Janssen, der mit seinem Kollegen Püschel Barschels Leiche obduzierte. Janssen sagte, nach den vorliegenden Erkenntnissen gebe es keinen Hinweis für eine Beibringung der zum Tode führenden Substanzen unter äußerem Zwang. Bislang noch nicht ausreichend gewürdigt wurde als mögliches Motiv für eine Ermordung Barschels die sogenannte U-Boot-Affäre. Ausgelöst durch einen Zeitungsartikel, dem zufolge das »Ingenieurkontor Lübeck« (IKL) und die Kieler HDW-Werft ohne Genehmigung der Behörden U-Boot-Baupläne und U-Boot-Komponenten nach Südafrika lieferten, beruht der Skandal auf der Tatsache, dass das Rassistenregime in Südafrika seit 1963 einem Waffenembargo durch die UN unterliegt. Ein Untersuchungsausschuss des BRD-»Bundestages« versucht kurze Zeit später Anhaltspunkte dafür zu finden, ob Bundeskanzler und Mitarbeiter staatlicher Stellen von der beabsichtigten Lieferung von U-Boot-Plänen wussten, wie die ungenehmigten Lieferungen zustande kamen und was die Bundesregierung unternahm, um die Lieferung zu verhindern. Oppositions- und Regierungsparteien weichen in ihren Ergebnissen erheblich voneinander ab. Die zentralen Sachverhalte der U-Boot-Affäre bleiben bis heute ungeklärt. Sicher ist, dass IKL und HDW Pläne und Komponenten unter Umgehung des für die Genehmigung zuständigen »Bundesamts für Wirtschaft und Ausfuhrkontrolle« an Südafrika liefern. Der Transport erfolgt per Diplomatenpost von Kiel nach Südafrika. Ein vom Untersuchungsausschuss gefundener diesbezüglicher Brief des Vorstandsvorsitzenden der damals bundeseigenen Salzgitter AG (Nachfolgefirma des NS-Konzerns »Reichswerke Hermann Göring«), die zu 75 Prozent an der HDW beteiligt war, an »Bundesfinanzminister« Stoltenberg vom 28. Oktober 1983 belegt die frühzeitige Informierung der »Bundesregierung«.

In der Folge wird in den Medien immer wieder gemutmaßt, Barschel könne in diesen Handel verwickelt gewesen sein, als mögliches Mordmotiv. Generell ist die U-Boot-Affäre ein besonders drastisches Beispiel für die Unterstützung der Profitinteressen der Konzerne durch den Staat. Zudem werden die betroffenen Konzerne während der laufenden Untersuchung von einem Landesstaatssekretär über die geheimen Sitzungen des Untersuchungsausschusses informiert, ein beschuldigter Bundesstaatssekretär verbleibt im Amt, obwohl bereits ein Jahr gegen die HDW seitens der Oberfinanzdirektion Kiel ermittelt wird. Israel liefert wiederum im Rahmen der »Operation Hannibal« in der Zeit des Ersten Golfkriegs Waffen an den Iran. Konkret geht es um Ersatzteile für das Kampfflugzeug McDonnell F-4, das noch zu Schah-Zeiten von Persien angekauft worden war und für das nun dringend solche Ersatzteile benötigt werden. Das Geschäft soll über Drittländer wie die BRD abgewickelt werden. Der Mossad, der BND und Barschel sollen von der Operation Kenntnis gehabt haben. Barschel soll eine Ausweitung der Operation verboten und geplant haben, nach seinem Rücktritt darüber auszusagen. Daher habe der Mossad Barschel getötet. Werfen wir noch einmal einen Blick auf die Barschel-Affäre, die den Rücktritt des Ministerpräsidenten auslöst. Auch dort gibt es verstörende Details. Den Landtagswahlkampf 1987 führt die seit 1950 ununterbrochen in Schleswig-Holstein regierende CDU mit groben Provokationen, um die laut Umfragen drohende Wahlniederlage abzuwenden. Sie malt das Schreckgespenst des drohenden »rot-grünen Chaos« an die Wand. Der SPD-Spitzenkandidat Björn Engholm wird persönlich angegriffen. In einer Wahlkampfbroschüre der CDU wird er als »geländegängiger Opportunist« geschmäht, der »Kommunisten und Neonazis als Lehrer und Polizisten« einstellen und »Abtreibungen bis zur Geburt« freigeben wolle. Zudem plakatiert die CDU flächendeckend die Botschaft, »Sozialdemokraten und Grüne wollen straffreien Sex mit Kindern«. Angesichts der drohenden Niederlage stellt Barschel auf Empfehlung des Springer-Verlags den Journalisten Reiner Pfeiffer als Medienreferent ein. Pfeiffer legt wie erhofft los. Er erstattet anonym gegen Engholm Anzeige wegen Steuerhinterziehung. Das Verfahren gegen Engholm wird mangels stichhaltiger Beweise gar nicht erst eröffnet. Außerdem lässt Pfeiffer den SPD-Kandidaten durch Privatdetektive überwachen, in der Hoffnung, schmutzige Details aus dem Privatleben Engholms in die Hand zu bekommen. Pfeiffer ruft sogar mit verstellter Stimmte bei Engholm an, gibt sich als Arzt aus und behauptet, Engholm sei an AIDS erkrankt. Pfeiffer versucht auch, die Unabhängige Wählergemeinschaft Schleswig-Holstein (UWSH), eine bürgerlich-konservative Gruppierung, durch deren Erstarken in Wahlkampf-Umfragen die CDU ihre absolute Mehrheit besonders gefährdet sieht, zu zersetzen. Und dies mit Erfolg. Die UWSH spaltet sich in mehrere neue Gruppierungen auf.

Pfeiffer behauptet seit seinem Coming-out, Barschel sei Auftraggeber dieser zum Teil kriminellen Machenschaften gewesen, kann dafür aber keine gerichtsfesten Beweise vorlegen. Mit der Veröffentlichung im *Spiegel* am 14. September 1987 werden Engholms Bespitzelung und die anonyme Steueranzeige bekannt. Pfeiffer hatte eine eidesstattliche Versicherung abgegeben, im Auftrag Barschels diese Aktionen ausgeführt zu haben. Da diese Titelgeschichte einen Tag vor der Landtagswahl bekannt wird, sieht sich der *Spiegel* Vorwürfen ausgesetzt, das Ergebnis der Landtagswahl manipuliert zu haben. Mittlerweile wird allerdings sehr kritisch gesehen, dass das Magazin Pfeiffers Darstellung der Dinge kritiklos übernommen, und dessen zweifelhaften Ruf nicht näher untersucht habe. *Der Spiegel* habe Pfeiffer außerdem ein sechsstelliges Honorar sowie einen Rechtsbeistand bezahlt. Manche Beobachter gehen soweit, statt von der Barschel-Affäre eher von einer *Spiegel*-Affäre zu sprechen. Die »Pfeiffer-Affäre« sei Barschel angehängt worden. Im Abschlussbericht des Schleswig-Holsteinischen Landtages wird mit den Stimmen aller Ausschussmitglieder, auch der CDU, festgestellt, dass bei vielen Aktivitäten Pfeiffers jedoch eine Mitwisserschaft Barschels feststehe oder jedenfalls wahrscheinlich sei.

Später wird bekannt, dass der schleswig-holsteinische SPD-Landesvorsitzende und der Pressesprecher der SPD-Landtagsfraktion in den beiden Jahren nach Barschels Tod insgesamt 50.000 D-Mark bar an Pfeiffer bezahlten. Zudem habe Pfeiffer bereits am 7. September 1987, also sechs Tage vor der Landtagswahl, SPD-Politiker und einen von Engholm beauftragten Anwalt über seine angeblichen Machenschaften informiert. Die SPD-Landesspitze wusste also wesentlich früher als bisher zugegeben von Pfeiffers Aktivitäten. Bis Mai 1993 behauptete Engholm, von der Veröffentlichung im *Spiegel* überrascht worden zu sein. Er muss zugeben, im Frühjahr 1988 vor dem parlamentarischen Untersuchungsausschuss einen Meineid geleistet zu haben. Die zwischenzeitlich eingetretene Verjährung bewahrt Engholm vor Strafverfolgung. Er tritt vom Amt des Ministerpräsidenten zurück und legt den SPD-Vorsitz nieder. Auch sein Status als Kanzlerkandidat der SPD hat sich damit erledigt. Der Untersuchungsausschuss kommt zum Ergebnis, dass es keine Beweise für eine Mitwisserschaft Barschels an den Machenschaften Pfeiffers gab. Da sich aber auch keine Gegenbeweise finden, resümiert der Schlussbericht, Pfeiffer habe wohl zumindest mit Billigung Barschels gehandelt.

Ein Jahr nach dem Tod Barschels wird der Presse ein Brief zugespielt, in dem der gescheiterte Politiker wenige Tage vor seinem Tod seinem Mentor Stoltenberg ein Ultimatum gestellt haben soll. Er drohte für den Fall, dass ihm keine Existenzsicherung angeboten würde, mit einer für Stoltenberg und die CDU insgesamt fatalen Aussage vor dem Untersuchungsausschuss. Die Echtheit des Briefes wird dementiert, er gilt seither als Fälschung. Doch einige Experten bleiben skeptisch. Der 1988 publizierte Brief sieht so aus, als sei er am 5. oder 6. Oktober 1987 in der Kieler Landeszentrale der CDU eingegangen. Das nördlichste Bundesland befand sich seit Jahrzehnten auf allen Verwaltungsebenen fest in CDU-Hand. Zur Hinterlassenschaft Stoltenbergs gehörte auch die Parteienfinanzierung der dortigen CDU durch industrielle Spenden, traditionell auch von der Rüstungsindustrie. Auch in Schleswig-Holstein ist die Rüstungsindustrie einflussreich, so in Gestalt der weltweit führenden HDW-Werft mit ihrem Top-Produkt, taktischen U-Booten, die Barschel so gern förderte. Das auf den 3. Oktober 1987 datierte Schreiben war mit der Unterschrift von Barschel versehen, der kurz zuvor im Rahmen der Pfeiffer-Affäre von allen Ämtern zurückgetreten war und am folgenden Tag vor dem Untersuchungsausschuss aussagen sollte. In dem vierseitigen Brief fordert der Absender von Stoltenberg Solidarität ein. Er schlägt vor, vor dem Untersuchungsausschuss die Aussage zu verweigern und öffentlich die Schuld auf sich zu nehmen. Er wolle allen Beteiligten weitere Peinlichkeiten ersparen und im Ausland bleiben. Der Brief ist der eines enttäuschten, jedoch nach wie vor selbstbewussten

Menschen, der dem zweitmächtigsten Mann der CDU, Stoltenberg, ein Ultimatum setzt. Er erwarte, dass man ihm im Gegenzug zur Schuldübernahme und dem Wechsel ins Ausland (von der Bildfläche verschwindend) eine Existenzsicherung anbiete. Barschel logierte damals im Haus eines Freundes auf Gran Canaria. Tatsächlich erwog der gescheiterte Politiker, in Kanada ein neues Leben zu beginnen. Wie Barschels Witwe und eine MfS-Abhörerin bestätigen, drohte Barschel der Regierung Kohl, er werde gegebenenfalls »auspacken«, »die in Bonn« würden ihn »kennenlernen« und die Bundeshauptstadt werde »wackeln«. Barschels Witwe Freya bestätigte, dass er ein Schreiben verfasst habe. Konnte allerdings nicht bestätigen, dass es genau dieses Schreiben gewesen sei.

Zunächst ist die Presse skeptisch. Fünf Jahre nach dem Skandal mit den gefälschten Hitler-Tagebüchern will sich niemand mit dubiosen Dokumenten blamieren. Der Brief irritiert durch den Umstand, dass er Dinge beschreibt, die Stoltenberg ohnehin wissen müsste. Allerdings rechnete der Verfasser, falls es denn Barschel war, damit, dass der Brief in Kiel und Bonn auch andere Leser fände, denen er offenbar Hintergründe zum Verständnis mitteilen wollte. Das ARD-Magazin PANORAMA lässt den Brief auf mögliche Authentizität überprüfen. Ein Linguist wird mit einem Gutachten beauftragt, ob das Schreiben aus kriminologischer Sicht Barschel zuzuordnen sei. Einen Text von vier Seiten Länge überzeugend sprachlich zu fälschen, käme einer Meisterleistung gleich. Barschels Sprachstil weist prägnante, individuelle Züge auf. So benutzt er in Vorträge und Ansprachen Archaismen und hochtrabende Formulierungen, die er auch privat verwendet. Der Linguist gleicht den Brief mit privater Korrespondenz Barschels im Kreis der Familie ab, die ihm von Barschels Witwe Freya überlassen wurden. Der Gutachter befindet abschließend, dass das Schreiben sprachlich »mit großer Wahrscheinlichkeit« Barschel zuzuordnen sei. Auch heute, nachdem Methoden und Analyse-Software präzisere Schlussfolgerungen zulassen, hält er an seinem Befund fest.

Das Gutachten wird der Staatsanwaltschaft übermittelt und am 18. Oktober 1988 publik gemacht. Stoltenberg und der CDU-Landesgeneralsekretär bestreiten den Empfang des Briefes und dessen Inhalt. Sie bezeichnen ihn als plumpe Fälschung. Allerdings scheint es, als ob zwei Zeuginnen zunächst Eingang des Briefes in der CDU-Zentrale bestätigten, dann plötzlich jedoch die Aussage verweigern. Das »Bundeskriminalamt« (BKA) widerspricht dem Gutachten und bezeichnet das Schreiben ebenfalls als Fälschung. Der Gutachter wiederum spricht dem BKA die Kompetenz für sprachkriminalistische Analysen ab. Das BKA entgegnet, der Brief sei entgegen den Gewohnheiten Barschels nicht mit der Hand, sondern mit der Maschine geschrieben, noch dazu ohne Briefpapier. Barschel hätte jedoch schlecht sein bisheriges Briefpapier mit der Bezeichnung »Ministerpräsident« nehmen können. Das schlagendste Argument des BKA war die deckungsgleiche Unterschrift in einem anderen, nachweisbar echten Schreiben Barschels. Die Spezialisten des BKA behaupteten, es sei unmöglich, zweimal identisch zu signieren. Der Fälscher habe in diesem Fall von dieser Vorlage kopiert. Das angebliche Schreiben Barschels lag jedoch nur als Fotokopie vor, was für einen seriösen Abgleich von Unterschriften nicht ausreicht. So kann etwa die Druckstärke nicht untersucht werden, ein ganz wesentliches Indiz für die Echtheit von Signaturen. Auch vergrößerte das BKA eine der Signaturen zum Vergleich, denn diese wiesen unterschiedliche Größen auf. Das Original des »Fälscherschreibens« wird bis heute der Öffentlichkeit vorenthalten.

Zum vierten Todestag Barschels bezeichnet der BRD-Verfassungsschutz die »Stasi« als Fälscher des Schreibens. Der Name des Fälschers sei bekannt, werde jedoch nicht preisgegeben. Eine Fälschung durch die legendäre »Abteilung X« des MfS wäre ins Ressort von Günter Bohnsack und Dr. Herbert Bremer gefallen. Diese publizierten 1992 ein gemeinsames Buch mit dem Titel *Auftrag: Irreführung*. 1987 gab es in der CDU Flügelkämpfe zwischen Generalsekretär Geißler und den Landespolitikern Späth und Biedenkopf einerseits, und Finanzminister Stoltenberg andererseits. Die Abteilung X unterstützte das Aufbegehren und druckte eine scheinbar von der CDU stammende Broschüre, die den Eindruck erwecken sollte, als gäbe es eine bis in die Führung der Partei reichende Opposition gegen Kohl.

Im Hinblick auf die »Pfeiffer-Affäre« bezeichnen sich Bohnsack und Bremer allerdings nur als Zuschauer. Tatsächlich wurde Barschel auch von westlichen Geheimdiensten abgehört. Die DDR machte mit Barschel bekanntlich Embargo-Geschäfte, es wäre nicht in ihrem Interesse gewesen, diese aufzudecken. Bis heute ist daher unklar, wer diese Fälscher-Meisterleistung (wenn es denn eine war) vollbracht haben soll. Während die Abteilung X typischerweise Material Journalisten zuspielte oder Phantasie-Broschüren lancierte, sind vergleichbare Fälschungen des MfS bisher nicht bekannt. Hätte das MfS tatsächlich hochtalentierte Fälscher beschäftigt, stellt sich die Frage, warum diese nicht öfters eingesetzt wurden. DDR-Kundschafter und Wolf-Nachfolger Großmann übernahm allerdings 2001 in seinen Memoiren *Bonn im Blick* die Verantwortung für den »Barschel-Brief«. Das Ziel, eine Untersuchung in Richtung BND, Mossad oder CIA in Gang zu bringen, sei jedoch nicht erreicht worden. Denkbar ist jedoch das nur indirekt von Großmann eingestandene Motiv: das Lancieren eigener Erkenntnisse, um westliche Behörden und Journalisten dazu zu bringen, in die richtige Richtung zu recherchieren. So hatte das MfS erfolgreich echte Dokumente lanciert, welche die Nazi-Vergangenheit Kiesingers und Filbingers bewiesen. Ein zweites Schreiben Barschels an Stoltenberg, auf das Freya Barschels Beschreibung zutreffen könnte, ist bislang nicht bekannt worden.

Großmann hat Interesse daran, die wahren Vorgänge um Barschel zu vertuschen. Bis heute ist über die Geschäfte Barschels in der DDR nahezu nichts bekannt, die Beteiligten schweigen eisern. DDR-Devisenbeschaffer Schalck-Golodkowski verbrachte bis zu seinem Tod seinen Lebensabend in Freiheit am idyllischen oberbayrischen Tegernsee. Angesichts der umfassenden Überwachung Barschels, der nahezu kein Telefonat ohne Ohrenzeugenschaft des MfS machen konnte, ist nur schwer vorstellbar, dass man in Ostberlin nicht wusste, was lief. So fragte auch DDR-Ex-Spionagechef Wolf auf die Frage eines Journalisten nach den Hintermännern des Barschel-Mordes schlicht zurück, ob dieser das wirklich wissen wolle. Der BRD-Auslandsgeheimdienst »BND«, der häufig in Waffengeschäfte verstrickt ist, bestreitet nach wie vor, zum Fall Barschel Erkenntnisse zu haben. Der Gutachter des Briefes schildert abschließend ein Treffen mit einem ARD-Redakteur und Barschels Bruder Eike, das kurz nach der Sendung 1988 in Nürnberg stattfand. Dabei seien sie observiert worden. So habe ein Mann den Nürnberger Hauptbahnhof gefilmt (wo das Treffen stattfand), dann die Gruppe ausführlich gefilmt, dann wieder die Fassade des Nürnberger Hauptbahnhofs. Zudem gab es telefonische Einschüchterungsversuche. Am Auto des Gutachters wurde manipuliert, er verlor bei einer Überlandfahrt ein Hinterrad. Stoltenberg trat 1992 als »Bundesverteidigungsminister« zurück, nachdem er die Verantwortung für eine umstrittene Waffenlieferung ins Ausland übernommen hatte.

In Barschels Hotelzimmer fanden sich ausführliche Notizen Barschels, die die Mörder erstaunlicherweise liegen ließen. Barschel wirkt darin als Mann, der sich rehabilitieren möchte, und nicht wie ein verzweifelter Selbstmörder. Dass Barschel sich einen mobilen Sterbehelfer auf sein Zimmer bestellt haben soll, wie gemutmaßt wurde, erscheint sehr zweifelhaft. Zudem ist kein weiterer Fall von Selbstmord bekannt geworden, der mit rektal verabreichten Substanzen verübt worden ist. Ein Militaria-Fan wie Barschel hätte zweifellos eine andere Form des Suizids bevorzugt. Die handschriftlichen Notizen werden vom »Bundeskriminalamt« als echt bezeichnet. Die Stern-Journalisten fotografieren die Aufzeichnungen, als sie das Zimmer betreten, dessen Tür nur angelehnt ist. Die Notizen beschreiben den Informanten in den Worten Barschels: »Ca. 178 Zentimeter groß, kein Bart, sportlich, Jeans, blauer Pullover und Popelinjacke. Scheint Rheinländer zu sein. Wirkt ängstlich und misstrauisch.« Anhängern der Suizidthese gilt der Informant als Erfindung Barschels, der seiner Familie gegenüber eine geheimnisvolle Verschwörung inszenieren wollte.

Bill Clinton – »Friedenspräsident« oder Kriegsverbrecher

Bill Clinton wird heute, fast zwei Jahrzehnte nach seiner US-Präsidentschaft, als freundlicher, weißhaariger älterer Herr wahrgenommen. Gern zu einem Scherz aufgelegt, trat er zuletzt vor allem öffentlich zur Unterstützung seiner 2016 präsidentschaftswahlkämpfenden Frau Hillary auf. Beide Clintons, mittlerweile durch ihre einträgliche politische Arbeit zu Millionären geworden, gehören zum politischen Establishment der USA. Bill Clintons Zeit als Präsident (1992–1998) erscheint mittlerweile im verklärenden Rückblick als friedliche Periode wirtschaftlicher Erholung der USA, nach den Anstrengungen der Totrüstung der Sowjetunion, samt ausgeglichenem Staatshaushalt. Allerdings erscheint *sub specie* Trump heutzutage jede vorherige US-Präsidentschaft, selbst die der beiden Bush-Generationen als prototypischen Dunkelmännern, als »freundliche Zeit«, auch wenn dies real gar nicht zutraf. Bei aufmerksamer Betrachtung war schon immer unübersehbar, dass auch Clinton, so wie alle Präsidenten vor und nach ihm (den Präsidentenclown Trump eingeschlossen), die knallharte, imperialistische, um nicht zu sagen größenwahnsinnige Agenda der USA betrieben haben beziehungsweise betreiben, wenn auch mit unterschiedlicher publizistischer beziehungsweise PR-Verpackung. Unvergessen, wie Clinton auf den Stufen des Weißen Hauses bei einem gemeinsamen Presseauftritt den wie meist volltrunkenen Boris Jelzin auslachte, das Lachen des Siegers auch über das von Jelzin repräsentierte Land. Ehemals die furchteinflössende, stolze, hassauslösende Sowjetunion, nunmehr das gerupfte Huhn, die ihrer Gefährlichkeit bis auf ein paar Atomraketen fast gänzlich entkleidete, gefledderte Restmasse Russlands. Unvergessen auch sein peinliches Lavieren in der schmierigen Affäre um die oralen sexuellen Dienstleistungen seiner Praktikantin Monica Lewinsky, die ihn fast Amt & Ehe gekostet hätten. Doch gibt es bei alldem keine sonstigen dunklen Seiten des »Friedenskämpfers« Clinton? Sind diese lässlichen Sünden (Hochmut, Sex mit der Praktikantin, Imperialismus) alles, was man ihm vor dem letzten Gericht vorwerfen kann? Das wollen wir uns gemeinsam auf den nächsten Seiten anschauen.

Geboren am 19. August 1946 in einem Provinznest mit dem schönen Namen Hope (Hoffnung) im reaktionären, südlichen Bundesstaat Arkansas (USA), wies er schon früh einen außerordentlichen, auffallenden Ehrgeiz, einen unstillbaren Drang nach Spitzenämtern, eine pathologische Sucht nach Anerkennung und Ruhm, einen offensichtlichen Defekt in puncto Selbstvertrauen (anders ist das nicht denkbar) und einen egomanischen Narzissmus auf. Erklärbar ist dieser psychische Defekt zu einem Gutteil aus seiner Biographie, will man nicht davon ausgehen, dass auch die Psyche komplett genetisch bestimmt ist. Das biographische Problem beziehungsweise die biographischen Probleme lassen sich folgendermaßen zusammenfassen: Sein Vater, der Vertreter William Jefferson Blythe Jr., stirbt drei Monate vor Bills Geburt 28-jährig bei einem Verkehrsunfall. Der kleine Bill hatte also nie eine Chance, seinen leiblichen Vater kennenzulernen. Zu dessen Vorfahren soll übrigens auch Charles Blythe (1775–1861) gehören, ein König der US-Sinti. Bills Mutter Virginia Dell Cassidy (1923–1994) begann nach dem vorzeitigen Tod ihres Mannes eine Ausbildung in einem anderen Bundesstaat und ließ ihren Sohn bei ihren Eltern Eldridge und Edith Cassidy zurück, die in Hope eine Gemischtwarenhandlung betrieben. Virginia kehrte erst 1950 nach Hope und zu ihrem vierjährigen Sohn zurück und heiratete kurz darauf Roger Clinton, einen gewalttätigen Spieler und Alkoholiker.

Der Vater und seine Verwandtschaft finanzieren dem vom Leben also schon kräftig gebeutelten Bill immerhin ein Studium an der ebenso renommierten wie teuren (Studiengebühren!) Georgetown University in Washington DC. Nebenbei arbeitet er halbtags für den demokratischen Senator Fulbright aus seinem Heimatstaat Arkansas und kommt in Kontakt mit der Washingtoner Politszene. Nach zwei Stipendiaten-Jahren an die Universität Oxford in Großbritannien, von wo aus er Reisen nach Frankreich, die BRD und die Sowjetunion unternahm, kehrt er in die USA zurück und arbeitet für eine Initiative, die eine Beendigung des Vietnamkriegs fordert. Ein Jurastudium an der (teuren) Eliteuniversität Yale schließt sich an, das er 1973 mit einem Diplom beendet. In Yale lernt er auch seine künftige Ehefrau Hillary kennen. Während seiner Zeit in Yale arbeitet er in den Wahlkampfteams verschiedener Politiker der Demokratischen Partei mit. 1973 beginnt er als Jura-Assistenzprofessor an der Provinz-Universität von Fayetteville, bewirbt sich kurz darauf schon für das Amt des Generalstaatsanwaltes von Arkansas, wird allerdings nicht gewählt. Mit dem Auslandsstudium in Cambridge und dem Anschlussstudium in Yale verhindert Clinton seine Einberufung zum Kriegsdienst in Vietnam. Ersatzweise beginnt er nach seiner Rückkehr aus England nebenberuflich eine mehrjährige militärische Ausbildung zum *Reserve Officer* (RO). RO-Absolventen müssen erst nach Abschluss ihrer Offiziersausbildung den militärischen Dienst antreten. Da 1973 der US-Rückzug aus Vietnam beschlossen worden war (der 1975 abgeschlossen wurde), gibt es für ROs keinen aktiven Kriegseinsatz mehr. 1974 bewirbt sich der 28-jährige Clinton um einen Sitz im Repräsentantenhaus, wird allerdings erneut nicht gewählt. Erst 1976 kann sich der mittlerweile 30 Jahre alte Clinton über die Wahl zum Generalstaatsanwalt (*Attorney General*) von Arkansas freuen. Zwei Jahre später, nach einer Zwischenstation im Wahlkampfteam des US-Präsidenten Jimmy Carter, wird er 32-jährig sogar zum Gouverneur von Arkansas gewählt. Doch an dieser Stelle erfährt die steile Karriere einen ersten Knick. Nach der damals üblichen zweijährigen Amtszeit verliert er die nächste Wahl. Nach seiner Niederlage wird er Mitglied einer florierenden Anwaltsfirma in Little Rock, der Hauptstadt des Bundesstaates. Da er von einigen Sponsoren Wahlkampfspenden erhält, tritt er 1982 erneut bei der Gouverneurswahl an, die er wieder gewinnt. Diesmal bleibt er für insgesamt zehn Jahre im Amt. Zwischen 1983 und 1992 setzt er, gegen teils enorme Widerstände der Lehrerschaft, eine Schulreform in Arkansas durch, die als Vorbild für viele andere US-amerikanische Bundesstaaten dient. Es gelingt ihm, die Wirtschaft anzukurbeln (getragen von einer ansteigenden Weltkonjunktur). Obwohl anfänglich ein Gegner der Todesstrafe, lässt Populist und Machtliebhaber Clinton zur Überraschung vieler Beobachter während seiner Amtszeit als Gouverneur erstmals seit Jahrzehnten wieder Hinrichtungen durchführen. Damit will er sich als Hardliner präsentieren, als jemand, der auch in Sicherheitsfragen eine harte Linie zu fahren imstande ist.

Clinton beschließt, bei der nächsten Präsidentschaftswahl 1992 selbst zu kandidieren. Schon bald liegt er sowohl in den Meinungsumfragen als auch nach Höhe der gesammelten Wahlkampfspenden bei den Demokraten vorn. Allerdings holt ihn ein erstes Mal sein außereheliches Sexleben ein, das ihm als Präsident fast zum Verhängnis

wird und den größten Teil seiner zweiten Amtszeit über-
schattet. Kurz vor der ersten Vorwahl in New Hampshire
werden Enthüllungen lanciert über das Techtelmechtel
mit einer Nachtklubsängerin sowie Vorwürfe, er habe als
Student Drogen konsumiert und sich vor der Einberufung
zur Armee gedrückt. Clinton reagiert wie später noch
öfter mit einem landesweit ausgestrahlten TV-Interview,
in dem er, Gattin Hillary an seiner Seite, Probleme in der
Ehe zugibt, die ihm nachgesagte Affäre jedoch bestreitet
(siehe unten: Lewinsky-Affäre). Auch den Konsum von
Marihuana räumt er ein, betont jedoch, nicht inhaliert
zu haben. Die Vermeidung des Militärdienstes führt er
auf Glück bei der Auslosung der Einzuberufenden und
sein Studium zurück. Obwohl für die Presse damit bei
weitem nicht alle Fragen geklärt sind und er von vielen
Journalisten als »Slick Willie« (aalglatter Typ) bezeichnet
wird, erringt er bei der Vorwahl in New Hampshire einen
respektablen zweiten Platz, wodurch seine Kandidatur
gerettet ist und er sich zum »Comeback Kid« stilisieren
kann. Alle weiteren wichtigen Vorwahlen gewinnt er, seine Nominierung ist damit gesichert.

Während des eigentlichen Präsidentschaftswahl-
kampfes im Herbst liegt er nicht zuletzt wegen seiner
Selbststilisierung als Wiedergeburt John F. Kennedys – mit
dem er anfangs oft verglichen wird – bald schon deutlich
in Führung. Ebenfalls zu Clintons Wahlsieg trägt das ge-
brochene Wahlversprechen des Amtsinhabers bei – Bush
senior hatte versprochen, die Steuern nicht zu erhöhen,
sieht sich dann aber aufgrund von Wirtschaftsrezession
und den militärischen und sonstigen »Herausforderun-
gen« nach dem Zusammenbruch der Sowjetunion und
des Ostblocks (den die USA zu einer ebenso sprunghaf-
ten wie teuren Ausweitung ihres Einflusses in Osteuropa,
Russland und weltweit benutzen) gezwungen, höhere

Steuersätze festzulegen. Bei der Präsidentschaftswahl 1992 gewinnt Clinton mit deutlichem Vorsprung vor dem amtierenden Präsidenten George Bush, der damit – eine Ausnahme im US-Politgeschäft – schon nach einer Amtszeit abgewählt wird. Clintons Präsidentschaft fällt in die Zeit der »Goldenen Neunziger«, der Jahre zwischen dem Fall der Mauer (November 1989) und dem Terroranschlag vom 11. September 2001. Sie ist geprägt durch einen weltweiten wirtschaftlichen Boom, verbunden mit wirtschaftlicher Prosperität in den USA, die zur längsten Periode von kontinuierlichem Wirtschaftswachstum in »Friedenszeiten« in den USA führt. Wobei »Friedenszeiten« in den USA nicht gleichbedeutend mit der Abwesenheit von Krieg zu setzen ist, sondern nur mit der Abwesenheit von Großkriegen bei gleichzeitiger Führung einer fast unüberschaubaren Zahl an kleineren, »asymmetrischen« Konflikten (wie der Besetzung Grenadas unter Reagan), bei denen die USA ihre schiere Überlegenheit an Manpower und Feuerkraft einsetzen, um geostrategische Ziele zu erreichen.

Zunächst stellt Clinton innenpolitische Fragen in den Vordergrund und betreibt eine eher zurückhaltende Außenpolitik. Clinton hat sich eine Haushaltssanierung vorgenommen, eine Reduzierung der von seinen Amtsvorgängern Ronald Reagan und George Bush hinterlassenen enormen Staatsverschuldung der USA mit einem jährlichen Haushaltsdefizit von über 200 Milliarden Dollar. Zu diesem Zweck erhöht er unter anderem den Spitzensteuersatz der Einkommensteuer von 31 auf knapp 40 Prozent. 1996 »reformiert« Clinton zum »Ausgleich« die Sozialhilferegelungen in den USA, was analog zu dem, was die Schröder/Fischer-Bande nach 1998 in der BRD mit der »Agenda 2010« und »Hartz IV« durchzieht, eine deutliche Reduzierung von Geld- und Sachleistungen für die Betroffenen bedeutet. Doch gänzlich kann Clinton die Außenpolitik nicht ausblenden, zu sehr sind die USA in die Welthändel verstrickt. An allen Enden der Welt brennt es, nach dem Zerfall des Ostblocks ist die Weltlage – auf Betreiben der USA, die davon direkt und indirekt profitieren – deutlich instabiler geworden. In Russland setzen die USA in Abstimmung mit den wichtigsten russischen Oligarchen auf den Trunkenbold Jelzin, der das Land zuverlässig in Dienstbotenstellung zum Westblock hält, die Staatswirtschaft in dümmstmöglicher Weise zerschlägt (»Coupon-Privatisierung«), beraten von einem durchgeknallten Haufen Westblock-Jungwirtschaftsberater, und auch sonst immer schön kuscht, wenn der Westblock mit der Peitsche knallt. Dass Jelzin 1993 das russische Parlament zusammenschießen lässt, bleibt von seinem »Kumpel« Clinton ungerügt, ebenso wie von den anderen Westblock-Regierungen. Da der Staatsstreich die Position Jelzins stärkt und das kommunistisch dominierte Parlament (illegal) »aufgelöst« und durch ein Jelzin genehmeres (mit Jelzin-Partei-Dominanz) ersetzt wird, ist aus Westblock-Sicht alles okay. Jelzin lässt brav die einstmaligen Superwaffen der Sowjetunion zerstören, und alle ehemaligen Sowjetrepubliken in die Unabhängigkeit taumeln. Die noch in Drittländern Osteuropas stationierten russischen Truppen werden zurückgeholt und in riesigen Zeltstädten (im Elend) geparkt. Denn für die Millionen Soldaten stehen keine Unterkünfte bereit. Der ehemals russische *Cordon sanitaire* wird binnen kürzester Zeit zum Vorhof der NATO. In Sachen Russland zeigt Clinton schon mit aller Deutlichkeit, dass er in gewohnter Westblock-Manier mit zweierlei Maß zu messen nur allzu bereit ist.

Im Nahostkonflikt versucht Clinton ebenso vergeblich wie seine Vorgänger und seine Nachfolger, zwischen

Israel und den Palästinensern zu vermitteln, und scheitert einmal mehr an der Starrsinnigkeit der israelischen Seite. Da Israel starken Einfluss auf die bedeutende und gesellschaftlich einflussreiche jüdische Wählerschaft in den USA ausübt, vermeidet jeder Präsident, der seine Wiederwahl nicht von vornherein scheitern lassen will, hier Konfrontationen. So wie Clinton als Gouverneur Todesurteile unterzeichnet hat (statt die Hinzurichtenden wie seine Amtsvorgänger zu lebenslänglicher Haft zu begnadigen), so beginnt er schon bald das in den USA so beliebte Kriegsspiel. Das wegen seiner Lage und seiner Bodenschätze geostrategisch bedeutsame Somalia am Horn von Afrika ist nach dem Zerfall der Sowjetunion ebenfalls auseinandergebrochen, da die bisherigen marxistischen Regierenden ihre Finanzierung und ihre Machtposition verlieren, binnen kurzem Stammeskämpfe ausbrechen. Die UNO engagiert sich 1992 mit einer Reihe von Friedensaktionen. Auch die USA entsenden ein Truppenkontingent aus Elite-Einheiten der Navy und der Army. Als eine größere US-Einheit bei einer Verhaftungsaktion in einen Hinterhalt gerät und von einer Übermacht von einheimischen Stammeskämpfer zusammengeschossen wird (18 US-Soldaten und hunderte der Stammeskämpfer sterben), die Weltmacht USA somit als hilfloser Riese vorgeführt wird, zieht Clinton die Reißleine und beordert die US-Truppen zurück. Auf den 1994 losbrechenden Völkermord in Ruanda zwischen Hutu und Tutsi reagiert Clinton merkwürdig passiv. Er unternimmt weder politisch noch militärisch etwas dagegen. Die Erklärung: Ruanda ist weltpolitisch zu unwichtig, im Vergleich zu interessanten Konfliktgebieten wie Jugoslawien (das wenig später dran kommt) und die Ölländer. Die Präsidentschaftswahl 1996 gewinnt Clinton mit komfortablem Vorsprung vor seinem republikanischen Herausforderer Bob Dole. Er wird daher im Alter von 50 Jahren Mitte Januar 1997 zum zweiten Mal als Präsident vereidigt.

In Clintons zweite Amtszeit fällt die Affäre mit der Praktikantin Monica Lewinsky, die im Januar 1998 publik wird. Ein von den Republikanern initiiertes Amtsenthebungsverfahren gegen Clinton scheitert. Clinton dementiert die Affäre zunächst. Auf Druck von Medien und Öffentlichkeit machte der Präsident schließlich ein halbherziges Geständnis, dem zufolge er sich von Lewinsky oral habe befriedigen lassen. Er folgt also einmal mehr der schon aus seinem ersten Wahlkampf erfolgreichen Strategie, etwas teilweise zuzugeben, im Kern aber zu bestreiten (Marihuana konsumiert, aber nicht inhaliert beziehungsweise Sex mit Lewinsky gehabt, aber kein vaginaler Verkehr, sondern nur von ihr oral befriedigt). Das Verfahren gegen Clinton wurde nicht wegen der Lewinsky-Affäre selbst begonnen, sondern wegen Falschaussage unter Eid sowie Justizbehinderung. Ab 1998 sind nach vielen Jahren einer scheinbar ausweglosen permanenten Steigerung der Staatsverschuldung aufgrund der permanenten Hochrüstung der USA und ihrer ebenso aggressiven wie kostspieligen Außenpolitik erstmals Überschüsse im Staatshaushalt zu verzeichnen (die von 69 Milliarden 1998 bis auf 236 Milliarden im Jahr 2000 steigen), sprich die Einnahmen liegen über den Ausgaben. Angesichts der positiven Wirtschaftsentwicklung verkündet Clinton nun Steuersenkungen und gründet eine staatliche Gesundheitsversicherung für die Kinder von Geringverdienern. Generell liegt in seiner zweiten Amtszeit der Schwerpunkt allerdings auf der Außenpolitik. Seit der Schmach von Somalia 1993 ist es Clintons Devise, tote US-GIs tunlichst zu vermeiden. Die dennoch geführten zahlreichen Kriege der USA werden unter Clinton daher vor allem aus der Luft geführt, mit Bomben und Raketen. Bei den UNO-Friedensmissionen dieser Jahre hält sich die

USA heraus und entsendet keine eigenen Truppen mehr. Clinton selbst setzt aber die Eskalation in der Waffentechnologie, sprich das Wettrüsten fort und unterzeichnet so etwa 1999 das Gesetz zur Schaffung eines nationalen US-Raketenabwehrsystems (womit letztlich Reagans wirtschaftlich wie militärisch unsinniges *Star Wars*-Vorhaben fortgesetzt wird, obwohl der eigentliche Gegenstand der Reagan-Politik, die Vernichtung der Sowjetunion, ja mittlerweile erfolgreich abgeschlossen worden war).

1999 wird dann mit der illegalen, völkerrechtswidrigen und von keinem UNO-Mandat gedeckten Bombardierung Restjugoslawiens (vulgo Serbiens) der Tiefpunkt von Clintons angeblich so menschenfreundlicher, letztlich aber im Gegensatz dazu immer in den traditionellen Bahnen des US-Imperialismus verlaufenden Außenpolitik erreicht. Zwar gibt er sich nach außen als »fortschrittlicher« beziehungsweise »liberaler« Politiker, setzt aber die vom Weltmachtstreben geprägte Politik seiner Vorgänger und Nachfolger nahtlos fort – ein Beleg mehr für die zentrale Funktionalität des US-Wahlrechtssystems: egal was die Kandidaten jeweils im Wahlkampf versprechen, sie führen letztlich alle den US-Imperialismus fort. Das war bei Clinton so, bei Bush junior ohnehin klar, aber auch bei dem rückblickend als Falschspieler zu bezeichnenden Obama, der mit gefälligen Thesen im Wahlkampf den Anschein erwecket hatte, ein neues Zeitalter des Friedens und der friedlichen Koexistenz einzuläuten, und dabei letztlich nur einmal mehr die Totenglocke für die Freiheitsbewegungen dieser Welt läutete. Clinton unterschreibt seit seinem Amtsantritt alle NATO-Erweiterungen der 1990er Jahre, die entgegen dem Gorbatschow – allerdings bewusst nur mündlich – gegebenen Versprechen im Jahrestakt von sieben auf schließlich 29 Länder erweitert wird, bevorzugt in Osteuropa, bis an die unmittelbaren Grenzen Russlands heran, das somit alle mit den Millionen Opfern des Zweiten Weltkriegs errungenen Glacis-Gewinne wieder verliert.

Clinton setzt auf dem Höhepunkt seiner politischen und privaten Schwierigkeiten mit der Lewinsky-Affäre auf ein bewährtes Mittel: »Wag the dog«, oder: »Reiße einen Krieg vom Zaun und übertünche damit alle innenpolitischen Schwierigkeiten.« Als außenpolitisches Bauernopfer, um von den innenpolitischen Problemen abzulenken, wählt Clinton (natürlich) ein weitgehend wehrloses Land: Jugoslawien. Dort hat die Westblock-Einmischung nicht erst 1999 begonnen, sondern schon 1991. Die Westblock-Geheimdienste (in diesem Fall führend: der BRD-Geheimdienst BND) zerschlagen schon kurz nach dem Wegfall der Schutzmacht Sowjetunion Jugoslawien aus geopolitischen Gründen, etwa durch Entsendung von in der BRD trainierten und durchgefütterten kroatischen Altfaschisten, die wie gewünscht einen Staatsstreich in der Teilrepublik Kroatien durchführen, der von der BRD schon nach zwei Tagen (ohne jegliche Abstimmung mit den Westblock-Partnern) anerkannt wird, womit eklatant in die inneren Angelegenheiten Jugoslawiens eingegriffen wird. Jugoslawien, der Bundesstaat, wird als Institution gegen jegliches Völkerrecht einfach übergangen. So auch im von Separatisten überrannten Slowenien, das ebenfalls umgehend BRD-österreichische Protektion erhält. Doch noch ist das traditionell russlandfreundliche, Russland von Sprache und Kultur her eng verbundene Serbien ein machtvoller Block auf dem Balkan, sehr zum Ärger der Westblock-Strategen. Also entsendet Clinton 1994 US-Militärberater nach Kroatien, die zusammen mit ihren BRD-Kollegen die schludrige Armee des »jungen Staates« auf Vordermann bringen, mit neuesten Waffensystem sowie aktuellen Satellitendaten über ihre serbischen Gegner ausrüsten und mit heimlicher beziehungsweise offener militärischer Unterstützung sowohl in Kroatien wie auch in Bosnien Herzegowina Serbien schlimme militärische Niederlagen beibringen. Doch auch die Loslösung des nächsten Teilstaates Bosnien-Herzegowina reicht noch nicht. Noch »verfügt« Serbien über den jugoslawischen Teilstaat Mazedonien und über das von Albanien reklamierte Kosovo, wo die von NATO und CIA als Helfershelfer rekrutierte albanische Mafia mittlerweile die Oberhand zu gewinnen versucht, so durch gezielte Anschläge auf staatliche (jugoslawische, sprich serbische) Dienststellen, Morde an Polizisten etc.

Die BRD-Politik beteiligt sich nach Kräften an der Neuaufteilung der Beute auf dem Balkan. Es werden die dümmsten Parolen rausgehauen. So von Grünen-Anführer Fischer: »Ein neues Auschwitz muss verhindert werden« – eine unverschämtere Lüge ist in der Geschichte kaum denkbar, als wenn ein »führender« »Politiker« der BRD, also des Nachfolgestaates des Nazi-Größenwahn-Reichs, herumposaunt, man müsse ein neues »Auschwitz«, also ein Vernichtungslager innerhalb eines industriellen Völkermords, verhindern. Tatsächlich geht es einmal mehr darum, geostrategische und wirtschaftliche (Bodenschätze!) Interessen, die schon 1940 zur deutschen Besetzung des Balkans führten, erneut durchzusetzen, in Konkurrenz zu anderen EU- und sonstigen Westblock-Staaten; Russland als Balkanschutzmacht war ja erfolgreich 1989/1991 ausgeschaltet worden, der Balkan schutzlos dem gierigen Zugriff des Westblocks ausgeliefert. Auch Rudolf »Bin Baden« Scharping verewigt sich in der »Bestenliste« der idiotischsten Polit-Phrasendrescherei: als er den sogenannten »Hufeisenplan« bejammert, mit dem Jugoslawien/Serbien angeblich den Völkermord im Kosowo führe – wie sich wenig später, allerdings nach tausenden von NATO-Bomben und der großräumigen

Verseuchung Serbiens mit Uran-Munition, herausstellt, ein völliges Hirngespinst, was so nur in den Köpfen der Westblock-Experten für psychologische Kriegsführung existierte.

1999 erhält Serbien dann den Todesstoß. Im Rahmen der US-Operation *Allied Force* (»Unternehmen Bündnisstreitmacht«) beginnt das »Verteidigungsbündnis« NATO einen völkerrechtswidrigen Angriffskrieg gegen Restjugoslawien (Serbien), in Form eines zehnwöchigen Bombenkrieges, vom 24. März bis 10. Juni 1999. Es handelt sich um den ersten Krieg, den die NATO sowohl außerhalb eines Bündnisfalls, dessen Ausrufung bis dahin als Grundlage eines NATO-weiten Vorgehens galt, als auch ohne ausdrückliches UN-Mandat führt. Auch BRD-Kampfflugzeuge beteiligen sich an diesem Angriffskrieg, gegen den Geist des Grundgesetzes, in dem vermerkt ist, dass »von deutschem Boden nie wieder Krieg ausgehen soll«. Nun geht von BRD-Boden wieder Krieg aus. Insgesamt werfen die im Rahmen der Operation eingesetzten Flugzeuge rund 30.000 Bomben ab. Die Mehrheit der juristischen Experten sieht den NATO-Einsatz heute als rechtswidrig an. Die NATO begründet den Angriff auf Serbien als humanitäre Intervention, man sei damit der Schutzverantwortung für die zivile Bevölkerung des von Milosevic und Konsorten malträtierten Serbiens nachgekommen. Willige Westblock-Medien, albanische Mafiosi und Westblock-Geheimdienste inszenieren anschließend das angebliche »Massaker von Račak«, das im Westblock für die nötige moralische Empörung sorgen soll – was es auch tut, obwohl es gar kein Massaker gab, und man bei Überfällen auf serbische Polizeiposten erschossene albanische Verbrecher drapierte, um der Weltöffentlichkeit das Bild eines Massakers an der armen kosovarischen Zivilbevölkerung vorzugaukeln. Die Existenz des von Scharping unermüdlich angeprangerten, angeblichen »Hufeisenplans« Milosevics zur Vertreibung der Albaner aus dem Kosovo konnte nie bewiesen werden beziehungsweise stellte sich einmal mehr als Fälschung westlicher Geheimdienste heraus. Die NATO bombardierte nicht nur militärische, sondern auch zivile Ziele (mit Tausenden von Toten) und setzte dabei geächtete Waffensysteme wie Streubomben und uranummantelte Munition ein, die bis heute zur Strahlenverseuchung weiter Teile Serbiens führt.

Clinton befiehlt also die völkerrechtswidrige Bombardierung Serbiens, »natürlich« auch ziviler Einrichtungen wie des staatlichen Fernsehens oder vollbesetzter ziviler Eisenbahnzüge mit Tausenden von Opfern, ohne dass Clinton oder die übrigen Westblock-Potentaten sich jemals zu einer Entschuldigung oder gar zu Wiedergutmachungsaktionen genötigt gesehen hätten. US-Bomben wurden auch auf den Irak abgeworfen, im Dezember 1998. Clinton sagte dazu, er wolle kurz vor dem Ende seiner Amtszeit keine weitreichenden Entscheidungen wie etwa einen US-Überfall mit Bodentruppen auf den Irak mehr treffen. Insgesamt wird die Außenpolitik Clintons von Westblock-Kritikern als schwach und zögerlich kritisiert, dabei ist sie im Kern konsistent und aggressiv. In Serbien wird nach dem Bombardement eine US-freundliche Regierung installiert, die den von der Westblock-Propaganda als »Völkermörder« hingestellten Milosevic an das Westblock-Justizdienstleistungsunternehmen »Internationaler Strafgerichtshof« (von den USA selbst nicht anerkannt, um zu verhindern, dass US-Kriegsverbrechen dort verhandelt werden können) ausgeliefert. Milosevic stirbt dort unter ungeklärten Umständen 2006 in Untersuchungshaft.

1998 gab Clinton den Befehl, zahlreiche Ziele im Sudan und in Afghanistan mit Cruise Missiles zu zerstören. Beim

Einschlag der zahllosen Fernlenkbomben gab es viele zivile Todesopfer. So trafen einige Cruise Missiles eine zivile pharmazeutische Fabrik im Sudan mit Dutzenden von Toten. Clinton unterzeichnet das »Irak-Befreiungsgesetz« 1998, mit dem im Irak ein Regimewechsel herbeigeführt beziehungsweise der Sturz Saddam Husseins, der vom Zögling der USA zu einem vermeintlichen, von der Westblock-Presse aufgebauten »Gegenspieler« geworden war. Zu den dort vorgesehenen Maßnahmen gehört eine viertägige Bombardierung des Irak im Dezember 1998, die einen Aufstand gegen Saddam herbeibomben sollte, und dabei nur zu unendlich vielen zivilen Todesopfern, den in den USA gern übersehenen oder geringgeschätzten »Kollateralschäden« führt. Clinton übergibt das Weiße Haus im Januar 2001 an den Sohn seines Vorgängers, George W. Bush. Er spricht – wie bei US-Präsidenten am Ende ihrer zweiten Amtszeit üblich – knapp 200 Begnadigungen für Kriminelle aus. Die umstrittenste davon war für den kriminellen Spekulanten Marc Rich, gleichzeitig wurde Hillarys Bruder Hugh vorgeworfen, Geld für die Zusicherung von Begnadigungen entgegengenommen zu haben. Mit der rasch gegründeten Clinton-Stiftung engagiert sich Clinton offiziell vor allem bei der Bekämpfung von AIDS. Während der Amtszeit von Hillary Clinton als Außenministerin (2009–2013) werden wiederholt Gerüchte laut, dass viele einflussreiche und wohlhabende Firmen und Einzelpersonen größere Spenden an die Stiftung leisten mussten, um Termine bei Außenministerin Clinton zu erhalten.

Zwischen 2001 und 2015 verzeichnen die Clintons Einnahmen für Redehonorare in Höhe von insgesamt über 150 Millionen Dollar. Allein in 2012 lagen diese Honorare bei über 17 Millionen Dollar. Hillary Clinton ließ demgegenüber verlauten, sie seien beim Auszug aus dem Weißen

Haus pleite gewesen aufgrund der vielen Unkosten für die Rechtsstreitigkeiten. Was etwas übertrieben scheint, angesichts der Honorareinnahmen von über 100 Millionen Dollar und angesichts der Tatsache, dass die beteiligten Kanzleien dem prominenten Kunden nur zu gern die ausstehenden Honorare stundeten. Aus Dankbarkeit für den Einsatz der US Army zugunsten der albanischen Mafiosi, die nach dem Kosovo-Krieg das Regiment im abgetrennten Staatsgebiet übernahmen, benannten diese eine Straße in der neuen »Hauptstadt« Prischtina nach Clinton, und stellten sogar eine Statue für ihn auf.

Doch eigentlich gehört Clinton vor Gericht. Er ist als Präsident zum Mörder unschuldiger Menschen geworden. Für tausende von Opfern in Somalia, in Jugoslawien und im Irak sowie im Sudan müsste er juristisch zur Rechenschaft gezogen werden. Es müsste dafür gesorgt werden, dass er nicht in seiner Luxusvilla in Chappaqua im Upstate New York in Ruhe seine angemaßten Millionen genießt, sondern seinen Lebensabend hinter Gittern zu verbringen gezwungen ist. Er gehört hinter Gitter, das wäre das Mindeste, was zu tun wäre, um den Opfern seiner mörderischen Politik gerecht zu werden. Er sollte also nicht als »freundlicher, älterer Herr« in die Geschichtsbücher eingehen, sondern als bösartiger Staatsterrorist, der mit den weltumspannenden militärischen Mitteln der USA zahllose Verbrechen beging. Ähnliches trifft im Übrigen auch auf den furchtbaren Obama zu. So wie Clinton schon als Gouverneur bereit war, für seine Wiederwahl über Leichen zu gehen (in diesem Fall die von ihm angeordneten Hinrichtungen von zum Tode Verurteilten), so zeigte er auch als POTUS, als US-Präsident keinerlei Skrupel, Kriege auszulösen, Kriege zu führen, und unschuldigen Menschen töten zu lassen, wenn es seiner politischen Agenda und seinem politischen Überleben sowie den Zielen des US-Imperialismus dient.

Ukraine 2013/14 – »Friedliche Revolution« oder Staatsstreich

Man muss schon weit in der Geschichte zurückgehen, um einen vergleichbaren Fall zu finden. Und zwar einen Fall von solch hochgradiger, hochoffizieller Westblock-Heuchelei und Scheinheiligkeit. Da wird vor den Augen der Weltöffentlichkeit ein Staatsstreich inszeniert, und eine legitime, aber unbequem gewordene Regierung aus dem Amt geputscht. Anschließend wird das Ganze von Westblock-Gremien und Westblock-Medien einhellig für legitim und damit legal erklärt. Die Rede ist von den Ereignissen in der Ukraine in den Jahren 2013 und 2014. Im nach Russland zweitgrößten europäischen Land, mit einer Fläche von über 600.000 Quadratkilometer fast doppelt so groß wie die BRD, fanden ab Ende November 2013 plötzlich riesige, auffällig gewalttätige Demonstrationen statt. Und zwar hauptsächlich in der Hauptstadt Kiew, nur in sehr viel kleinerem Maße in der Westukraine, überhaupt nicht in der Ostukraine. Gefordert wird ebenso lautstark wie brutal eine stärkere Anbindung der Ukraine an die EU. Dabei ist die EU in der Ukraine zu diesem Zeitpunkt beileibe keine auffallend beliebte Institution. Nur eine Minderheit (hauptsächlich westukrainische Oligarchen) verspricht sich von einem derart drastischen außenpolitischen Kurswechsel, weg von der traditionellen Bindung der Ukraine an Russland, hin zur EU, Vorteile. Und doch kommt es schnell zu ebenso foto- wie telegenen Demonstrationen nach dem US-Lehrbuch für Farbrevolutionen. Wie das?, fragen sich naive Beobachter. Die Antwort ist ganz einfach: Die Pro-EU-Minderheit im Land hat sich mächtige Fürsprecher gesichert. Und zwar die auf aggressivem Ausweitungskurs befindliche EU (mit einem eigenen »Okkupations-« sprich »Erweiterungskommissar«), und die USA, die immer dabei sind, wenn im unmittelbaren Vorfeld Russlands gezündelt wird.

Was hatte diese Demonstrationen hervorgerufen? Der seit 2010 amtierende ukrainische Präsident Janukowitsch hatte einige Tage zuvor die seit Jahren laufenden Verhandlungen über ein Assoziierungsabkommen mit der EU abgebrochen. Grund war, dass keine Einigkeit mit der EU-Verhandlungskommission darüber erzielt werden konnte, wie die Ukraine für die zu erwartenden Außenhandelsverluste entschädigt werden sollte, die absehbar waren, falls sie sich tatsächlich, wie im Entwurf des Assoziierungsabkommens gefordert, dem zollfreien Handel der EU anschließen würde. Die EU forderte im Klartext, die Ukraine solle sich für den ungebremsten Zustrom zollfreier Waren aus der EU öffnen, und müsse im Gegenzug sowohl die heimischen, bisher an Russland orientierten Normen an die EU-Gesetzgebung anpassen, aber auch Zölle und Importsteuern für Produkte aus Russland erheben, dem bisherigen Handelspartner Nr. 1 der Ukraine, mit dem bis zu diesem Zeitpunkt ein zollfreier Warenaustausch bestand.

Ziel der EU war es, das rohstoffreiche und mit fruchtbaren Ackerböden gesegnete Land »wirtschaftlich zu integrieren«, dabei auch die politische Zusammenarbeit zu vertiefen, und die Ukraine zu einem aktiven Bestandteil der EU-Außen- und Sicherheitspolitik zu machen. Bereits seit 1994 bestand zwischen EU und Ukraine ein Partnerschafts- und Kooperationsabkommen, das die alten Regelungen zwischen der EU und der Sowjetunion für die Ukraine ersetzen sollte. Der damalige Präsident Kutschma bekräftigte 1996 bei einer Rede vor EU-Vertretern, dass die Mitgliedschaft in der EU das strategische Ziel seines Landes sei. 1998 fanden erste Sitzungen des Kooperationsrates und ein EU-Ukraine-Gipfel statt. Dennoch behielt die Ukraine ihre »multivektorale« Außenpolitik bei, die gute Beziehungen sowohl nach Westen wie nach Osten, zu Russland, zum Ziel hatte. Denn Russland war zu diesem Zeitpunkt noch mit Abstand größter Außenhandelspartner der Ukraine. Unter dem neuen, von den USA »unterstützten« und im Zuge der »Orangen Revolution« 2004 ins Amt manipulierten Präsidenten Viktor Juschtschenko wurden die bis dato vor sich hinköchelnden Beitrittsverhandlungen zwischen Ukraine und EU beziehungsweise NATO deutlich intensiviert. Er erklärte, bis 2007 einen Assoziierungsvertrag abschließen zu wollen. Ein neuer Aktionsplan wurde zwischen der Ukraine und der EU abgeschlossen, der einen Zeitplan bis 2008 vorsah. 2008 gelang es der Ukraine, Mitglied der Welthandelsorganisation WTO zu werden, Voraussetzung für die Etablierung einer Freihandelszone mit der EU.

Juschtschenko gab sich zu diesem Zeitpunkt zuversichtlich, »bald« den Status einer assoziierten EU-Mitgliedschaft für die Ukraine zu erreichen. Unter dem Einfluss des Georgienkonflikts 2008 intensivierten EU und Ukraine ihre Verhandlungen, die Unterzeichnung des Assoziierungsabkommens wurde jetzt für 2009 geplant, gleichzeitig trat die Ukraine der »Östlichen Partnerschaft« der EU bei, welche die gezielte Beschleunigung des Beitritts von insgesamt sechs ehemaligen Sowjetrepubliken zur EU vorsah. Allerdings kritisierten EU-Vertreter, dass im Gegensatz zu (wesentlich kleineren) Ländern wie Slowenien und Kroatien die Ukraine in den letzten Jahren kaum Fortschritte bei der Umsetzung der notwendigen Reformen zur Anpassung an EU-Recht und Vorschriften erzielt habe. Nach der Wahl von Viktor Janukowitsch zum neuen Präsidenten der Ukraine 2010 kritisierte die EU Schritte der Ukraine zur neuerlichen Annäherung an Russland wie die Verlängerung des Stützpunktabkommens für die russische Schwarzmeerflotte auf der Krim bis 2042 als wenig hilfreich. Dennoch wurde über das Assoziierungsabkommen weiterverhandelt, das Ende 2011 unterschriftsreif vorlag. Allerdings hatten einige wichtige EU-Länder wie Deutschland jetzt angekündigt, die notwendige Unterschrift zu verweigern, so lange politische »Märtyrer« wie Julia Timoschenko hinter ukrainischen Gittern säßen.

Ende März 2012 beschloss die EU, das Assoziierungsabkommen wenigstens zu paraphieren, um so zu einem Fortschritt in Sachen Ukraine zu kommen. Es gehe darum, die Ukraine ins westliche Lager zu ziehen und die absehbare Annäherung der Ukraine an Russland bei weiterer Verzögerung der Assoziierung zu verhindern. Moskau hatte mit der Ukraine bereits 2011 ein Freihandelsabkommen abgeschlossen und reduzierte Gaspreise in Aussicht gestellt, sollte der Anschluss an die EU verzögert oder abgesagt werden. Es war der EU bewusst, dass die Annahme des Assoziierungsabkommens der Ukraine Anpassungsleistungen abverlangen würde, zu denen das Land aufgrund seiner zerrütteten Finanzen kaum in der Lage war. Im Juli 2013 verkündete die litauische Präsidentin Gryauskaite zu Beginn der litauischen EU-Ratspräsidentschaft, das Abkommen im November 2013 beim EU-Gipfel in Vilnius unterzeichnen zu wollen. Auf der anderen Seite hatte Janukowitsch bei einem Staatsbesuch Präsident Putins in der Ukraine im August 2012 verkündet, die Ukraine habe großes Interesse an einer Zusammenarbeit mit der von Russland gegründeten Eurasischen Union. Eine geplante Zollunion der Ukraine mit Russland wäre allerdings ein Ausschlussgrund für die Annäherung an die EU gewesen.

Im August 2013 sagte Putin, es sei selbstverständlich, dass Russland bei der Unterzeichnung des EU-Abkommens durch die Ukraine Schutzmaßnahmen ergreifen müsse. Zudem bot Russland der Ukraine zur Überbrückung ihrer Finanzschwierigkeiten einen Kredit von insgesamt 15 Milliarden Dollar an, von dem eine erste Tranche von drei Milliarden Dollar sofort ausbezahlt wurde. Doch auch die EU erhöhte den Druck und verlangte nunmehr ultimativ die Unterzeichnung des Assoziierungsabkommens. Und noch am 20. November 2013, also unmittelbar vor den nun folgenden dramatischen Ereignissen hatte EU-Erweiterungskommissar (vulgo Aggressionsbeauftragter) Füle öffentlich die Erwartung geäußert, dass das Parlament der Ukraine am nächsten Tag die notwendigen Gesetzesänderungen verabschieden werde, um den Weg zur Unterzeichnung des Abkommens wie geplant am 29. November 2013 in Vilnius freizumachen.

Doch der 21. November 2013 verlief anders als vom Westen, als in Brüssel und Washington geplant. Trotz der Anwesenheit der EU-Aufseher Kwasniewski und Cox im Parlamentsgebäude an diesem Tag fand sich im ukrainischen Parlament keine Mehrheit für die Pro-EU-Gesetze, die unter anderem eine sofortige Freilassung Timoschenkos und ihre Ausreise in den Westen zur medizinischen Behandlung vorgesehen hatten und die von Jazenjuk (Timoschenko), Klitschko (UDAR) und Tiachnibok (Swoboda) eingebracht worden waren. In einem dieser Gesetzesvorschläge war von dem wenig später zu zweifelhafter Berühmtheit gelangenden Oleg Liaschko die sofortige Begnadigung Timoschenkos und die Einstellung aller noch laufenden juristischen Untersuchungen gegen sie gefordert worden. Doch die Abgeordneten der Partei der Regionen und der KPU nahmen an den Abstimmungen nicht teil und verhinderten somit deren Verabschiedung. Der stellvertretende Ministerpräsident Juri Boiko sagte der Presse, man werde die Unterzeichnung des Assoziierungsabkommens so lange verschieben, bis Wege gefunden seien, um die absehbaren wirtschaftlichen Schäden für die Ukraine durch den EU-Anschluss seitens der EU zu kompensieren. Bis jetzt habe die EU hierzu keine verbindliche Auskunft erteilt. Janukowitsch erließ daher gemeinsam mit seinem Ministerpräsidenten Asarow ein Dekret, mit dem alle weiteren Vorbereitungen bezüglich EU-Assoziierung auf Eis gelegt wurden. Stattdessen wurden – wie von Russland seit langem gefordert – trilaterale Verhandlungen über die weitere Ausgestaltung des Handels zwischen EU, Ukraine und Russland vorgeschlagen.

Kurz vor dem EU-Gipfel äußerte sich NATO-Generalsekretär Rasmussen noch am 28. November 2013 optimistisch, dass das EU-Assoziierungsabkommen von der Ukraine bei dem Treffen am nächsten Tag, oder notfalls zu einem späteren Zeitpunkt unterzeichnet werde. Diese Äußerung war offenbar als verklausulierter Befehl gedacht. Doch Janukowitsch erklärte auf dem EU-Gipfel in Vilnius am 29. November 2013, die weiteren Verhandlungen über das EU-Abkommen so lange zu unterbrechen, bis die Ukraine wirtschaftlich in der Lage sei, die Kosten für eine EU-Assoziierung zu stemmen. Die Ukraine strebe nach wie vor einen Beitritt zur EU an, nur zu einem späteren Zeitpunkt als bisher geplant. Parallel hatte jedoch eine wundersame Entwicklung begonnen. Die »offizielle Legende« dazu geht so: Der Blogger Mustafa Najem (heute Parlamentsabgeordneter im Block Poroschenko) postet am 21. November 2013 auf seiner Facebook-Seite, dass er jetzt zum Maidan gehe, um gegen Janukowitsch zu protestieren, ob jemand mitgehen wolle? Und so hätten die »spontanen Demonstrationen« gegen Janukowitsch und Pro-EU begonnen. Dass Najem gleichzeitig mit Geldmitteln zunächst unbekannter Herkunft einen eigenen TV-Sender »Bürger-Fernsehen« gründet, dessen Hauptaufgabe es ist, 24 Stunden lang live vom Maidan zu berichten, kam schon in deutlich weniger westlichen Berichten vor. Später stellte sich heraus, dass der Finanzspekulant und »Philanthrop« George Soros, der häufig im US-Sinne Politik mit einer Vielzahl finanziell gutausgestatteter Stiftungen machte und macht, zu den Geldgebern des TV-Senders gehört, ebenso wie die Botschaften der USA und der Niederlande (!) in Kiew, sowie ungenannte »Privatpersonen«. Dann wurde noch berichtet, dass auch das Blog beziehungsweise die Internet-Publikation der *Ukrainska Prawda*, in der Najem sich artikulierte, von westlichen Stiftungen und der US-Propagandabehörde USAID gesponsort wurden. Der spätere Regierungschef und damalige Oppositionsabgeordnete Jazenjuk schloss sich dem Aufruf an und kreierte hierfür den Twitterhashtag *#Euromaidan*, der seitdem zum Titel aller weiteren Ereignisse mutierte.

Zunächst versammelten sich nur wenige Demonstranten auf dem Maidan Nesaleschnosti (Unabhängigkeitsplatz / *Майдан Незалежності*) im Stadtzentrum Kiews, an dem die Hauptgeschäftsstraße Chreschtschatik vorbeiführt. Demonstrationen auf dem Unabhängigkeitsplatz haben in der jüngeren ukrainischen Geschichte Tradition. Schon 1990, während der Endphase der Sowjetunion, kam es hier zu Protestaktionen rechtsextremer, nationalistischer Gruppierungen, die gewalttätig gegen die Unterzeichnung eines neuen Unionsvertrages mit der Sowjetunion protestierten. Teilnehmer waren damals bereits unter anderem die seit den jüngsten Ereignissen wohlbekannten Herren Tiachnibock (Swoboda-Partei, rechts außen), Liaschko (Radikale Partei, rechts außen), und Parubi (ehemals Sozial-Nationale Partei der Ukraine, ganz rechts außen). Die Bilder wiederholten sich, als zehn Jahre später die ebenfalls vom Westen geförderte Demonstrations-Kampagne »Ukraine ohne Kutschma« den Rücktritt des damals amtierenden Präsidenten forderte. Von Dezember 2000 bis März 2001 fanden auf dem Maidan zahlreiche Demonstrationen statt, die Präsident Kutschma die Ermordung eines oppositionellen Journalisten anlasteten. Wieder waren die westlichen Botschaften gern bereit, mit Geld und Beratern zu helfen, die Ukraine auf einen eindeutig prowestlichen Kurs zu bringen, dem sich Präsident Kutschma in der Vergangenheit, zumal nach seinem Wahlsieg 1999 (der von westlicher Seite natürlich als gefälscht geschmäht wurde), verweigert hatte. Schon damals wurden auf dem Maidan und dem Chreschtschatik Zeltstädte aufgebaut, allerdings noch nicht mit der organisatorischen Perfektion von 2013. Zudem waren die prowestlichen Kräfte damals mit dem späteren Präsidenten Viktor Juschtschenko als Ministerpräsident an der Regierung, und konnten daher schlecht dessen Rücktritt fordern. Nachdem die Protestierer, unter denen sich inzwischen auch die bei jüngeren Ereignissen dominanten rechtsradikalen Hooligans aus Kiew und Lemberg befanden, am 9. März 2001 versucht hatten, den Präsidentenpalast mit brutaler Gewalt zu stürmen, griff die Polizei durch, verhaftete die Rädelsführer und zerstreute die Demonstrationen, die daraufhin endeten.

Bei den Parlamentswahlen 2002 gewann die von Juschtschenko angeführte Partei »Unsere Ukraine« den höchsten Stimmenanteil. Da sie allerdings nicht die Mehrheit der Sitze im Parlament errungen hatte, konnte sie nicht die Regierung bilden. Juschtschenko und Timoschenko verabredeten sich in der Folge, die Wiederwahl Kutschmas bei den anstehenden Wahlen 2004 auf alle Fälle zu verhindern. Es kam – als Vorläufer der Ereignisse von 2013 – während des eigentlichen Wahlkampfs ab Sommer 2004 zu massenweisen Besuchen westlicher Politiker (angeführt von Henry Kissinger, Zbigniew Brzezinski und John McCain) zur Unterstützung des mit einer Amerikanerin verheirateten Juschtschenko. Die USA erwarteten von Juschtschenko die Kündigung des kurz zuvor vom ukrainischen Parlament beschlossenen Abkommens zur Schaffung einer gemeinsamen Wirtschaftszone von Russland, Ukraine, Weißrussland und Kasachstan, und eine Politik der raschen Annäherung an EU und NATO, sprich eine Umorientierung der Ukraine Richtung Westen. Zusätzliche Brisanz erhielt der Wahlkampf durch ein mysteriöses Ereignis: der angeblichen Vergiftung Juschtschenkos mit Dioxin bei einem Abendessen mit Regierungsvertretern im September 2004. Juschtschenko wurde unmittelbar nach dem Vorfall zur Behandlung nach Wien geflogen, wo der Aufsichtsratschef (nicht der Chefarzt) der Klinik wie gewünscht die Dioxinvergiftung des Kandidaten bestätigte. Der Chefarzt der Klinik, der keinerlei Spuren von einer Vergiftung festgestellt haben wollte, beklagte Druck von ukrainischer Seite und trat wenig später von seinem Amt zurück. Der Chefarzt hatte stattdessen die Erkrankung und die Entstellung der Gesichtshaut Juschtschenkos mit chronischen Krankheiten in Verbindung gebracht, an denen der Präsidentschaftskandidat schon seit den neunziger Jahren litt und die eine strenge Diät notwendig gemacht hätten, an die er sich nicht gehalten habe. Speziell der Vorfall im September 2004 sei wohl eher auf exzessiven Alkoholkonsum zurückzuführen, die Deformation der Gesichtshaut auf akute, virale Rosacea in Verbindung mit Pankreatitis, wie dies auch im Wiener Krankenhaus diagnostiziert worden sei, bevor die Seite von Juschtschenko Druck auf die Klinikleitung ausgeübt habe, die gewünschten Dioxin-Vergiftungssymptome zu bestätigen.

Im ersten Wahlgang am 31. Oktober 2004 erreichten sowohl Juschtschenko wie auch Janukowitsch jeweils 39

Prozent der Stimmen. Im für diesen Fall vorgeschriebenen zweiten Wahlgang, der am 21. November 2004 stattfand, errang nach offiziellen Angaben der Zentralen Wahlkommission der Ukraine Janukowitsch den Wahlsieg mit 49 Prozent, Juschtschenko kam auf knapp 47 Prozent der Stimmen. Die EU erklärte umgehend, die aus westlicher Sicht unerwünschten Ergebnisse dieser Wahl wegen »umfangreicher Stimmenfälschungen« nicht anzuerkennen. Russland hingegen gratulierte Janukowitsch zum Wahlsieg. Juschtschenko rief seine Anhänger auf, zum Maidan zu kommen, um gegen die »Wahlfälschung« zu protestieren. Erneut wurden Zeltstädte aufgebaut.

Schon am Tag nach der Wahl, am Montag, den 22. November 2004, organisierten die Pro-EU-Kräfte eine Demonstration mit angeblich 100.000 Teilnehmern in Kiew. Westukrainische Städte, die Hochburgen Juschtschenkos, fassten Beschlüsse, das Wahlergebnis nicht anzuerkennen. Teile des Stadtrats von Kiew schlossen sich dem an. An den nun folgenden Dauerprotesten war eine neue Organisation führend beteiligt, die ein Jahr zuvor an die Öffentlichkeit getreten war, namens Pora (Пора/Es ist Zeit). Ihre selbstgestellte Aufgabe war es, politische Aktionen gegen die ukrainische Führung unter Kutschma zu koordinieren. Pora erhielt ihre Finanzierung von konservativen US-Stiftungen wie Freedom House und der US-Propagandabehörde USAID, und agierte gemäß den Leitlinien für einen gewaltfreien Umsturz in westlichem Sinne, wie sie Gene Sharp Jahre zuvor publiziert und in Serbien und Georgien bereits erfolgreich angewendet hatte. Sharp ist ein den US-Geheimdiensten verbandelter Politikwissenschaftler, der für US-genehme Umstürze die passende, fast universal anwendbare »Rezeptur« verfasst hat, die erfolgreich in Serbien, in Georgien, in der Ukraine und im sogenannten Arabischen Frühling funktionierte. Dabei geht es – meist persönlich beraten von Sharp beziehungsweise dessen Adlatus Bob Helvey – im Kern darum, weltweit publikumswirksame Bilder zu produzieren (junge Leute, bunte Fahnen, einprägsames Logo & Motto, dazu westliche Finanzunterstützung, die schon mal hundert Millionen Dollar betragen kann, brutale Übergriffe auf Gegendemonstranten etc.), um das gewünschte Umsturz-Ergebnis, eine westlich orientierte Regierung, herbeizuführen.

Am 24. November rief Juschtschenko offiziell zur »Orangen Revolution«, nach den Farben seiner Wahlkampfkampagne, auf, dabei sollte ein Generalstreik herbeigeführt werden. Die Zeltstädte auf dem Maidan und dem Chreschtschatik wurden laufend vergrößert. Gleichzeitig wurde die nahe gelegene Lenin-Bibliothek von den »Demonstranten« besetzt und als Hauptquartier missbraucht. Zusätzlich blockierten die »Demonstranten« die Zugänge zum Ministerrat und legten so die Regierungsarbeit lahm. Die »Demonstranten« auf dem Maidan hatten inzwischen vom Wahlkampfteam Juschtschenkos ausreichend orange Flaggen, Bänder und Transparente erhalten, um die »eindrucksvollen« TV-Bilder entstehen zu lassen, wie sie Fernsehstationen aus aller Welt übertrugen, und die dem Umsturz seinen Namen gaben. Unter den westlichen Unterstützern der »Demonstranten« an diesem Tag waren auch Claudia Nolte (CDU), ehemalige Familienministerin, und BRD-Medien-Liebling Wladimir Klitschko. Gleichzeitig fanden vor dem Hauptbahnhof Kiews (und bei weitaus weniger Medienbeachtung) Demonstrationen zugunsten von Janukowitsch statt, in der Ostukraine wurde die staatliche Unabhängigkeit beziehungsweise die Autonomie gefordert.

Nach insgesamt 13 Protesttagen, die unter anderem durch den Besuch des EU-Außenbeauftragten Solana, des polnischen Präsidenten Kwasniewski und weiterer EU-Persönlichkeiten »bereichert« wurden, die sich alle für

Juschtschenko aussprachen, knickte die Justiz der Ukraine ein, und erklärte die Wahl für ungültig. Daher musste ein in der Verfassung nicht vorgesehener dritter Wahlgang angesetzt werden. Juschtschenko kündigte an, mindestens 60 Prozent der Stimmen zu holen. Am 26. Dezember 2004 fand der neuerliche Wahlgang statt, bei dem Juschtschenko bei massiver Finanzhilfe der EU nach offiziellen Angaben 52 Prozent der Stimmen erhielt und Janukowitsch 44 Prozent. Der Oberste Gerichtshof der Ukraine bestätigte am 20. Januar 2005 den Wahlsieg Juschtschenkos. Daher wurde er am 23. Januar 2005 als dritter Präsident der Ukraine vereidigt. Hillary Clinton, damals US-Senatorin, schlug ihn für den Friedensnobelpreis vor. Gegenklagen von Janukowitsch, in denen weitgehender Wahlbetrug zugunsten Juschtschenkos festgestellt werden sollte, wurden unter formalen Gesichtspunkten vom Obersten Gerichtshof ohne Verhandlung abgeschmettert. Zur Amtseinführung kamen die üblichen Verdächtigen, um ihren Triumph zu feiern, so US-Außenminister Colin Powell, NATO-Generalsekretär de Hoop Scheffer, der polnische Staatspräsident Kwasniewski und Wolfgang Thierse.

Doch das Glück war nur von kurzer Dauer. Juschtschenko zerstritt sich schon nach wenigen Monaten mit der dominanten Timoschenko und feuerte sie 2005. Bei den Parlamentswahlen 2006 errang Janukowitschs Partei der Regionen die Mehrheit der Stimmen, und so kam es zu der kuriosen Situation, dass Juschtschenko seinen Konkurrenten Janukowitsch im August 2006 zum neuen Ministerpräsidenten berufen musste. Im Frühjahr 2007 hatte Juschtschenko schon wieder andere Pläne und unterzeichnete eine Order zur Auflösung des Parlaments, die allerdings den Fehler hatte, dass sie die gesetzlichen Kompetenzen des Präsidenten überschritt. Als der Oberste Gerichtshof das bemängelte, stellte Juschtschenko Entlassungsurkunden für drei der ihm gegenüber besonders kritischen Richter aus, was ebenfalls illegal war. Er entließ nun Janukowitsch und berief illegal Julia Timoschenko zur Ministerpräsidentin, die bis zur nächsten Präsidentenwahl 2010 im Amt blieb. Schon 2007 wurde ganz nebenbei das Stromnetz der Ukraine mit EU-Hilfe aus der Vernetzung mit Russland gelöst und unter hohem finanziellen Aufwand an Westeuropa angeschlossen. Das russische Angebot eines Stromverbunds von Wladiwostok bis Lissabon wurde von der EU dankend abgelehnt. Stattdessen wurden als nächstes die baltischen Länder ebenfalls von der russischen Stromversorgung abgetrennt und aufwändig mit dem westeuropäischen Netz verbunden, um so die Westorientierung dieser Länder auch energetisch zu zementieren.

Bei der nächsten regulären Präsidentenwahl 2010 traten nun Juschtschenko, Timoschenko und Janukowitsch erneut gegeneinander an. Janukowitsch gewann diesmal mit – auch vom Westen unbestrittenen – 48 Prozent der Stimmen im zweiten Wahlgang. Juschtschenko nutzte die ihm nach der Abwahl verbleibenden wenigen Tage im Amt noch zu einer Aktion der besonderen Art. Er rehabilitierte den Nazi-Kollaborateur Stepan Bandera und verlieh ihm postum den Titel eines »Helden der Ukraine«. Es war eine der ersten Amtshandlungen des neuen Präsidenten Janukowitsch, diese Ernennung rückgängig zu machen. Als größten Fehler seiner Amtszeit bezeichnete es Juschtschenko rückblickend, Timoschenko zweimal zur Ministerpräsidentin berufen zu haben. Er hatte aber noch eine Liebesgabe für seine ehemalige Untergebene übrig. Als es 2011 zum Prozess gegen Timoschenko wegen Korruption, Unterschlagungen und Bereicherung im Amt kam, sagte er im Prozess gegen sie aus. Vor der Presse bezeichnete er den Prozess als ganz regulären juristischen Vorgang, während die EU-Außenbeauftragte Ashton selektive Auslegung der

Gesetze beklagte. Bei den Parlamentswahlen 2012 konnte Juschtschenko nur knapp ein Prozent der Stimmen auf sich vereinigen, das vorläufige Ende der so hoffnungsvoll gestarteten politischen Karriere des in Westeuropa als treuer Gefolgsmann geschätzten Juschtschenko.

Nach der Amtseinführung Janukowitschs weigerte sich Timoschenko, turnusgemäß mit ihrem Kabinett zurückzutreten, und musste erst durch ein Misstrauensvotum des Parlaments aus dem Amt entfernt werden. Im Mai 2010 wurde der Prozess gegen sie wieder aufgenommen, der zwischenzeitlich vorläufig eingestellt worden war. Im Oktober 2011 wurde sie zu sieben Jahr Haft und einer Strafzahlung von 188 Millionen Dollar verurteilt. Sie beklagte schon bald angebliche massive gesundheitliche Probleme, die von angereisten Westblock-Ärzten selbstverständlich vollumfänglich bestätigt wurden, trat zwischendurch in Hungerstreik und sorgte so für anhaltendes öffentliches Interesse an ihrem Schicksal. Eine Berufung vor dem Europäischen Menschenrechtsgerichtshof wurde vom dortigen Richtergremium als unbegründet verworfen. Die europäischen Regierungen und die USA, die auf einen spektakulären, wenn auch juristisch unverbindlichen »Freispruch« für »ihre Julia« gehofft hatten, äußerten sich deutlich unzufrieden mit der Entscheidung »ihres« Gerichtshofs. Die EU ging so weit, die Unterzeichnung des doch mit so hohem Aufwand herbeigeführten, unterschriftsreifen Assoziierungsabkommens mit der Ukraine für die Dauer der Haft Timoschenkos bis zu ihrer Freilassung vonseiten der EU auszusetzen. Ihr Schicksal sollte sich erst mit dem neuerlichen Staatsstreich vom Februar 2014 wenden.

Schon im November 2011 sagte Janukowitsch in einem Interview, dass ukrainischen Erkenntnissen zufolge von Drittländern Waffen in die Ukraine gebracht würden und

Angriffe auf Regierungsbehörden vorbereitet würden, dass somit ein Staatsstreich gegen ihn vorbereitet werde, stieß damit bei westlichen Medien aber auf Hohn und Spott. Im April 2010 schloss er mit Russland das Marine-Gas-Abkommen, in dem die Ukraine Russland erlaubte, bis 2042 die Schwarzmeerflotte im Hafen Sewastopol auf der seinerzeit noch ukrainischen Krim zu stationieren, und Russland im Gegenzug der Ukraine verbilligte Gaslieferungen zusicherte. Dies stieß im Westen auf scharfen Protest beziehungsweise als »Ausverkauf« ukrainischer Positionen auf »Unverständnis«. Seine erste Auslandsreise kurz nach Amtsantritt 2010 führte ihn nach Brüssel zu Verhandlungen mit der EU-Spitze. Er bekräftigte dort das Interesse seines Landes am Assoziierungsabkommen mit der EU und an einer Zusammenarbeit mit der NATO im Rahmen des Partnerschaftsprogramms. Als nächstes reiste er nach Moskau und versprach, sich für eine dauerhafte Verbesserung der Beziehungen zwischen beiden Ländern einzusetzen. Das seit 2008 ausgehandelte Assoziierungsabkommen blieb vorerst im Schrank. Die EU ging davon aus, während der Fortsetzung des Vorbereitungsprozesses in den Verhandlungen mit der Ukraine noch mehr herausholen zu können.

Bei den Parlamentswahlen 2012 gewann Janukowitschs Partei der Regionen 30 Prozent der Stimmen und konnte wieder eine Regierungskoalition zusammenstellen. Insgesamt muss Janukowitschs Amtszeit nach den chaotischen Juschtschenko/Timoschenko-Jahren im Gefolge der »Orangen-Revolution« als Ausgeburt an Stabilität und Zuverlässigkeit angesehen werden, auch wenn er die Tradition des ukrainischen »multivektoriellen« Chargierens zwischen Ost und West als »Swing State« fortsetzte. Aus den USA nahm nun der Druck auf Europa und speziell auf Deutschland zu, eine schnelle Aufnahme von Ukraine und Georgien in die NATO zu ermöglichen, auch unter Verzicht auf die eigentlich vorher notwendige Absolvierung des Membership Action Plans, der die Überwachung von Fortschritten der Antragsstaaten im Hinblick auf Menschenrechte und demokratische Kontrolle des Militärs vorsieht. Zwischendurch fand noch die – wegen Timoschenko von der EU-Prominenz im Hinblick auf die in der Ukraine ausgetragenen Spiele boykottierte – gemeinsame Fußball-WM in Polen und der Ukraine statt, deren Kosten zur weiteren Destabilisierung des ukrainischen Staatshaushaltes beitrugen. Allein der neue Flughafen des Austragungsortes Donezk hatte mit 100 Millionen Dollar zu Buche geschlagen. Der Internationale Währungsfonds hatte die 2010 in Aussicht gestellte Auszahlung eines weiteren Kredits in Höhe von 600 Millionen Dollar aus fadenscheinigen Gründen immer weiter hinausgezögert. Janukowitsch bezifferte den Finanzbedarf der Ukraine, um die Binnenwirtschaft auf die EU-Assoziierung vorzubereiten, auf nicht weniger als 160 Milliarden Dollar.

Bereits im März 2013 hatten Arsen Jazenjuk und Oleg Tiachnibok die Aktion »Ukraine steh auf« gegründet mit dem Ziel, Janukowitsch aus dem Amt zu jagen. Doch der Bewegung war zunächst kein Erfolg beschert, auch die öffentliche Wahrnehmung blieb bescheiden. Der westliche Plan war nun, im November 2013 das Abkommen von der Ukraine unterschreiben zu lassen, und dann durch den Paraphierungsprozess durch alle EU-Mitgliedsstaaten zu jagen. Doch auch Russland erhöhte nun den Druck, indem es im August 2013 die Importkontrollen für ukrainische Warenlieferungen nach Russland an der gemeinsamen Grenze verschärfte, und vor einer weiteren Verschlechterung der Handelsbeziehungen warnte, die eine unausweichliche Folge der Umsetzung des Assoziierungsabkommens seien. Russland hatte in den Jahren zuvor trilaterale Verhandlungen zwischen der EU, der Ukraine und Russland über die künftige Gestaltung der gemeinsamen wirtschaftlichen Beziehungen gefordert, war damit aber an der harten Haltung der EU gescheitert, die Russland keine Rolle am Verhandlungstisch zubilligen wollte. Das Problem für Russland bestand darin, dass es bei einem zollfreien Handel der Ukraine mit der EU bei gleichzeitiger Zollfreiheit im Handel mit Russland eine unerwünschte Überschwemmung des russischen Marktes mit zollfreien EU-Gütern im Transit durch die Ukraine befürchtete.

Janukowitsch äußerte gegenüber der Presse, sein Land sei noch nicht ausreichend auf die Unterzeichnung vorbereitet. Zuvor müsse man noch eine Reihe von Problemen lösen, die sich durch das Abkommen für den Handel mit Russland ergäben. Generell werde die Ukraine am Weg in die EU festhalten. Anfang Dezember 2013 reiste Janukowitsch nach Brüssel, um die Möglichkeit weiterer Finanzhilfen für das klamme Land auszuloten, konnte aber keine Einigung erzielen. Ministerpräsident Asarow gab bekannt, dass er bei der EU ein Darlehen in Höhe von 20 Milliarden Dollar beantragt habe für die Transformationskosten der Ukraine im Hinblick auf die EU-Assoziierung, angeboten habe man ihm 800 Millionen. Anschließend fuhr Janukowitsch nach Moskau, wo er mit Präsident Putin eine Vereinbarung unterzeichnete, die einen sofortigen Kredit Russlands an die Ukraine in Höhe von 15 Milliarden Dollar und eine deutliche Reduzierung der künftigen Gaspreise vorsah. Eine erste Tranche von drei Milliarden Dollar wurde sofort ausgezahlt. Zu den Bedingungen des Kredits zählte jedoch, dass die ukrainische Staatsverschuldung während der Laufzeit 60 Prozent des Bruttoinlandsprodukts nicht überschreiten dürfe (was angesichts des fallenden Bruttoinlandsprodukts seit dem Euromaidan und der steigenden Staatsverschuldung 2014 überschritten wurde, ohne dass Russland die vertragsmäßig mögliche vorzeitige Rückzahlung der bis zu diesem Zeitpunkt ausgezahlten drei Milliarden Dollar gefordert hätte; als Termin für die Rückzahlung war vertraglich 2015 vereinbart). Damit waren die kurzfristigen Finanzierungsprobleme der Ukraine trotz der unnachgiebigen Haltung von EU und Internationalem Währungsfonds zunächst bereinigt.

Währenddessen hatten am Donnerstag, den 21. November 2013 die später unter »Euromaidan« bekannten Demonstrationen in Kiew begonnen, die einen sofortigen Beitritt zur EU und den Rücktritt von Janukowitsch samt Regierung forderten. Dazu hatten sich wieder die bekannten Drahtzieher der »Orangen Revolution« zusammengefunden, die sich nun im Auftrag der EU und der CIA daran machten, die Fehler von 2004 zu vermeiden. Ukrainische Rechtsextremisten, ukrainische EU-U-Boote, westliche Berater, westliche Botschaften in Kiew und die Geheimdienste vieler westlicher Länder unter Führung der CIA koordinierten nun den »endgültigen« Regimewechsel in Kiew, bei dem einer Fortsetzung der ukrainischen Schaukelpolitik zwischen Ost und West endgültig der Riegel vorgeschoben und die Ukraine ebenso endgültig ins westliche Lager »geschubst« werden sollte. Auch ukrainische Oligarchen, die sich vom Westkurs größere Profite versprachen als von einer Annäherung an Russland (die auch eine verstärkte Auseinandersetzung mit den russischen Oligarchen bedeutet hätte), unterstützten die Demonstrationen auf dem Maidan logistisch und finanziell.

Deutlich professioneller als in der Vergangenheit wurde nun die traditionelle Besetzung des Maidan aufgezogen. Es wurden einheitliche Mannschaftszelte unbekannter, aber deutlich militärischer Herkunft aufgestellt (ehemalige Bundeswehr- oder DDR-Bestände?), eine regelmäßige kostenlose Nahrungsausgabe an die Besetzer sichergestellt, die zudem finanzielle Unterstützung dafür erhielten, dass sie ihre Arbeitsplätze verlassen hatten beziehungsweise mit der die Arbeitslosen unter den Besetzern belohnt wurden. Zunächst wurden die unaufhörlich publizierten Aufrufe der Oppositionsparteien zu Massenprotesten gegen die Entscheidung der Regierung nur von wenigen hundert Menschen befolgt, die sich auf dem Maidan versammelten. Eine erste größere Demonstration mit über zehntausend Beteiligten fand am Sonntag, den 24. November 2013 statt. Zu den Demonstranten der ersten Stunde gehörte auch Andrej Parubi von der rechtsextremen Sozial-Nationalen Partei der Ukraine, der sich später zum »Kommandant« des Maidan ernannte, und eng mit Dimitri Jarosch, dem Führer des neuen Sammelbeckens der ukrainischen Rechtsextremisten »Rechter Sektor« zusammenarbeitete, der ebenfalls von Anfang an dabei war. Parubi war schon 1990 bei den Protesten gegen den neuen Unionsvertrag dabei gewesen und somit ein Veteran der prowestlichen Maidan-Demos. Doch im Gegensatz zu früheren Demonstrationen, bei denen die Kräfte von Rechtsaußen eher eine Begleiterscheinung gewesen waren, spielten die Hooligans diesmal eine zentrale Rolle. Sie waren als Speerspitze eingeplant, und sollten die erwünschte dramatische Eskalation der Proteste herbeiführen, um die Polizei zu härteren Gegenmaßnahmen herauszufordern und so die Regierung in ein schiefes Licht zu rücken. Dadurch sollten möglichen Kompromiss-Verhandlungen zwischen den ukrainischen Parteien vom linken und vom rechten Rand des Spektrums beziehungsweise aus der Ost- und aus der Westukraine ein Riegel vorgeschoben werden. Geplant war, die Konfrontation so hochzuziehen, dass es keine Verhandlungslösung mehr geben würde, sondern nur eine bedingungslose Kapitulation der Janukowitsch-Fraktion samt ihrer endgültigen Vertreibung aus Kiew.

Die Proteste wurden diesmal von Anfang an mit höchster Aggressivität und Brutalität vonseiten der rechtsradikalen Demonstranten betrieben. Um die Welt gingen die Bilder, wie Demonstranten mit schweren Eisenketten auf mehr oder weniger wehrlose Polizisten einschlugen und sogar mit einem Bagger auf sie zufuhren. Zwei weitere Mittel prägten die Auseinandersetzung vonseiten der »Demonstranten«: der großflächige Einsatz von brennenden Reifen, die nicht nur als Sicht- und Sturm-Hindernis aufgebaut wurden, sondern immer so, dass der Wind samt den giftigen Brandgasen durch die Verbrennung der Altreifen Richtung Polizisten zog, und der massenweise Einsatz von Molotow-Cocktails gegen die Polizisten. Phasenweise ging ein wahrer Regen an Molotowcocktails auf die Polizisten nieder, die den Befehl hatten, sich nicht zu wehren. Viele von ihnen »gingen in Flammen auf« und wurden schwer verletzt. In Nachrichtensendungen befragte US-Polizisten gaben an, in vergleichbaren Situationen würde in den USA von der Polizei längst von der Schusswaffe Gebrauch gemacht, um derlei Aktionen gegen die Polizei zu beenden.

Zu den Mitorganisatoren des Maidan seit der ersten Stunde gehörte nach eigener Aussage auch der Milliardär, Oligarch und Politiker Petro Poroschenko, zu diesem Zeitpunkt noch Wirtschaftsminister unter Janukowitsch. In den Jahrzehnten zuvor hatte er bereits als Parlamentsabgeordneter seit 1998, zunächst als Anhänger von Kutschma, dann von Juschtschenko (der auch Patenonkel seiner Kinder ist), Sekretär des Nationalen Sicherheitsrates ab 2004, als Vorsitzender des Beirats der Nationalbank ab 2007 und als Außenminister ab 2009 fungiert. Er sah jetzt offenbar die Stunde gekommen, selbst den Griff nach der Macht in der Ukraine zu wagen. Doch noch war es noch nicht so weit. Bei Umfragen im Dezember 2013 ergab sich ein Patt zwischen Befürwortern und Gegnern des Euromaidan, die jeweils 50 Prozent der Stimmen auf sich vereinigen konnten. Die Polizei versuchte erstmals am 30. November 2013, die Demonstranten auseinanderzutreiben, nachdem diese die Polizeiabsperrungen attackiert, brennende Reifen in der Nähe des Parlaments angezündet und einmal mehr Janukowitschs Rücktritt gefordert hatten. Hinzu kam die Forderung nach sofortiger Freilassung von Timoschenko (vorgebracht von ihrem stellvertretenden Fraktionsführer Jazenjuk). Lastwagenweise wurde der Nachschub an Altreifen, Lebensmitteln und Barrikadenbaumaterial (Europaletten u.ä.) herangekarrt. Mittlerweile hatten sich die Camps der Protestierer auf dem Maidan und die Protestcamps der Oppositionsparteien auf dem nahe gelegenen Europa-Platz vereinigt und gingen nun gemeinsam gegen die Regierung vor. Auf dem Maidan wurde eine professionelle Bühne samt Licht- und Tontechnik aufgebaut, ein eigenes W-LAN installiert. Von der Bühne herab wurden Reden gehalten, patriotische Lieder gesungen und Unterhaltungsprogramm für die Demonstrierenden gemacht. Die rechtsradikalen Hundertschaften besetzten zusätzlich zum Rathaus und dem Konservatorium beziehungsweise der Musikhochschule auch das am Maidan gelegene Gewerkschaftshaus und fungierten es zum Hauptquartier, Waffenlager und Schlafplatz um. Am 8. Dezember 2013 rissen Hooligans medienwirksam die Leninstatue auf dem Europaplatz um. Auf dem Maidan selbst gaben sich im Dezember 2013 die üblichen Verdächtigen zur Unterstützung der protestierenden »Demokratiefreunde« ein Stelldichein: Unter anderem Bundesaußenminister Westerwelle (in einer seiner letzten Amtshandlungen), US-Vizepräsident Joe Biden,

Senator John McCain und die stellvertretende US-Außen-ministerin Victoria »Fuck the EU« Nuland, die auf dem Maidan kamerawirksam Brötchen an Demonstranten und Polizisten verteilte. Sie alle posierten vor den Kameras der internationalen TV-Stationen, um den Demonstrierenden ihre Unterstützung zu versichern, und forderten ebenfalls den Rücktritt des »völlig diskreditierten« Janukowitsch, damit massiv in die inneren Angelegenheiten eines souveränen Staates eingreifend. Die USA unterstützten nach russischen Angaben zu diesem Zeitpunkt die Proteste auf dem Maidan mit rund 20 Millionen Dollar – pro Woche.

Aufrufe zum Generalstreik in der Ukraine blieben bezeichnenderweise erfolglos, ein Beleg dafür, dass die Masse der Bevölkerung von den »Demonstranten« auf dem Maidan 2013 nicht repräsentiert wurde. Die nächsten Parlamentswahlen waren eigentlich turnusmäßig 2017 fällig, die Präsidentenwahl 2015. Doch so lange wollten die »Demonstranten« und ihre westlichen »Berater« nicht mehr warten. Ab dem 19. Januar 2014 intensivierten die Hooligans ihre Zusammenstöße mit der Polizei, mit absehbaren Folgen: die ersten Toten waren zu beklagen. Die Polizei verhielt sich trotz allem befehlsgemäß weiterhin passiv. Janukowitsch hoffte offenbar immer noch, die Demonstrationen und Unruhen aussitzen zu können. Im Parlament wurde derweil ein an entsprechenden BRD-Gesetzen orientiertes Demonstrationsrecht inklusive Waffen- und Vermummungsverbot beschlossen, das von den »Demonstranten« mit Empörung aufgenommen und als Beleg für die diktatorische Vorgehensweise der Regierung unter Präsident Janukowitsch geschmäht wurde.

Am 18. Februar 2014 eskalieren die Auseinandersetzungen in bisher ungekannter Weise, denn nun werden Schusswaffen eingesetzt. Hooligans versuchen das Parlament zu stürmen, und als das nicht gelingt, verwüsten sie die Zentrale der Janukowitsch-Partei der Regionen und ermorden dabei drei dort Angestellte. Gleichzeitig wird auf dem Maidan auf Polizisten und Demonstranten geschossen. Die Zahl der Toten auf beiden Seiten steigt rasch an. In den Westblock-Medien wird die Schuld für die Eskalation und die Toten einseitig der Polizei beziehungsweise der Regierung Janukowitsch in die Schuhe geschoben. Erst Wochen und Monate später werden ernstzunehmende Hinweise publiziert, dass der Einsatz von Schusswaffen auf dem Maidan durch eine »dritte Seite« erfolgte, dass von Gebäuden rund um den Maidan (wie dem Konservatorium und dem Hotel *Ukraine*) auf beide Seiten geschossen wurde, auf Demonstranten wie auf Polizisten, um die Auseinandersetzungen in gewünschtem Maße zu radikalisieren. Jedenfalls stellten Ärzte vor Ort fest, dass Polizisten und »Demonstranten« mit identischen Projektilen beschossen worden waren. Diese Hinweise werden von den Westblock-Medien ausgeblendet. Als Reaktion auf diese Hinweise kam von den Maidan-Unterstützern die These auf, es habe sich bei den unbekannten Schützen um russische Spezialkräfte gehandelt, wobei man dabei übersah, dass es aus russischer Sicht überhaupt keinen Sinn gemacht hätte, die Auseinandersetzungen in dieser Weise zu verschärfen und so den proeuropäischen und antirussischen Kurswechsel der Ukraine zu beschleunigen. Die BBC veröffentlichte 2015 ein Interview mit einem der anonymen Heckenschützen, die seit 18. Februar 2014 die Eskalation herbeigeführt hatten. Der maskierte Mann sagte aus, er sei von Euromaidan-Aktivisten engagiert worden, auf beide Seiten – auf Polizisten und Demonstranten – zu schießen.

Die mit Robert Kagan, einem der Protagonisten der Neokonservativen Bewegung in den USA verheiratete Victoria Nuland alias Nudelman spielte noch eine ganz andere Rolle als nur die der Brötchenverteilerin auf dem Maidan. Sie hatte am 28. Januar 2014 auf einer offenbar ungesicherten Leitung / Verbindung ein Telefongespräch mit dem US-Botschafter in der Ukraine, Geoffrey Pyatt, geführt, in dem es – zu diesem Zeitpunkt war die legitime Regierung der Ukraine unter Janukowitsch noch im Amt – um die künftige Postenverteilung einer neuen Regierung nach dem geplanten Sturz Janukowitschs ging. Die Aufnahme wurde am 4. Februar 2014 auf Youtube publik gemacht. Darin dekretierte Nuland, dass das Amt des Ministerpräsidenten an Jazenjuk gehen müsse, Klitschko sei hierfür nicht geeignet. Im weiteren Verlauf der Unterhaltung auf die möglicherweise differierenden Pläne der EU im Hinblick auf die Ukraine zu sprechen kommend, fügte sie hinzu: »Fuck the EU«. Die »undiplomatische« Ausdrucksweise illustrierte die US-Anmaßungen hinsichtlich einer illegalen Regierungsübernahme in einem souveränen Drittstaat beredt. Doch noch ist es nicht so weit. Trotz eines zwischen Regierung und Vertretern der »Demonstranten« ausgehandelten Waffenstillstands kommt es am 20. Februar erneut zu Auseinandersetzungen und weiteren fernsehwirksamen Toten. Die Hooligans erklären, dass dieser Waffenstillstand für sie nicht bindend sei, sie würden die Auseinandersetzungen bis zum Sturz Janukowitschs, ihrem eigentlichen Ziel, fortsetzen. Unter anderem werden 67 Polizisten von den »Demonstranten« als Geiseln genommen. Am Freitag, den 21. Februar marschieren die EU-Außenminister Steinmeier (BRD), Fabius (Frankreich) und Sikorski (Polen) in Kiew ein, um als »neutrale Vermittler« eine Verhandlungslösung zwischen Regierung und »Demonstranten« herbeizuführen. Dass sie als EU-Vertreter in diesen Auseinandersetzungen Partei sind, wird von der Westblock-Presse geflissentlich verschwiegen. Janukowitsch lässt sich auf das Spiel ein, setzt sich an den »Verhandlungs-« beziehungsweise »Unterwerfungstisch« und sagt wie vom Westen diktiert vorgezogene Präsidentenwahlen Ende 2014 zu sowie Verfassungsreformen einschließlich einer deutlichen Einschränkung der Rechte des Präsidenten zu. Bei diesen Verhandlungen ist auch ein Vertreter aus Moskau zugegen, der sich allerdings weigert, die Kapitulationsurkunde Janukowitschs mit zu unterzeichnen und damit den illegalen Sturz des legal gewählten Präsidenten zu legitimieren. Vonseiten der »Demonstrierenden« (genauer gesagt: der EU-Terrorgruppe, die mit dem Putsch beauftragt ist) unterschreiben Klitschko, Jazenjuk und Tiachnibok.

Ukrainische Rechtsradikale kündigen parallel zu den Verhandlungen an, dass Janukowitsch nach seinem Sturz am besten sofort das Land verlassen solle, da er andernfalls vor ein »Revolutionstribunal« gestellt werde. Als Klitschko am Abend des 21. Februar auf dem Maidan das Ergebnis der Verhandlungen verkündet (das ja ein Verbleiben im Amt von Janukowitsch vorsieht), wird er von den Hooligans ausgebuht, die gemäß den Vorgaben ihrer westlichen und oligarchischen Auftraggeber nur noch ein Ziel zu akzeptieren bereit sind: den sofortigen Sturz der Regierung Janukowitsch. Der demokratisch überhaupt nicht legitimierte »Maidan-Rat«, in dem die Hooligans die Mehrheit haben, lehnt das Abkommen gemäß diesen Vorgaben aus dem Westen ab. Gleichzeitig werden am Abend des 21. Februar die Polizeieinheiten aus dem Regierungsviertel abgezogen. Bis heute ist ungeklärt, wer hierzu den Befehl erteilt. Stoßtrupps der Hooligans stürmen nun das offenstehende Regierungsviertel und besetzen den Präsidentenpalast sowie die Privatresidenz Janukowitschs in Meschiria. Noch in der Nacht flieht Janukowitsch mit seiner Familie und weiteren bisherigen Regierungsmitgliedern aus Kiew nach Charkow und später nach Russland.

Am Samstag, den 22. Februar wird im ukrainischen Parlament von den verbliebenen rechtsradikalen Abgeordneten behauptet, angesichts der mittlerweile bekanntgewordenen Flucht Janukowitschs habe dieser automatisch das Amt des Präsidenten verloren, obwohl es in der ukrainischen Verfassung keinerlei derartige Bestimmungen gibt. Diese »lässige« Argumentation wird von den Westblock-Medien sofort übernommen, die einheitlich den nun endlich erreichten Machtwechsel in Kiew als legitim verteidigen. Die Anführer des Westblock-Putsches ziehen das Pro-EU-Projekt ohne Rücksicht auf Legitimität oder geltende Gesetze durch. Eilends wird eine außerordentliche Sitzung des verbliebenen Rumpfparlaments einberufen. Oppositionsvertreter Alexander Turtschinow (Vaterlandspartei/Timoschenko) wird zum neuen Parlamentspräsidenten bestimmt. Anschließend stimmen die vorhandenen Abgeordneten im von Hooligans umstellten Parlament der illegalen Amtsenthebung Janukowitschs zu, obwohl sie dazu laut Verfassung kein Recht haben. Viele Abgeordnete der bisherigen Regierungsfraktion Partei der Regionen, die Morddrohungen erhalten haben, sind nicht ins Parlament gekommen, sondern ziehen es vor, ebenfalls Kiew zu verlassen. Aufgrund dieser Umstände wird der »Regierungswechsel« in Kiew von kritischen Beobachtern im Westen wie von Russland als »Staatsstreich« bezeichnet. Die Wahl des neuen Präsidenten wird auf den 25. Mai 2014 terminiert. Turtschinow übernimmt als Parlamentspräsident interimistisch das Amt des ukrainischen Präsidenten. Bereits am folgenden Montag, den 24. Februar 2014, erklärt die von den jüngsten Ereignissen überaus erfreute EU-Führung wenig erstaunlich, den Staatsstreich und die neue Regierung offiziell anzuerkennen.

Auf Funktionäre der als russlandfreundlich verschrienen Partei der Regionen beginnt nun eine regelrechte

Treibjagd. Die im »Kampf« beziehungsweise »Krieg« gegen Janukowitsch getöteten Hooligans werden zu Helden erklärt, ihre Heiligsprechung gefordert. Die Hools ziehen jetzt durchs Land und demonstrieren, dass Schluss ist mit der »lauwarmen« Politik der Kompromisse. Sie machen tödliche Jagd auf »Russlandfreunde« und solche, die sie dafür halten. Alexander Panteleimonow, der Direktor des Ukrainischen Fernsehens, der gewagt hatte, die Putin-Rede zum Krimbeitritt zu übertragen, wird vor laufenden Kameras hohnlachend aus dem Büro geprügelt und zur Unterzeichnung seines Rücktritts gezwungen. Die Hooligans setzen auch nach Belieben örtliche Polizeichefs ab (dabei kommt es erneut zu Morden), die es wagten, sich der schrankenlosen Gewalt der Hooligans zu widersetzen oder diesen nicht sofort zu Willen zu sein. Ein »Lustrationsgesetz« genannter Wisch, vom proeuropäischen Parlament beschlossen, erlaubt seitdem illegalerweise, alle Janukowitsch-Anhänger und alle »Russlandfreunde« ohne weitere Angabe von Gründen und ohne weitere juristische Verfahren aus ihren Ämtern zu entlassen, eine komplett illegale, »proeuropäische« Säuberung der ukrainischen Gesellschaft, die alle Bereiche, Justiz, Kultur, Wirtschaft, Politik umfasst. Die Bereitschaftspolizei »Berkut« (Steinadler), monatelang auf Befehl wehrlos den Attacken der kampferprobten Hooligans ausgesetzt, wird aufgelöst, alle ihre Mitglieder entlassen. Allerdings kommt es zu einer ironischen Wendung der Geschichte im Sommer 2014, als angesichts der verbreiteten Unruhen im Land die neue Regierung Jazenjuk einen flehentlichen Aufruf an ehemalige Berkut-Mitglieder richtet, sich bei der Regierung zu melden, man benötige dringend gutausgebildete Bereitschaftspolizisten und wolle sie gern wieder in ihren alten Stellen einsetzen. Doch die meisten sind mittlerweile auf die Krim oder nach Russland ausgewandert.

Und natürlich wird nach der Pro-EU-Machtergreifung durch Jazenjuk, Klitschko, Turtschinow & Co. noch am 23. Februar Julia Timoschenko unabhängig von jeglicher juristischer Prozedur aus dem Gefängnis entlassen, per schlichtem Mehrheitsbeschluss des seit diesem Tag von altbekannten und neugewonnenen EU-Befürwortern dominierten Parlaments. Sie reist – bei offenbar bester Gesundheit – sofort nach Kiew und hält auf dem Maidan eine Rede. Bei der illegalen Parlamentswahl am 25. Mai 2014 werden erwartungsgemäß die proeuropäischen Parteien, darunter die vom ehemaligen Timoschenko-Zögling Jazenjuk kurz vor der Wahl ins Leben gerufene, entgegen ihrem Namen rechtskonservative »Volksfront« (!) mit Stimmenmehrheit ins Parlament gewählt. Am selben Tag wird Boxer Klitschko zum neuen Bürgermeister von Kiew gewählt, unterstützt von der international in Sachen Regime-Change umtriebigen BRD-Konrad-Adenauer-Stiftung (CDU). Nur die ausgebrannte Ruine des Gewerkschaftshauses erinnert heute noch an die tödlichen Auseinandersetzungen auf dem Platz. Der Sieg in Kiew ist damit für die Pro-Eu-Fraktion errungen, doch im Land findet der Staatsstreich recht unterschiedliche Aufnahme. Während er in den Hochburgen der Rechtsradikalen in der Westukraine (Lemberg, Iwano-Frankiwsk) lautstark bejubelt wird, kommt es im russischsprachigen Osten der Ukraine zu Demonstrationen gegen das neue Regime, gegen den Staatsstreich. Erste bewaffnete prorussische Gruppierungen beginnen, dort Rathäuser und Polizeistationen zu besetzen. Sie erklären, mit dem neuen Regime in Kiew nicht einverstanden zu sein, und sich für eine Autonomie beziehungsweise die Unabhängigkeit der Ostukraine von Kiew einzusetzen. Der mittlerweile am 27. Februar 2014 zum neuen ukrainischen Ministerpräsidenten gewählte Millionär Jazenjuk, der einige Jahre zuvor im Skandal um eine nicht verfassungskonforme Unterschrift zugunsten des NATO-Beitritts als – unparteiischer – Parlamentspräsident hatte zurücktreten müssen, erklärt, gegen das »Geschmeiß«, die »Untermenschen« der Russlandfreunde im Osten der Ukraine gebe es nur eine Antwort: die Waffe in der Hand. Er beauftragt die ukrainische Armee damit, eine »Anti-Terror-Operation« im Osten der Ukraine durchzuführen, und alle prorussischen Demonstranten mit Waffengewalt zu vertreiben. Aber auch viele der nach dem Ende der Maidan-Unruhen »arbeitslosen«, aber weiter gewaltsüchtigen Rechtsradikalen drängen auf weitere Beschäftigung. Für sie wurde eine neue Institution geschaffen: die »Ukrainische Nationalgarde«, eine neue Armee neben der regulären Armee. Für die Rechtsradikalen erfüllt sich nun ein Traum: sie erhalten – sofern nicht bereits vorhanden – eine kurze militärische Ausbildung und Waffen, werden dann in den Osten der Ukraine geschickt, und dürfen dort nach Belieben »hausen«, mit den »Russlandfreunden aufräumen«, also unschuldige Menschen foltern und töten, so wie sie schon mit der Regierung Janukowitsch »aufgeräumt« hatten.

Doch noch ist die ehemalige Janukowitsch-Partei mit 123 verbliebenen Abgeordneten stärkste Fraktion im Parlament, sehr zum Ärger von Jazenjuk & Co. Daher strebt dieser rasche Parlamentsneuwahlen außerhalb des normalen Turnus an (eigentlich erst 2017 vorgesehen). Offizielle Begründung: Das Parlament spiegele nicht den Willen des Volkes wider – obwohl das Parlament in eben dieser Zusammensetzung in einer international als fair und geheim durchgeführten Wahl gewählt worden war. Das Parlament spiegelt also offenbar nicht den Willen der EU wider. Da der Führung um EU- und CIA-Puppe Jazenjuk das alte Parlament nicht mehr passt, lässt es sich einfach ein neues wählen. Währenddessen finden am 25. Mai 2014 die vorgezogenen Präsidentschaftswahlen statt, der Sieg des aussichtsreichsten Kandidaten, des Oligarchen und Milliardärs Petro Poroschenko stand schon vorab fest. Poroschenko führte einen nicht weniger als 40 Millionen Euro (also in einem völlig verarmten Land obszön) teuren Wahlkampf. Er bekommt bereits im ersten Wahlgang 55 Prozent der Stimmen. Die Präsidentschaftswahlen finden allerdings nicht mehr im gesamten Staatsgebiet der Ukraine statt, denn es haben sich Veränderungen ergeben. Die Ostukraine, große Teile des Donbass (die Oblaste Lugansk und Donezk) haben ihre Unabhängigkeit von der Ukraine erklärt und nehmen an der Wahl nicht mehr teil. Zu Poroschenkos Amtseinführung kommen unter anderem der deutsche Bundespräsident Gauck, US-Vizepräsident Biden, der französische Außenminister Fabius, EU-Ratspräsident Rompuy und andere West-Honoratioren und Förderer einer NATO/EU-Ukraine. Jazenjuk wird von Poroschenko Anfang 2016 aufgefordert zurückzutreten, seine Zeit ist nun vorbei (er hat sich als komplett unfähig herausgestellt). Doch Jazenjuk weigert sich zunächst, zurückzutreten, und muss daher mit sanfter Gewalt vonseiten seiner Westblock-Führungsoffiziere aus dem Amt gedrängt werden. Seither wird wegen Korruption juristisch gegen ihn ermittelt. Mit diesen kleinkriminellen Schiebereien geht also der bisher größte, frechste und am aufwendigsten inszenierte Staatsstreich vonseiten der EU zu Ende. Es wird spannend sein, zu sehen, wann die historische Situation gekommen sein wird, die Ukraine wieder in wirkliche Selbstbestimmung und aus dem Status eines EU-Protektorats zu entlassen.

Nachwort

Am 6. Dezember 2017 wurde die weltweit möglicherweise wichtigste Nachricht für die nächsten Jahre verkündet: Wladimir Putin gab an diesem Tag bekannt, 2018 erneut für das Amt des russischen Präsidenten zu kandidieren. Man mag es kaum glauben, aber mittlerweile sind wir so weit gekommen, dass vom obersten Boss des ehemaligen »Reichs des Bösen« (Reagan), für viele bis heute ein »Reich des Bösen«, abhängt, ob wir einigermaßen vernünftig durch die nächsten Jahre, durch das nächste halbe Jahrzehnt kommen. Und warum? Weil die restliche Welt, vor allem was das amerikanische Imperium betrifft, aus den Fugen geraten ist. Unter der Führung des unberechenbaren Politclowns Trump stolpert und taumelt die »Führungsmacht der freien Welt« in einem abenteuerlichen Schlingerkurs durch die Zeitläufte. Dagegen ist Russland unter Putin geradezu ein Hort der Stabilität.

Putin hat es mit seiner geschickten Politik der kleinen Schritte (man erkennt daran den erfahrenen Schachspieler) erreicht, dass sich Russland in den letzten anderthalb Jahrzehnten vom *Failed State* zurück zur Führungsmacht in der Welt entwickeln konnte. Nach mehreren außenpolitischen Fehlern (mangelnder Widerstand gegen die vom Westblock ohne UNO-Mandat erzwungenen Regimewechsel in Jugoslawien, im Irak, in Libyen und in der Ukraine) hat er in Syrien endlich das Heft in die Hand genommen und die schon geplante Zerschlagung des Landes, dessen Degradierung zu einem kompletten *Failed State* zum Wohle des Westblocks, verhindert. Natürlich ist gegen die Milliarden, welche die USA und die verbündeten Golfstaaten den verbrecherischen Terroristen in Syrien zur Verfügung stellen, die seit 2011 das Land mit Mord und Verbrechen überziehen, nicht von heute auf morgen anzukommen. Aber immerhin ist das Land so weit stabilisiert, dass es auch nach Auffassung von Westblock-Beobachtern in absehbarer Zukunft nicht zum von Washington geplanten Sturz Assads kommen wird. Dass Syrien also vorerst in der russischen Einflusssphäre verbleibt. »Putin hat gewonnen«, formuliert ein ungenannt bleiben wollender US-Regierungsangehöriger. Und das ist im Wesentlichen richtig.

Am wichtigsten war aber, dass Putin verhindert hat, dass der Westblock mit seinen dummdreisten Täuschungsmanövern in Syrien ein weiteres Mal durchkommt. Nach den frei erfundenen Schauermärchen, die über Milosevic (»Hufeisenplan«, Auschwitz etc.), über Saddam (erinnert sich noch jemand an die »Brutkästen«-Lüge?), einschließlich der angeblichen Massenvernichtungswaffen, über Gaddafi und Assad erzählt wurden, ist es höchste Zeit, die allzu frechen Lügengeschichten Marke Langley zu durchkreuzen und nach langer Zeit der Finsternis endlich wieder der Wahrheit zum Durchbruch zu verhelfen. Denn in Syrien terrorisiert bekanntlich nicht die Regierung das Volk, sondern Terroristen versuchen, mit Verbrechen gegen das Volk die Regierung zu stürzen, wie Daniele Ganser so richtig formuliert hat.

In unseren Analysen unglaublicher historischer Täuschungsmanöver tauchen mehrfach an exponierter Stelle Waisenkinder oder Halbwaisen auf. Offenbar sorgt diese Traumatisierung für besonderen Ehrgeiz in politischen Dingen. Friedrich II. von Hohenstaufen, Palme, Clinton und Barschel stehen für derart gestrickte Figuren, die – zumindest was die drei Letztgenannten angeht –

im Zweifelsfall bereit sind, auch über Leichen zu gehen, um an der Macht zu bleiben, beziehungsweise die ihren Ehrgeiz mit ihrem Leben bezahlen mussten. Ebenfalls mehrfach taucht eine düstere Geheimorganisation auf, die dem Westblock-Militärbündnis untersteht: die NATO-Stay-behind-Organisation (SBO). Diese zog offenbar sowohl in Sachen Oktoberfest-Attentat, in Sachen Palme wie auch in Sachen Barschel die Fäden. Entdeckt in den neunziger Jahren, mittlerweile angeblich aufgelöst, gibt es deutliche Hinweise, dass diese nach wie vor in der einen oder anderen Form noch aktiv ist. Nun nicht mehr als Stay-behind-Organisation. Sondern als zusätzliche Westblock-Geheimgesellschaft, die zu unterschiedlichsten Zwecken eingesetzt werden kann. Solange hier nicht aufgeräumt und nachhaltig für Klarheit gesorgt wird, sind weitere Überraschungen aus dieser Ecke für die Zukunft nicht auszuschließen.